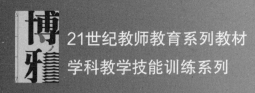

21世纪教师教育系列教材
学科教学技能训练系列

新理念生物教学技能训练（第二版）

New Concept Training on Biological Teaching Skills

主　编　崔　鸿
副主编　李　娟　段　巍　唐为萍
编　委（按姓氏笔画排序）
　　　　文　静　李　娟　汪　甜　杨红丽
　　　　段　巍　袁　红　唐为萍　崔　鸿

图书在版编目(CIP)数据

新理念生物教学技能训练 / 崔鸿主编. —2版. —北京：北京大学出版社，2013.5
(21世纪教师教育系列教材·学科教学技能训练系列)
ISBN 978-7-301-22434-2

Ⅰ. 新… Ⅱ. 崔… Ⅲ. ①生物课－教学法－中小学－师资培训－教材 Ⅳ. G633.912

中国版本图书馆 CIP 数据核字(2013)第 081382 号

书　　　名：	新理念生物教学技能训练(第二版)
著作责任者：	崔　鸿　主编
丛书主持：	陈　静
责任编辑：	于　娜
标准书号：	ISBN 978-7-301-22434-2/Q·0136
出版发行：	北京大学出版社
地　　　址：	北京市海淀区成府路 205 号　100871
网　　　站：	http://www.jycb.org　http://www.pup.cn
电子信箱：	zyl@pup.pku.edu.cn
电　　　话：	邮购部 62752015　发行部 62750672　编辑部 62767346　出版部 62754962
印　刷　者：	北京鑫海金澳胶印有限公司
经　销　者：	新华书店
	787 毫米×1092 毫米　16 开本　17.25 印张　350 千字
	2010 年 8 月第 1 版
	2013 年 5 月第 2 版　2022 年 11 月第 6 次印刷
定　　　价：	33.00 元

未经许可，不得以任何方式复制或抄袭本书之部分或全部内容。
版权所有，侵权必究
举报电话：(010)62752024　电子信箱：fd@pup.pku.edu.cn

内 容 简 介

《新理念生物教学技能训练(第二版)》以新课程的实施为背景,以"怎样做一名 21 世纪的新型生物教师"和"如何成长为一名优秀的生物教师"为目标,按照"理论探讨—实践—拓展"的思路构建全书的体系和框架,有助于学习者深刻理解与体验生物教学技能训练的理论与实践,并在今后的学习与教学中自觉地运用它们解决生物教学实践中所面临的真实而有价值的问题。本书首先对教学技能和微格教学进行了概述,然后分别探讨了教学语言技能、教学动作技能、提高课堂教学艺术技能、实验教学技能、说课与评课技能、出卷阅卷与评卷技能、教育科研技能等。在介绍理论知识的同时,通过具体的案例介绍了各种技能的实施,注重引导学生深刻理解和掌握这些基本的技能。本书对于生物科学(师范)专业本科、学科教学论专业研究生以及生物教师的在职培训具有较强的实用价值。

主 编 简 介

崔鸿,女,河南南阳人,1963 年 5 月出生。华中师范大学生命科学学院教授、课程与教学论硕士生导师。国家《全日制义务教育科学(7—9 年级)课程标准(实验稿)》研究与制订核心组成员。现任华中师范大学基础教育课程研究中心副主任,信息技术教育应用所副所长。主要从事生物课程与教学论、科学课程与教学论、环境教育以及教育技术的理论研究与实践工作。近年来先后主持和参与国家、省部级教学及科研项目二十余项,主持编写国家义务教育课程标准实验教科书《科学》(7—9 年级)(武汉出版社)、《生物课程教育学》(华中师范大学出版社)、《初中科学课程学法指导》(高等教育出版社)等著作三十余本,公开发表学术研究论文三十余篇。

第二版说明

教学技能是教师必备的教学基本功,是决定教学质量和教学艺术的关键因素。教学技能是师范生联系学科教学理论与学科教学实践的桥梁与纽带。近年来,师范生的教学技能训练受到越来越多的师范院校的关注和重视,各师范院校也专门设置了微格教学或教师教学技能训练课程,并将其设置为师范生专业必修课程,经研究表明,参加过教学技能训练的师范生比没有参加过教学技能训练的学生普遍在教学能力方面表现更为优秀。

随着国际学科教学知识(Pedagogical Content Knowledge,简称PCK)在教师教育领域的备受关注,教师教育显示出个性化、情境性、反思性、整体性和实践性等特征,教师教学技能训练加强了学科知识与学科教育知识的联系,从而推动师范生教学技能训练工作的进一步发展。

在国际教师教育背景下,我国师范生教学技能训练研究和实践也在逐步发展,特别是在信息环境下,教学技能训练也呈现出一些新的特点,教学技能训练的工作迈上一个新的台阶。

我国基础教育课程改革的进一步深化也将进一步影响师范生教学技能的训练。2012年,教育部颁布并出版了《义务教育生物学课程标准(2011年版)》,同时,高中新课程标准的修订工作也在调研和实施过程中,与之对应的中学生物课程也发生了部分调整,在新课程改革中也涌现出一些经典的案例;国际国内的教学技能研究成果也进入公众视野,如信息环境下教学技能的展现方式,教学技能的评价方式等方面的发展都影响着我们对师范生生物教学技能培养的认识。

《新理念生物教学技能训练(第二版)》力图将现有的、成熟的生物教学技能研究成果反映出来,将第一版教材中具有明显的时代印记的个别案例进行了替换,并增补了一些新的案例,以体现教学的与时俱进。同时,根据读者的意见也将部分内容进行了修改和调整。

由于编者时间、精力和水平的限制,修订版中或有诸多不妥之处,恳请广大读者和各位专家、学者批评指正!

2013年4月24日于华中师范大学

第一版前言

21世纪,科学技术迅猛发展,国际竞争日趋激烈,国力的强弱,越来越取决于国民的素质,而要提高国民的素质,造就有责任感、适应能力强且富有理性的一代新人,教师是毋庸置疑的推动者和中介者。

《基础教育课程改革纲要(试行)》的颁布,标志着我国基础教育进入一个崭新的时代——课程改革时代。新课程顺应时代发展的需要,决心彻底扭转传统应试教育的弊端,以培养学生健全的个性和完善的人格为己任,努力构建符合素质教育要求的新的基础教育课程体系,明示了课程改革的基本理念。

新课程背景下的生物课堂应该是一个能量场,是一个令人兴奋和充满惊奇的地方。但是,这种充满能量、令人兴奋的课堂并不是一蹴而就的,它们的缔造有赖于教师的教学技巧和深刻而成熟的思考。教师的教学,不仅是一种技术,更是一门艺术,它要求教师从"工匠型"向"专家型"转变,这就要求教师转变教育教学方式,提高教育教学技能。

教学技能训练历来是高等师范院校开设的教师教育类课程的重要组成部分,是教育理论转换为教学实践的关键和核心。因此,师范生学习和掌握生物教学技能,是应对新时期教育发展的必要前提。

本书首先对教学技能和微格教学进行了概述,然后分别探讨了教学语言技能、教学动作技能、提高课堂教学艺术技能、实验教学技能、说课与评课技能、出卷阅卷与评卷技能、教育科研技能等。在介绍理论知识的同时,通过具体的案例介绍了各种技能的实施,注重引导学生深刻理解和掌握这些基本的技能。

本书在编写过程中,注重理论与实践的有机结合,每章均设置了"内容提要"、"学习目标"、"关键术语"、"知识地图"、"案例"、"资料阅读"、"案例分析"、"活动"、"实战演练"、"学习链接"等栏目。这些栏目的设置,力求使本书不仅能充分满足学生课堂学习和训练的需求,而且能使读者清楚地掌握知识的脉络,进行自主学习和探究。

我们旨在写一本学生们喜欢读、操作性强的训练教材。学生经过本书指导下的教学技能训练,能够学到新课程理念下的关于各种生物教学技能中激动人心的和与众不同的内容。因此,本书的特色即在于:每个章节中都使用了通俗易懂的资料和案例来帮助学生理解理论知识,并设置大量生动有趣的实践活动让学生参与锻炼,让他们从活动中进行反思并得到理论的升华。

总的来说,我们期望本书能够成为未来的教师们掌握生物教学技能的工具,进行生物教育研究的"垫脚石",帮助他们攀登生物课程与教学的新高峰,开创自身实施教育教学研究的新领域。

本书由华中师范大学生命科学学院崔鸿教授任主编,华中师范大学李娟、湖南师范大学段巍、广东韩山师范学院唐为萍任副主编。湛江师范学院文静、西南大学杨红丽、浙江师范大学汪甜、苏州大学袁红担任编委。华中师范大学涂敏、余潇、万红霞,湖北省水果湖高中王燕,武汉市常青第一中学汪琴,武汉市第一高级中学易兰,武汉市实验学校吕晶,湖北省职业技术教育研究中心徐敏,襄阳五中王晶晶,潜江市江汉油田广华中学吕鑫,湖北省沙市中学朱茜,湖北省荆门龙泉中学张凤娇,河北省张家口第一中学时宝茹,山东胜利第一中学王灵玉,绍兴市第一中学吕海燕,安徽省蚌埠市第二中学唐清华,青海湟川中学瓦常惠,重庆市两江中学校邓延敏,成都市龙祥路小学罗颖,中山市第一中学廖美芳,深圳市沙头角中学宋汉萍,深圳市翠园中学王苏粤,深圳市龙城初级中学白雪,深圳文锦中学肖汉珊,东莞市万江中学陈敏,东莞中学程瑶、魏强,东莞高级中学李盛丰,珠海钜丞科技有限公司武汉分公司江聪也参与了本书活动的设计、案例的搜集和整理等工作。

当然,由于本书编者时间、精力和水平的限制,书中难免挂一漏万,谬误在所难免,恳请广大读者和各位专家批评指正。

在教材编写过程中,我们引用了国内外学者大量的研究成果,书中所引文献的绝大部分已经在参考文献中注明,在此对它们的作者表示诚挚的谢意。如有遗漏,恳请原谅。最后,还要感谢北京大学出版社对本书的出版给予的大力支持和帮助。

崔 鸿

2010 年 2 月 25 日于华中师范大学

目 录

专题1 教学技能与微格教学 ·· (1)
   1.1 教学技能 ·· (3)
   1.2 微格教学 ·· (9)

专题2 教学语言技能 ·· (18)
   2.1 语言表达技能 ·· (19)
   2.2 导入技能 ·· (30)
   2.3 讲解技能 ·· (38)
   2.4 提问技能 ·· (43)
   2.5 结束技能 ·· (48)
   2.6 微格教案实例 ·· (55)

专题3 教学动作技能 ·· (60)
   3.1 演示技能 ·· (62)
   3.2 板书技能 ·· (66)
   3.3 变化技能 ·· (74)
   3.4 强化技能 ·· (80)
   3.5 微格教案实例 ·· (88)

专题4 提高课堂教学艺术技能 ·· (90)
   4.1 课堂观察技能 ·· (91)
   4.2 沟通技能 ·· (99)
   4.3 课堂教学组织技能 ··· (109)
   4.4 学习指导技能 ··· (118)
   4.5 思维训练技能 ··· (126)
   4.6 提供学习支架技能 ··· (133)
   4.7 微格教案实例 ··· (141)

专题5 实验教学技能 ··· (145)
   5.1 生物实验概述 ··· (146)
   5.2 生物实验教学技能 ··· (157)
   5.3 生物实验教学技能的实施 ·· (162)

5.4	微格教案实例 ……………………………………………………	(170)
专题 6	**说课与评课技能** …………………………………………………	**(173)**
6.1	说课技能 ……………………………………………………………	(174)
6.2	评课技能 ……………………………………………………………	(188)
专题 7	**出卷、阅卷与评卷技能** …………………………………………	**(199)**
7.1	出卷技能 ……………………………………………………………	(201)
7.2	阅卷技能 ……………………………………………………………	(216)
7.3	评卷技能 ……………………………………………………………	(218)
7.4	出卷、阅卷、评卷技能的实施 ……………………………………	(222)
专题 8	**教育科研技能** ……………………………………………………	**(225)**
8.1	教育科研技能概述 …………………………………………………	(227)
8.2	生物教育科研概述 …………………………………………………	(230)
8.3	生物教育科研的实施 ………………………………………………	(235)
8.4	生物教育调查研究法 ………………………………………………	(238)
8.5	生物教育科研成果的表述 …………………………………………	(251)
参考文献	…………………………………………………………………………	**(262)**

专题 1　教学技能与微格教学

内容提要

　　教学技能是教师在教学中顺利达成教学目标的一系列有效的行为方式,它是现代生物教师素养的重要组成部分,因此加强师范生教学技能的培养是基础教育改革的必然要求。微格教学是在教育教学理论、视听理论和技术基础上,系统训练教师课堂教学技能的方法。本专题主要介绍教学技能的概念及特性;教学技能分类的意义、原则和方法;教学技能训练与教师专业发展;微格教学的概念;微格教学的产生与发展;微格教学的特点及作用;微格教学的实施。

学习目标

- ◆ 了解教学技能的概念及特性;
- ◆ 掌握教学技能的分类;
- ◆ 了解微格教学产生与发展的过程;
- ◆ 知道微格教学的特点及作用;
- ◆ 掌握微格教学实施的步骤;
- ◆ 学会设计编写微格教学教案。

关键术语

- ◆ 教学技能　　◆ 教学技能训练　　◆ 微格教学　　◆ 教案编写

知识地图

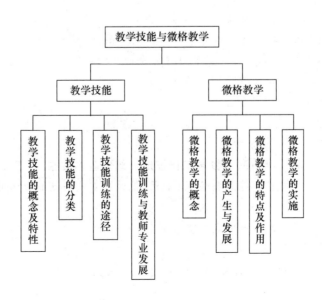

专题序幕

高等师范学校学生的教师职业技能训练基本要求[①]

第一章 总则

第一条 为了全面提高高等师范学校的教育质量,培养学生从师任教素质,树立献身基础教育的专业思想,掌握教育、教学必备的基本技能,特制定《高等师范学校学生的教师职业技能训练基本要求》。

第二条 高等师范学校学生的教师职业基本技能训练系指讲普通话和口语表达、书写"三笔字"和书面表达、教学工作、班主任工作等方面的技能训练。

第三条 高等师范学校学生的职业定向是教师,在校学习期间,必须积极、自觉、主动地进行教师职业技能的训练,掌握教师职业基本技能。

第四条 高等师范学校要从培养合格中学教师的高度出发,结合实际情况有计划、有组织、有步骤地开展教师职业技能训练,确保学生在校学习期间受到严格的训练和考核。

第五条 有师资培训任务的普通高等学校和民族高等师范学校可根据实际情况参照有关条款的规定对学生进行训练和考核。

第二章 讲普通话和口语表达技能训练的基本要求

第六条 讲普通话和口语表达技能训练系指在教育教学活动中运用普通话技能的训练。

第七条 讲普通话和口语表达技能训练的基本要求是:

(一)能说较标准的普通话,达到或接近国家语委制定的《普通话水平测试》二级标准。

(二)能用较标准的普通话进行交谈和朗读。

(三)能掌握各种教育教学口语形式的表达技能。

第八条 不同专业、不同方言区可根据各自的实际情况,本着从严精神进行适当调整。

第三章 书写"三笔字"和书面表达技能训练的基本要求

第九条 书写"三笔字"技能训练系指粉笔字、钢笔字、毛笔字规范书写技能的训练;书面表达技能训练系指教育教学常用文体写作技能的训练。

第十条 书写"三笔字"技能训练的基本要求是:

(一)正确掌握3755个第一级汉字的字形、结构、笔画、笔顺。

(二)熟练掌握粉笔字、钢笔字、毛笔字的楷书或行书的书写技能。

第十一条 书面表达技能训练的基本要求是:

(一)准确使用和书写标点符号。

(二)行文行款格式正确。

(三)行文内容符合相应文体的要求。

第四章 教学工作技能训练的基本要求

第十二条 教学工作技能训练系指备课、上课、批改作业和评定成绩等教学环节所必备的技能训练。

第十三条 教学工作技能训练的基本要求是:

[①] 国家教委师范教育司.高等师范学校学生的教师职业技能训练基本要求(试行稿)[Z].1992年9月1日印发.

（一）能结合学科特点制订教案。

（二）能根据教学任务和学生特点应用导入、讲解、提问、应变、巩固、结束和板书设计等教学技能。

（三）能结合学生实际正确批改作业和合理评定学生成绩。

（四）能根据学科特点制作教学所需的简易教具,有一定的使用幻灯、投影、电视、微机等现代化教学手段的能力。

（五）能组织和指导与本专业有关的课外科技活动。

（六）能初步运用本专业知识和教育学、心理学原理进行教学研究。

第五章　班主任工作技能训练的基本要求

第十四条　班主任工作技能训练系指中学班级管理、对学生进行思想品德教育和组织指导学生进行课外活动等方面的技能训练。

第十五条　班主任工作技能训练的基本要求是:

（一）能制订班级工作计划、组织与建设班集体、组织与指导班会和团队活动。

（二）能组织和指导学生参加有关课外活动、社会实践活动和校内外其他集体活动。

（三）能运用观察、谈话、分析书面材料和调查研究等方法了解中学生的思想和心理的变化。

（四）能对中学生进行日常行为规范的训练,正确对学生进行操行评定。

（五）在组织和指导学生开展课外音、体、美活动中具有某一方面技能。

问题与思考

1. 为什么要对高等师范院校的学生提出教师职业技能训练的基本要求?
2. 对照"高等师范学校学生的教师职业技能训练基本要求",自我评判你是否达到要求了?
3. 你认为加强教师职业技能的方法有哪些?相比较而言,你认为哪一种方法最好?

1.1　教　学　技　能

熟练掌握一定的教学技能是合格教师必备的专业素养。拥有娴熟的教学技能,既可以获得高质量的教学效果,又能促进教师个人的专业发展。教学技能是教师的职业专长,是教师组织和实施教学工作必备的专业职能。但任何技能都不是与生俱来的,要熟练掌握教学技能,必须首先了解教学技能。

1.1.1　教学技能的概念及特性

资料阅读

关于教师教学技能的定义,在教育界普遍存在四种观点:

一是活动方式说,认为教学技能是"为了达到教学上规定的某些目标所采取的一种极为常用的、一般认为是有效果的教学活动方式"。

> 二是行为说，认为教学技能是"课堂教学中教师运用专业知识及教学理论促进学生学习的一系列教学行为方式"。
> 三是结构说，认为教学技能是"教师的教学行为与认知活动结合而成、相互影响的序列。"
> 四是知识说，认为教学技能是"用于具体情景（教学情景）的一系列操作步骤，包括教师在教学中表现出来的动作技能、智慧技能、认知策略等"。
> （摘自：王群松.新课程理念下教师教学技能的新要求[J].现代教育科学，2008(6)：41.）

有关教学技能的表述虽然形式各异，但都将教学技能归结为有效完成教学任务的行为方式或心智活动方式，这与教育心理学中关于"技能"的界定是相吻合的。我国教育心理学家潘菽指出："技能是顺利完成某种任务的一种活动方式或心智活动方式，它是通过练习获得的。"因此可以概括认为：教学技能是教师在教学过程中，运用与教学有关的知识与经验，促进学生学习，达成教学目标的能力或一系列行为方式。教学技能包括心智技能和动作技能两方面，二者交融一体、密不可分。教学技能可以通过学习来掌握，在练习实践中得到巩固和发展。教学技能主要有以下特性：

1. 教学技能具有目标指向性

不同的教学技能是与不同目标相联系的。如"导入技能"是与集中学生的注意力，引起学生的兴趣，以及为学好新知识创造良好的起点相联系的。而"提问技能"则与激发学习动机，发展学生的思维能力等目标联系在一起。从某种意义上讲，教学是一种复杂的技能活动，在不同的教学阶段，要求有不同的教学技能与之相适应，才能完成教学任务，达成教学目标。

2. 教学技能具有知识性和经验性

教师教学技能水平的高低，在很大程度上受制于教师所掌握的知识和拥有的教学经验。一名合格的教师，在知识结构方面，不仅要有精深的专业知识，广博的文化知识背景，还要有良好的教育科学知识。同时，还要拥有丰富的教学经验，在日常的教学过程中，要勤于反思自己的教学行为，善于总结、积累教学经验。

3. 教学技能具有习得性

技能不是先天就有的，而是经过后天练习获得的。教学技能的获得，不仅受教师本人对教学现象的认识水平及教学经验多少的制约，而且受学习与训练程度的影响。不经过认真学习与勤奋实践，是不能掌握教学技能的。教学既是一门科学，又是一门艺术。一方面，教学有其科学规律可以依循；另一方面，它又有其变化莫测、不可预测的一面。要达到教学艺术的境地，没有熟练的教学技能是不可想象的。

4. 教学技能具有可操作性

不同的教学技能其内涵和结构是不同的，但所有的教学技能都具有可操作性，都包含着特定的规则或运作程序。因此，都可以分解为具体的行为方式和步骤来加以训练和模仿。教学技能的这一特点使得教学技能的系统训练成为可能，变得容易，而不是无从着手，无章可循。

总之，教学技能是教师完成某种教学任务的能力或一系列行为方式。它具有一定的目的性、可操作性、可分解性、后天习得性等特点。

1.1.2 教学技能的分类

教学过程是复杂的,教师在课堂上的教学行为是多种多样的,并表现出一定的灵活性。教学技能的分类不仅应根据一定的理论、科学的方法,还应遵循一些原则。同时,教学技能分类具有它自身的意义。

1. 教学技能分类的意义

(1) 便于对教学深入研究

长时间以来,教育工作者对课堂教学以研究宏观方法为主,取得了令人瞩目的成绩,但从当前的形势和教学实践的需要来看又显示出不足,特别是教学技能训练等深层次问题的探讨,还是一个比较薄弱的环节。采用还原论的方法,借鉴国外先进的教学理论对课堂教学技能进行科学分类,同时注意从宏观上把握研究方向,考虑课堂教学技能之间及其与师生的相互作用之间的联系,对教学深层次问题进行探索,从而提高教师的教学能力。

(2) 便于明确培训目标

每种课堂教学技能都有各自的内涵、特点、目的和要求,教师在进行训练时,一般都能根据个人教学、学生学习的具体情况,有选择、有重点、有计划地进行一个或几个课堂教学技能的训练,这样训练的方向、目标也就比较集中、比较具体。

(3) 便于定性和定量分析

教学过程是复杂的,是由若干不同的阶段组成的,要对整个教学过程作出准确的评价比较困难。有了课堂教学技能的分类,就便于对这一技能进行观察和分析,评价者可以根据每项技能的具体要求和评价标准对被评价者进行评价得到相关数据,并用计算机对各个评价数据进行处理,它的结果是以数据分析的方法作为科学依据的,结果是科学而准确的。同时,评价者也可通过对被评价者平时的表现、现实和状态进行观察和分析,得出评语等定性评价的结论。

2. 教学技能分类的原则

(1) 普遍性原则

普遍性,是指所确定的教学技能适用于各个学科或是绝大多数学科的广泛的教学活动。同时,所确定的教学技能应被广大中小学教师或师范生认可,并符合一般对教学过程分解的认识。

(2) 决定性原则

决定性,是指影响课堂教学的主要或重要因素。教学是一种计划性强、目标明确的活动,为了达到目标的要求,教学中所安排的每一项活动、教师的每一种教学行为都要有具体的目标指向。教学技能是教师的教学行为方式,它的应用是为实现教学目标服务的,应充分体现教师在教学中的主导作用和学生的主体地位,保证课堂教学质量,顺利达成教学目标,完成教学任务。也就是说,所确定的技能应对当前和今后的教学产生积极的影响。

(3) 可观察性原则

可观察性,是指所确定的各种教学技能都应是在教学过程中观察得到的,并且能够通过他人示范具体展示出来,为教师提供一个形象的、可供模仿的样板。只有具有可观察性,指导教师也才便于对实践过程进行指导,确定被培训者对技能所掌握的程度。

(4) 可操作性原则

可操作性,是指所确定的教学技能都应该简明、实用、有明确的实践目的和要求,有具体的操作过程,便于在教师之间进行交流。每项技能有确定的内涵和外延,能揭示事物的本质及其适用范围。这就要求每项技能是具体的教学行为方式。同时,还要注意在确定教学技能的时候,不仅要确定大的技能类别,而且要确定每项技能的不同类型以及每一项技能的构成。只有技能的构成更明确具体,可操作性才能更强。

(5) 可测量性原则

可测量性,是指所确定的各种教学技能都有明确具体的要求或应用原则,对于反馈回来的教学信息,教学技能为之提供了各自的参照体系,操作者只要把自己的实践与要求两相对照,就能发现成功与不足,才能不断完善和提高。

3. 教学技能分类的方法

教学技能分类的科学程度,既反映了对教学过程认识的深度,又决定着技能训练的效果。教学技能分类的方法很多,有的是按教学程序划分,有的是按教学活动方式划分,有的是按信息传输的方式划分。各国之间存在着很大的差异,有着不同的分类思想和分类方法。不同的文化背景,不同的分类目的和角度又影响了分类的一致性。目前,国外理论研究对教学技能的内涵和分类并无统一的标准,比较有影响的几种分类研究如表1-1所示。

表1-1 不同研究视角归纳的教学技能的分类表

研究视角	基本观点	教学技能的分类
要素研究视角	美国斯坦福大学的艾伦和瑞安从构成教学技能的多种要素中抽出了14种要素设定为普通教学技能	(1) 变化的刺激;(2) 导入;(3) 总结;(4) 非语言启发;(5) 强化学生参与;(6) 提问的频度;(7) 探索性提问;(8) 高水平提问;(9) 发散性提问;(10) 确认;(11) 例证;(12) 运用教材;(13) 有计划的重复;(14) 交流的完整性
教学行为研究视角	英国专家特鲁特把在教学中能够观察、能够表现、能够实行量化分析并为教师所熟悉的教学行为设定为六种教学技能	(1) 变化的技能;(2) 导入的技能;(3) 强化的技能;(4) 提问的技能;(5) 例证的技能;(6) 说明的技能
教学技巧研究视角	从教学技能和教学技巧的概念看,教学技巧实际上包含了对教师教学基本功的要求,因此澳大利亚学者特尼等人将课堂教学技能分为五组	第一组:强化技能、低级提问技能和变化的技能; 第二组:讲解技能、导入和结束的技能、高级提问技能; 第三组:课堂管理和纪律控制技能; 第四组:讨论指导技能、小组教学技能、个别化教学技能; 第五组:掌握学习教学的技能、培养学生创造能力和发展学生思维能力的技能
教学技能研究视角	在1994年下发的《高等师范学校学生的教师职业技能训练大纲》中,把教学技能依正常教学工作体系分类	(1) 教学设计技能;(2) 使用教学媒体技能;(3) 课堂教学技能;(4) 组织和指导课外活动技能;(5) 教学研究技能(导入技能、板书板画技能、演示技能、讲解技能、提问技能、反馈和强化技能、结束技能、组织教学技能、变化技能)
	我国北京教育学院将课堂教学技能分为十类	(1) 导入技能;(2) 教学语言技能;(3) 提问的技能;(4) 讲解的技能;(5) 变化的技能;(6) 强化的技能;(7) 演示的技能;(8) 板书的技能;(9) 结束的技能;(10) 课堂组织技能

课堂教学技能的分类方法很多,只要我们坚持简明、实用、可操作性强,能包括主要教学活动方式并充分考虑教学的实际情况,就一定能够使得分类科学、合理、实用。本书从教学技能研究视角出发,根据生物课程标准的主导思想,遵照《高等师范学校学生的教师职业技能训练大纲(试行)》提供的教学技能分类体系,再结合我国生物教育的现状,生物科学的内在规律和教学特点,将生物教学技能分为七大类:

(1) 教学语言技能(语言表达技能、导入技能、讲解技能、提问技能、结束技能);

(2) 教学动作技能(演示技能、板书技能、变化技能、强化技能);

(3) 提高课堂教学艺术技能(课堂观察技能、沟通技能、组织技能、学习指导技能、思维训练技能、提供学习支架技能);

(4) 实验教学技能;

(5) 说课与评课技能;

(6) 出卷、阅卷与评卷技能;

(7) 教育科研技能。

1.1.3 教学技能训练的途径

教学技能是教师必备的教学基本功,是决定教学质量和教学艺术的关键因素。教学技能训练对教师教育具有十分重要的意义,其途径主要有理论教学、课堂演练、微格教学、课外活动、模拟教学、教育实习和教学实践等。

1. 理论教学

原国家教委早就明确要求各师范院校和师资培训部门开设职业技能训练课,并为此编写了训练大纲和教材。教育理论课和学科教学论应把教学技能的培养作为中心工作来抓,以系统地传授相关理论知识,并提供科学的训练程序与方法,为其他训练途径奠定基础。

2. 课堂演练

即在课堂教学情境下,先由教师介绍教学技能的操作要领和相关要求,有时还要进行示范,然后要求学生当堂进行练习。课堂演练的优点是节省教学时间,并且具有一定的示范性和观摩性。但它难以保证学生都得到充分有效的训练,难以做出有针对性的指导。

3. 微格教学

微格教学是国际上认可的培训教师教学技能的有效途径。微格教学将复杂的教学过程分解成许多微小的容易掌握的单一技能进行训练,具有参加人数少、授课时间短、心理负担小、反馈及时全面、评价客观准确、训练真实有效、理论联系实际等明显优势。本书针对微格教学这一教学技能训练的途径来进行详尽的论述。

4. 课外活动

"大学之教也,时教必有正业,退息必有居学"。就是说,受教育者在课堂学习之外,还要进行与课堂学习有关的课外活动。课外活动是进行技能训练的重要途径。其活动形式可以是较为规范的教学技能比武,也可以是渗透技能训练的其他活动,如课本剧表演等。

5. 模拟教学

其操作模式是由一名练习者扮演"教师",其他人扮演"学生"实施教学。"学生"可以认真听课,也可以做小动作,还可以适当提出问题为难"教师"。"教师"在这种教学情境中,处理着如同真实课堂教学中可能出现的各种问题,综合训练教学技能。

6. 教育实习

教育实习的最大优势在于训练情境的真实性。它可以使学生从模拟练习进入现场运用,可以检验学生模拟练习的实际效果,同时提高其运用的熟练程度和策略水平。这种途径以训练效果好而备受师生青睐,但它常常受实习场地、指导人员等诸多条件的限制。

7. 教学实践

这是在职教师训练教学技能的主要途径。在职教师掌握必要的技能理论之后,直接通过教学实践进行有针对性的练习,能取得更好的训练效果。为实现技能训练日常化的理想目标,建议多开展教学技能过关活动,并把技能达标作为评价教师素养的重要指标。

1.1.4 教学技能训练与教师专业发展

1. 教学技能训练是实现教育现代化的需要

教育现代化首先是思想和观念的转变。通过学习先进的教育思想,借鉴先进的教学技能培训方法,改革原有的师资培训模式。20世纪70年代初,美国教育界掀起了声势浩大的"CBTE运动",其主题是批评当时的师范教育只重视理论灌输,轻视教师态度与技能培训,提倡对教师能力培养和技能训练进行大规模的实质性探讨。20世纪80年代以后,教学技能训练开始盛行于世界各国,加强教学技能训练已经成为教师教育的国际潮流。

2. 教学技能训练有助于改善教师教育

传统的教师教育重理论轻实践,重动脑轻动手,重知识轻能力。要改变这种教育现状,解决"高分低能"的问题,就应以加强技能训练为突破口,把教学技能训练列入课程,引进课堂,并做到明确内容,制定标准,强化训练,严格考核。因此,加强教学技能训练是教师教育改革的题中之意和重要内容。[1]

3. 教学技能训练有助于提高教学能力

教师掌握的理论知识是形成教学能力的基础,但知识还需要通过实践这一中间环节才能转化成能力,即必须经过教学技能的训练。教学技能训练和理论学习之间有密切联系。学习理论可以明确技能训练的意义和方向,训练技能又反过来促进理论知识的学习和理解。良好的教学技能是教学活动正常进行,教学原则贯彻落实的保障。教师凭借良好的教学技能可以更好地传达思想观点,让学生更好地理解教学意图。生物教师不但要掌握一般的教学技能,还要具备一些生物学科特殊需要的技能,如实验教学、实习组织等。

4. 教学技能训练有助于推动师范生的全面发展与就业

教师的作用是促进学生的全面发展和主动发展,那么教师自身首先要具有全面发展的意识,一个只有知识没有技能,或者只有技能没有知识的人,都算不上是一个全面发展的人。教学技能训练绝不能把单一的技能培养作为唯一目标。加强教学技能训练,其意义已远远超出了教师教育本身。师范生和其他大学生最大之差异处,不在于专门学识之精通,而在于教材教法之娴熟。[2] 在具备一定知识水平的前提下,教学技能才是影响教师教学效果及其任职资格的决定因素。中小学校在选聘教师时更青睐教学技能强的教师,往往把功底扎实、水平过硬作为选聘教师的必要条件。

---

[1] 廖圣河. 对教师教育专业学生进行教学技能训练的思考[J]. 教育探索,2010(4):104.
[2] 黄欢. PDS模式及其对中国师范生职前教育实习的启示[J]. 中外教育研究,2009(2).43.

1.2 微格教学

在体操馆的墙壁上都装有一块特别大的镜子,使体操运动员在练习时能看到自己的动作是否达到了技术要求;外语教师或语文教师在备课时都对着录音机练习朗读课文,以便分析自己的发音是否准确,语调是否符合要求;有的教师为了观察自己的教学行为,备课时对着镜子试讲,看自己的行为是否达到教学的要求等。这些事例都说明,人在进行有目的的活动时,都有一种要获得及时反馈的迫切需求。你能找出生活中其他相关反馈的实例吗?你认为及时反馈会有哪些好处?

1.2.1 微格教学的概念

微格教学(microteaching)是师范生和在职教师掌握课堂教学技能的一种培训方法,又被称为"微型教学"、"微观教学"、"小型教学"等。"微",是微型、片段及小步的意思;"格"取自"格物致知",是推究、探讨及变革的意思,又可理解为定格或规格,它还限制着"微"的量级标准(即每"格"都要限制在可观察、可操作、可描述的最小范围内)。

微格教学是指在有限的时间和空间内,利用现代的录音、录像等设备,训练被执教者某一教学技能、技巧的教学方法。它通常让参加培训的受训者(师范生或在职教师)分成若干小组,在教师的理论指导下,对一组学生进行 10 分钟左右的"微格教学",并当场将实况用摄像机摄录下来,然后在指导教师引导下,由小组成员反复观看录制成的教学录像片,进行讨论和评价,最后由教师进行小结。

微格教学是一个可控制的实践系统,利用这个系统可使师范生和新教师有可能集中解决某一特定的教学行为,或在有控制的条件下进行学习。微格教室就是在装有电视摄像、录像系统的特殊教室内,借助摄像机、录像机等媒体,进行技能训练和教学研究的教学环境。

1.2.2 微格教学的产生与发展

微格教学是在 1963 年由美国斯坦福大学的 D. W. 爱伦(D. W. Aallen)和 W. 伊芙(W. Eve)首先创立的。他们在对"角色扮演"进行改进时,运用摄像机对学生的教学技能训练行为进行反馈,让学生运用学过的教育、教学理论进行评价、分析,以提高师范生的教学技能。爱伦和伊芙把微格教学定义为:"一个有控制的实习系统,它使师范生有可能集中解决某一特定的教学行为,或在有控制的条件下进行学习的形式。"

1. 微格教学在国外的发展

微格教学提出后不久,整个美国和欧洲的一些国家的师范教育首先接受了这种新的教学形式。微格教学在日本和澳大利亚也有了较大的发展。其中悉尼大学开发的微格教学课程在国际上获得了较高的声誉,他们编写的一套微格教学教材和示范带被澳大利亚 80% 的师资培训机构以及英国、南非、巴布亚新几内亚、印度尼西亚、泰国、加拿大和美国的一些师范院校采用。

2. 微格教学在我国的发展

微格教学作为培训教师教学技能的有效方法,自引进后很快受到了广大教师的欢迎。现在,我国各类师范院校中,几乎都建有微格教室。许多师范院校要求学生在实习之前必须完成微格

训练程序,这是目前师范生在校期间迅速提高教学技能的最有效的途径。微格教学在我国的发展过程可以分为以下几个时期:

引进期(20世纪80年代初—1989年)。我国在20世纪80年代中期引入微格教学。1987年,北京教育学院开展了对微格教学的学习、研究和应用。

发展期(1989—1998年)。1991年夏,北京教育学院举办了教师教育与微格教学讲习班;此后,北京师范大学和清华大学先后举办了同样性质的讲习班;1993年全国各省级教育学院建立了设备先进的微格教学实验室;1998年10月,全国微格教学协作组年会在云南教育学院召开。

成长期(1999年至今)。2000年,微格教学协作组申请加入中国电化教育协会,成为其会员,标志着微格教学开始新一轮的发展。教育部已经将微格教学活动的开展列入高等师范院校教学质量评估指标体系,微格教学进入了一个新的成长时期。

1.2.3 微格教学的特点及作用

资料阅读

微格教学是一个有控制的实习系统,它使师范生有可能集中解决某种特定的教学行为,或在有控制的条件下进行学习。

——Dwight W. Allen
(美国著名教育改革家、微格教学创始人)

微格教学是一个简化了的、细分的教学,学生因而易于掌握。

——布朗(英国)

微格教学是一个有控制的实践系统,它使师范生和教师有可能集中解决某一特定的教学行为,或在有控制的条件下进行学习。

——北京教育学院微格教学课题组

1. 微格教学的特点

微格教学就是把复杂的教学过程分解为许多容易掌握的单一教学技能,如导入、变化、提问、媒体使用、学习指导、出卷、阅卷、评卷等。对每项教学技能进行逐一研讨并借助先进音像设备、信息技术,对师范生或在职教师进行教学技能系统培训的微型、小步教学。微格教学主要有以下特点。

(1) 学习目标明确、具体

与传统的教学方法有明显不同就在于对教学过程进行分解,从简单的单项教学技能入手,制订科学的训练计划。每一项技能的达成目标要求翔实、具体,常用行为目标表述,具有可操作性。

(2) 学习规模小、参与性强

受训教师采取分组的方式,小组人数一般3～5人,最多不超过10人,每人讲课时间一般5～10分钟,听讲人由指导教师和其他受训者组成。在教学的实施过程中,每一位受训者不仅有机会登台讲课,又可作为学生学习其他人的讲课技巧,并参与对教学效果的自评与他评,不断总结经验。这种小组式教学机动灵活,并可穿插其他教学方法,从而使习得的教学方法体系化。

(3) 教学实践过程声像化,反馈及时、客观

微格教学的形成与声像技术的教学应用是分不开的。利用声像设备把每一位受训教师的讲课过程如实客观地记录下来,为小组讨论及自评提供了直观的现场资料。一些不太注意的教学细节,如多余的习惯性动作、口头禅,经教学录像片将细节放大以后使受训者一目了然、印象深刻,利于及时修正。

(4) 评价技术科学合理

传统的教师技能培训中的评价主要是凭经验和印象,评价指标也不明确、系统。微格教学中不仅对教学技能进行系统分类、明确学习内容,并对教学技能要达到的目标尽量做到细化,提高可操作性,制定科学具体的评价指标体系,对每项技能进行公正评价。参评人员不仅仅是指导教师,而且包括试讲人自己和其他受训者,使信息反馈多元化、教学评议民主化。评价方式是定量评价与定性评价相结合,自我评价与集体评价相结合,评价与议论相结合,构成综合评价系统,评价结果更客观、更符合实际。

(5) 观摩示范与模仿创新相结合

为了增加对教学技能的感性认识,对某项技能除做理论阐述外,同时提供一些优秀范例(文字的或声像的)。在观摩、评论的基础上结合给定的题目进行教学设计,并鼓励受训者积极发挥主动性,在模仿的基础上勇于创新,体现教学的灵活性、创造性,避免过于机械的学习。

(6) 教育技术的掌握、应用能力增强

受训教师通过观摩录像示范片、施教前的教学设计、操作摄录机进行教学实况录像、重放教学实况、计算机教学评价分析等一系列活动,增强了其对教育技术的应用意识和技能。

2. 微格教学的作用

(1) 对教学论的贡献

对课堂教学技能进行训练的微格教学的研究填补了教学论和各科教学法研究的空白。一般教学论和各科教学论的内容通常涉及课程论、学习论、教学过程、教学原则、学生非智力因素对教学的影响、教学测量与评价等。这些内容是在宏观教学活动层次上对一般教学系统或学科专业教学的一般规律的研究。涉及教师素质的内容往往是对教师所应具有的教学能力进行原则要求式的论述,缺乏对教学能力结构的深层次研究和培养途径的研究。

微格教学说明基本的教学技能是形成综合教学能力的基础,并对各学科课堂教学中应有哪些教学技能,各项教学技能是什么,以及教学技能的形成规律等问题进行了较深入的研究,填补了对教学能力深层次问题研究的空白,为教学论向深层次和更实用的方向发展创造了条件。

(2) 提供了科学化的教育研究范例

微格教学将以客观性、系统性、具体性为特征的科学方法论和现代科学技术手段有效地应用于教学技能的研究开发和训练实践中。它借鉴了自然科学中的研究方法,找到了一个合适的研究层次,并实现了对复杂教学活动变量的控制和训练过程的系统控制,使基础理论对实践的指导达到了可操作的水平。微格教学在方法论上为教育科学的研究提供了一个成功的经验,明确了科学方法论是教育理论与教育实践之间有机结合的中介,这种中介作用在实践上表现为教育技术的实际应用。

(3) 促进了教师培训工作的发展

以往教育实习的经验说明,师范生在完整课的教学中真正得到训练提高的仅仅是几项教学

技能。这是因为完整课的教学所涉及的教学活动的复杂性、多种变量的不可预测性，要求教师具有较综合的教学能力才能把握。师范生一开始就实施完整课的教学，难免顾此失彼。实习中，师范生从听原任课教师的课、写教案、反复试讲、小组同学讨论帮助、指导教师指导帮助到实际走上讲台。因为没有基础，这一过程所花费的时间和精力是很大的。因为几堂课的实习代表性是有限的，复杂的课堂活动不可能在各方面都有较大的提高。所以师范生在开始时首先训练基本的教学技能，投入相对少的精力却可以收到较大的效果。由于分技能的训练在观察、模仿和操作训练上比较容易，而且基本的教学技能普遍性较强，可以在各种情况下完整课教学中应用，有助于在实习中更好地对完整课的教学进行训练。

教学技能的学习和训练为师范生的教学实习和新教师的实际课堂教学打下了良好的基础。从分技能的训练到完整课的实践，符合新教师成长的一般规律。目标明确和操作具体的技能训练便于学员观察模仿，减少了教学的复杂程度，模拟的教学环境可减少真实教学所造成的心理压力，使师范生可以比较顺利地迈出从学生到教师的第一步。

（4）微格教学促进了学校教研活动的开展

一些开展微格教学的中小学的经验说明，微格教学理论联系实际的训练，使教师们体会到了教育理论的价值，改变了过去认为理论没用的片面看法，有些教师又自觉地重温教育学、心理学的理论课程。微格教学使用现代化教学手段的成功做法，使教师们打破了对现代化教学手段的神秘感，从而主动地在自己的教学中学习使用录像、投影仪、计算机辅助教学等现代教育技术。

1.2.4 微格教学的实施

1. 实施微格教学的步骤

微格教学作为一种有效的培训方法，其最突出的优点在于重实践操作，是一种全新的实践活动。在微格教学的实践和发展过程中又融进了很多新的教学理念和方法，因此研究微格教学实施过程，不仅可以学习教育思想、教学理论及方法，而且还能提高师范生教学技能素质。微格教学实施的基本步骤如图1-1所示。

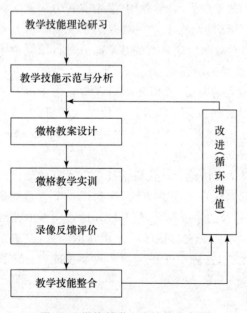

图1-1 微格教学实施的基本步骤

（1）教学技能理论研习

微格教学是在现代教育理论和思想指导下的实训活动。在进行微格实践训练之前，首先要研究学习微格教学的基本理论、教学技能的分类、微格教学设计、教学策略、反馈评价等有关理论，然后用理论去指导微格教学实践训练。

（2）教学技能示范与分析

微格教学的教学方法是将错综复杂的教学过程细分为单一的技能，再逐项培训。由于受训者的知识水平和能力的差异，指导教师应根据受训者的情况，有针对性地选择几项技能进行模仿训练（包括分解模仿和整体模仿）。

(3) 微格教案设计

在上述教学技能理论的研习和教学技能示范分析的基础上,受训者可选择对自己有针对性的某项技能进行微格教案设计。

(4) 微格教学实训

微格教学实训过程也叫做"角色扮演"。扮演学生角色的受训者,既要注意与执教者教学互动,又要适当出点难题,制造点麻烦,以培养执教者的应变能力。

(5) 录像反馈评价

在观看微格实训的录像之后,执教者先分析自己执教的体会,是否达到预期的教学目标,有什么优点和存在问题等,再由全组人员按教学技能评价表进行评价或按"2+2"的评价方式进行评价,即每人谈两点优点,两条改进的建议。执教者在集合大家的意见后,进一步修改教案设计,进行第二轮重教训练。此时,执教者的该项教学技能水平已经上了一个台阶,这是一个循环增值的过程。

2. 微格教案的设计

微格教学教案设计就是将不同教学内容的教学设计用文字呈现出来。按微格教学教案的要求,由受训者写出受训教学任务的教案,同时说明所应用的教学技能的训练目标,并详细说明教学过程设计中的教学行为是该项教学技能中何种技能行为要素。

微格教学的教案具有不同于一般教案的特点,它不但要详细规定教师的教学行为,还要规定学生的学习行为和对提问等的反应,以及教学进度的时间分配等。

(1) 微格教案设计的注意事项

① 学生学什么?即想让学生在本课中学到什么知识,是事实、概念、技能、思想、观念,还是兼而有之。这些是通过对教学内容和学习任务的分析而得到明确的。

② 目标是什么?即通过教学后,学生能做什么。所制定的目标要明确、具体,学生确实能做到的,并且是可观察和可测量的。同时,还要区分教育目标和教学目标,内隐的目标和外显的目标。

③ 教学程序是什么?即根据对教学任务和课题的分析及所教班级学生的特点,明确教学的步骤和顺序,以及教学技能的基本程序。

④ 运用什么教学方法和教学手段?为了达到教学目标和更好地促进学生有效地参与到教学中来,选择什么样的教学方法和教学手段。

⑤ 如何评价?即对教师的教学效果和对学生的学习结果进行评价的方法。

(2) 微格教案的内容

① 教学目标

教学目标的制定是备课的前提,制定教学目标要紧紧围绕微格课的教材内容进行。

指导教师必须对教学目标的制定予以指导,帮助受训者理解课程标准,帮助他们深钻教材,引导他们正确地使用教学技能。

例如,在"细胞的吸水与失水"一课中,教学目标设计:掌握渗透作用的概念,能解释细胞渗透吸水和失水的原理以及条件,了解水势、浓度与水分进出之间的关系;通过一些生活实例以及简单的问题探究,能够进一步探讨细胞吸水和失水的方式和条件;逐步培养科学探究的精神,树立理论联系实际的思想。

② 教师行为

教师在授课过程中的行为包括板书、演示、讲授、提问等若干活动,这些都要预先经过周密设定,与教学时间一栏相对应,使教案更具有可行性,并且指导教师事前应给予一些应付课堂变化的建议。

例如,在"减数分裂"一课中,讲解"同源染色体"概念时,适时展示相应的幻灯片,要求学生判断所展示的图片是否为"同源染色体",再通过接下来的提问、讲述,自然而然地引入减数分裂的其他相关概念。

③ 学生行为

此处的学生行为是教师备课中预想的学生行为,而学生的课堂行为主要有观察、回忆、问答、操作、活动等。在上课过程中学生参与活动的每一个细微之处,教师都应考虑到。

例如,在"细胞核——系统的控制中心"一课中,微格教案中可以这样设计,教师由一张细胞的图片引入,进一步追问"哪个结构是细胞核"。引导学生讨论细胞核的结构特征,进而让学生进一步了解细胞核的功能。在导入过程中,教师紧扣主题,预设学生的行为,对实际教学有较好的指导作用。

④ 教师应掌握的技能要素

在教学进行过程中教师的教学技能设计应具体、明确。在教案中应注明目前主要培训的技能要素。

⑤ 需要准备的视听材料

要求在教案中注明自己所使用的试听材料,以便课前准备,课中使用。板书也应在这栏中注明。

⑥ 时间分配

微格教学要严格控制教学过程的每一个环节,忌拖堂,受训者必须明确这一点,以确保微格教学的有序进行。

(3) 微格教案的格式

活 动

微 格 教 案

教学内容_____ 执教者_____
训练课题_____ 导　师_____

教学目标	生物学的教学目标			
	教学技能培训目标			
时间分配	教师行为 (讲授、提问、演示等)	教学技能的类型	学生行为 (参与的活动、预想的回答)	所用的教学媒体
指导教师意见				

1. 上表是微格教学教案的基本格式,请你仔细学习并列出教案编写的基本要点。
_____

2. 请你就高中生物教科书中"生态因素"一节为教学内容,进行微格教学的导入技能训练,并按照上述微格教学教案格式编写一个微格教学教案。

 案例

微格教案——细胞膜和细胞壁

教学内容 __细胞膜和细胞壁__ 执教者 __邓延敏__
训练课题 __导入与结束__ 导 师 __李 娟__

教学目标	生物学的教学目标	学习细胞壁与细胞膜的基本结构			
	教学技能培训目标	练习导入技能与结束技能			
时间分配	教师行为 （讲授、提问、演示等）		教学技能的类型	学生行为 （参与的活动、预想的回答）	所用的教学媒体
3分	1. 在上节课的学习中我们一起学习了细胞的基本知识，我们知道生物都是由细胞构成的，同时我们还知道了生物可以分为真核生物以及原核生物，好，下面就请同学们跟着老师来回忆一下，真核生物的细胞结构可以分为哪几个部分？ 2. 对，其实细胞的结构与我们所吃的鸡蛋在结构上是非常类似的。下面请同学们仔细观察老师手中的这个煮熟鸡蛋并思考鸡蛋的结构分别代表细胞的什么结构。（请同学回答） 　回答得很好，需要注明的是：煮熟鸡蛋的蛋白在煮熟之前和我们的细胞质一样是液体状的。同学们在平常吃鸡蛋剥蛋壳的时候有没有发现蛋壳和蛋白之间还有一层其他的结构？ 3. 嗯，的确是这样的，其实我们的细胞在细胞壁与细胞质之间也还是有一层类似的结构，这就是我们这节课将要重点学习的新知识——细胞膜！		旧知识导入 直观演示导入	1. 细胞壁、细胞质和细胞核。 2. 外面的蛋壳相当于细胞壁，蛋白相当于细胞质，蛋黄相当于细胞核。 3. 是的，在它们之间还有一层白色的很薄的膜结构。	实物演示
5分	4. 在这一节课的学习中，老师和同学们一起学习了细胞膜以及细胞壁的基本知识，学习了细胞膜的基本结构、选择透过性以及细胞膜的流体镶嵌模型，还有细胞壁结构的基本知识。流体镶嵌模型也是我们这一节的教学重点和难点，同学们下去之后还要认真思考和理解。 　下面请同学们仔细阅读课本上本节内容开头的实验，思考实验所提出的问题：为什么只有煮熟的玉米会被染成红色而未煮熟的没有？这到底是为什么？是和我们细胞的什么结构和功能相关？		总结归纳式结束 回答式结束	4. 是由于玉米细胞具有细胞膜的结构，细胞膜具有选择透过性。	PPT演示
指导教师意见					

[案例分析]

该微格教案的导入部分,旧知识导入使学生原有的知识技能现实化,在新旧知识之间建立密切联系,直观演示导入使学生明确学习目的,形成并强化学生的学习动机;结束部分,总结归纳式结束总结概括了本节课的知识内容,起到了巩固强化的作用,回答式结束通过提问以检查教与学的效果,并能够引导学生总结教学中的思维过程,起到了反馈和发展的作用。因此,这份微格教案总体上达到了导入技能和结束技能的训练目标。

(华中师范大学2005级学生作业)

3. 微格教学的评价与反馈

微格教学的评价与反馈在提高执教者的教学技能和培养健康的心理方面发挥着重大作用。微格教学中的评价能及时获得反馈信息,缩小过程与目标的差距,及时改进教学,是一种即时的评价,使评价工作处于动态过程之中。

(1) 微格教学的评价

微格教学是以提高课堂教学技能为主要任务的教学研究活动,评价的重点应该以达到技能训练的目标要求为标准。因此,如何建立合理的课堂教学技能评价量表对于微格教学评价工作是十分重要的。

微格教学的评价指标就是根据每项技能的目标要求分别确定的,这些指标必须是具体的、可观察的、可比较的、易操作的,并尽量注意相互间的独立性。为了使各项指标在总评价中显现出其重要程度,根据不同的评价目的、对象等,对不同的指标赋予不同的比例系数,即为指标加权。每个指标定量分配的比例系数即为其权重。

根据教学语言技能的作用、方法和要领,确定了表1-2中教学语言评价的10项具体指标。每一条指标在该指标体系中的重要程度,用权重系数表示,各项权重系数之和应该等于1,每一条指标的评价等级可分为好、中、差三个等级。

资料阅读

表1-2 语言技能评价量表

课题:_____ 执教者:_____

评价指标	好	中	差	权重
1. 讲普通话,字音正确	☐	☐	☐	0.10
2. 语言流畅,语速、节奏恰当	☐	☐	☐	0.20
3. 语言准确,逻辑严密,条理清楚	☐	☐	☐	0.15
4. 正确使用学科名词术语,无科学性错误	☐	☐	☐	0.15
5. 语言简明形象、生动有趣	☐	☐	☐	0.05
6. 遣词造句通俗易懂	☐	☐	☐	0.10
7. 语调抑扬顿挫	☐	☐	☐	0.05
8. 语言富有启发性	☐	☐	☐	0.10
9. 没有不恰当的口头语和废话	☐	☐	☐	0.05
10. 音量恰当	☐	☐	☐	0.05

(2) 微格教学的反馈

反馈是控制系统的基本方法和过程。教学中的反馈可以有效地强化动机,促进行为的改善。微格教学中的反馈弥补了教法课的不足。借助录像,采用自评、互评、点评相结合的方式对被训者进行真实的、及时的反馈,能很好地发挥反馈的控制调节作用,强化效果好。由于微格教学的技能评价是形成性评价,其理论依据是反馈原理,因此微格教学的反馈是根据过去的操作情况来调整未来行动。它根据形成性评价提供的信息,肯定教学技能、理论知识的优势,并诊断出问题,及时改进,提高教学,具有很大的调整和矫正作用。

微格教学中的反馈是及时反馈,信息量大。在教学技能实践之后,立即以重放录像的形式,给受训者提供了自我观察教学过程和分析自己教学行为的条件,让受训者能够找出自己的优缺点。同时"学生"、"评价人员"和指导教师也给受训者指出优缺点和改进意见。通过反馈,使受训者获得大量的信息,并在此基础上进行调控。受训者能在集思广益的基础上,经过自己的分析、加工和重组,修改完善原有的方案。在多次修改和反复练习的基础上,受训者的教学技能得到了明显的提高。

实战演练

1. 微格教学对师范生的教学技能形成有什么意义?
2. 你认为微格教学有什么基本的特点?
3. 以"光合作用"为教学内容,进行微格教学的教学设计,编写教案,并以小组为单位进行微格教学训练,受训者之间相互评价。根据反馈意见修改和完善教案,再次进行微格教学训练。

学习链接

1. 微格教学网站:http://www.ou163.com/wgjx/Index.asp
2. 全国中小学教师继续教育网:http://www.teacher.com.cn/
3. 校本研修网:http://xbyx.cersp.com/
4. 小学教学技能课程网站:http://edu6.teacher.com.cn/tln018a/kcjj.asp

专题 2　教学语言技能

内容提要

教学语言技能是教师传递信息,提供指导的语言行为方式,它不独立存在于教学之中,是一切教学活动的最基本的教学行为。

生物教学语言技能是中学生物教师传播和交流生物信息的基本组成要素,是生物教师进行课堂教学必须具备的技能。

本章主要讨论与生物课堂教学有关的教学语言技能,包括语言表达技能、导入技能、讲解技能、提问技能和结束技能。

学习目标

- ◆ 了解什么是教学语言技能;
- ◆ 理解教学语言的作用;
- ◆ 理解教学语言的基本特征;
- ◆ 概述语言表达技能、导入技能、讲解技能、提问技能、结束技能等基本教学技能;
- ◆ 解释语言表达技能、导入技能、讲解技能、提问技能、结束技能的应用原则和要点;
- ◆ 学会将这些技能应用到实际的教学中;
- ◆ 体会学习并锻炼这些技能的乐趣。

关键术语

◆ 语言表达技能　◆ 导入技能　◆ 讲解技能　◆ 提问技能　◆ 结束技能

知识地图

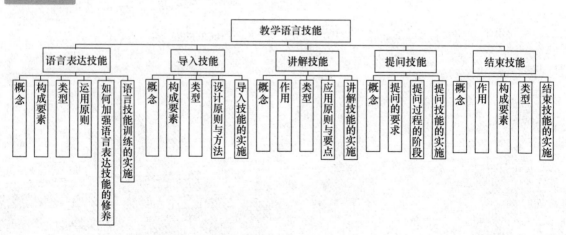

专题序幕

课堂教学语言技能

课堂教学技能是教师圆满完成教学任务的行为方式。可以肯定,一个没有熟练掌握教学技能的教师难以有效组织学生主动地学习。而在各种教学技能中,教学语言技能是最基本的技能,难怪美国每年评选"年度教师"的两个主要条件之一是语言表达能力。教学语言是指教师在课堂上激发兴趣、传授知识、复习巩固等教学全过程中所运用的语言。

课堂教学的目标多种多样,教学手段不断创新,但是,教师"传道、授业、解惑"的主要方式仍然是"言传身教",无论是完成知识目标还是能力目标,无论是思想教育还是美育教育,教学语言总是主要的信息载体。较好地掌握教学语言技能就能使教学目标的实现"事半功倍"。

苏霍姆林斯基曾说过:"教师的语言修养在极大程度上决定着为学生在课堂上的脑力劳动的效率。"有些教育学家认为,教师的教学语言应该融播音员的清晰、相声大师的幽默、评书演员的流利、故事大王的激情于一体。当然,这是教学语言的理想境界,不可能要求每一位教师都达到,但肯定是每一位热爱教育事业的教师终身所追求的境界。尽管随着科技进步,科技媒体语言显得愈来愈重要,但是课堂教学有声语言具有的情感特质仍然是无法替代的。

一般来说,教学语言应该具有普通语言和教学语言的双重要求。教学语言和其他语言有很多共性,如普通语言的语音、吐字、声调、频率、响度及词汇、语法的适当要求等。教学语言还具有很多自身的特色,例如课堂教学语言不仅要求科学性,还要求学科性;不仅要求明确性,还要求启发性;不仅要求语言本身的教育性,还要求言行一致性等。

2.1 语言表达技能

2.1.1 语言表达技能的概念

语言表达技能是教师在教学信息交流过程中运用语言传播知识、指导学生学习的行为方式。在生物教学过程中,教师阐明教材内容、传授知识,不断激发学生的学习积极性等一系列活动所用的语言就是教学语言,语言技能伴随着课堂教学的每一个环节,任何一种教学技能的运用几乎都离不开语言技能。教师的语言表达方式和质量直接影响着学生理解和应用知识。研究教学语言技能,掌握教学语言艺术,是生物教师完成课堂教学任务的最基本的保证。

资料阅读

方言与普通话是割裂还是兼顾?

随着信息技术的快速发展,通信手段的多样化以及交通工具的便利性,人们彼此的距离正被拉近,不同地区的人们相互交往日渐频繁。作为人们交际的最重要的工具——语言,也突显其重要性。普通话是当之无愧的全民语言,其地位正日渐提高,但方言在传承民族文化方面尤为重要。根据有关数据统计,中国的方言正在以惊人的速度消失,同时消失的,是万劫不复的多彩文化。方言和普通话的关系也成为人们关注的焦点,究竟是割裂还是兼顾?

世界上很少有单一民族、单一语言或方言的国家。许多国家虽然都有"官方语言",但在社会交际中却是长期稳定地使用多种语言。中国是多民族、多语言、多民系、多方言的国家。多种语言和方言的并存并用现象,是由它们的社会功能决定的,不是行政命令或人们的主观愿望所能左右的。以上海为例,普通话和上海话可能出现在下述不同的场合,如表 2-1 所示。

表 2-1 普通话和上海话可能出现的场合[①]

场合	普通话	上海话
教堂或寺院讲道	√	
吩咐仆人、招待员、工匠、职员		√
私人信件	√	
国会演讲、政治演说	√	
大学讲课	√	
与亲友、同事交谈		√
新闻广播	√	
广播连续剧		√
报纸社论、新闻报道、图片说明	√	
政治漫画标题		√
诗歌	√	
民间文学		√

普通话与方言联系紧密,一方面,方言向来是汉民族古今共同语(雅言、官话、普通话)的重要养分,另一方面,普通话词汇库也因方言词汇而日益丰富。方言特别是它的词汇承载着地方文化,中华文化的内涵,也因不断新生的方言词汇而日益丰富。在语音方面,例如在如今的普通话里,清音入声字分别读作阴平、阳平、上声、去声四个声调,分派的规律不强,这是受多种方言影响的结果。方言是灿烂多姿的地方文化的重要组成部分或载体之一。因此,我们对待普通话与方言的正确态度应当是让它们发挥各自的社会功能,共存并用,和谐发展。

问题与思考

1. 对于方言与普通话是割裂还是兼顾,你有怎样的观点?
2. 若想使普通话与方言各自发挥其社会功能,共存并用,和谐发展,你有怎样好的建议?

 活 动

方言和普通话的比较

1. 小组内每人讲一句有特点的方言。
2. 将这句方言改成普通话。
3. 组内交流对普通话作用的认识。

列出生物学科中易混淆的字、词

1. 小组内每人说一些生物学科中容易混淆的字、词。
2. 将这些容易混淆的字、词列成清单,在全班讨论它们为何容易被混淆。

---

① 游汝杰.方言和普通话的社会功能与和谐发展[J].修辞学习,2006(6).

2.1.2 语言表达技能的构成要素

语言表达技能的构成要素主要有三个:语言、语音和语调,语速和节奏以及词汇和语法。

1. 语言、语音和语调

语言是教学语言信息的载体,教学语言的要求是使用普通话,发音准确,吐字清晰。

语音是指音量适当,即后排学生听得清楚,前排学生听起来不震耳,声音悦耳、动听。

语调是指讲话时声音的高低、声调升降变化。语调能体现教师的语言情感。教师从课堂教学内容出发,讲课时身心投入,做到语调自然适度、抑扬顿挫。

2. 语速和节奏

语速是指讲话速度的快慢。讲话速度一般以200~250字/分为宜。讲话过快过慢都会影响听课效果。

节奏是指教学中语速快慢、停顿的变化。在讲授重要或难点时音节可拖长一些、慢些、音量大些、音调强一些;讲授次要知识、浅显、感情色彩浓厚内容时可快一些,在适当和关键地方可有长短不一的停顿和重复音调变化起伏。教师要善于调控音程的变化,把握轻、重、缓、急,形成和谐的节奏,从而加强教学语言的生动性。

3. 词汇和语法

词是语言中最基本的构成单位,没有词汇就没有语言。教师要具有一定的词汇量,能做到规范、准确、生动、熟练地表达教学内容信息。例如,有的教师对"呼吸作用"和"呼吸运动"不加区别,把"神经中枢"和"中枢神经"不加区别等,这样学生就会产生错误的认识,思维容易被混淆。再如,有的教师不能准确地表述"细菌的营养方式一般为异养"、"苔藓植物一般有根茎叶的分化"、"酵母菌的生殖方式主要是出芽生殖"等,忽略了其中的"一般"、"主要"等词汇,产生科学性问题。

语法是指用词造句的规则,它是某一民族在形成民族共同语言时的长期历史过程中形成的。按照一定的规则表达语言,人们才能互相交流,才能被理解。因此,教师的语言思路要顺畅连贯,有逻辑性。

综上所述,教师教学语言技能应该达到语言规范、语调自然、语言流畅、语法准确、具有逻辑性等基本要求(表2-2即为语言表达技能评价标准)。

表2-2 语言表达技能评价标准

评价内容	评价标准			
	良好	较好	尚可	需努力
吐字发音	吐字发音正确、清晰,符合普通话要求	个别字句语音含混,音位或音节不清晰,不符合普通话标准	少部分字句语音含混,音位或音节不清晰,不符合普通话标准	部分字句语音音位或音节不清晰,不符合普通话标准
音量	音量控制适度,符合实际需求。坐最后一排能听清,坐第一排不感觉震耳	偶尔音量过大或小	有时音量过大或过小	经常音量过大或过小
语速	依据学生年龄特点,语速适中,符合实际需求	语速基本适中,但偶尔语速未根据实际需求进行调整,偶尔有过快或过慢的情况	语速基本适中,但偶尔语速未根据实际需求进行调整,出现少部分语段过快或过慢的情况	语速基本适中,但偶尔语速未根据实际需求进行调整,出现大部分语段过快或过慢的情况

续表

评价内容	评价标准			
	良好	较好	尚可	需努力
语调	语调抑扬顿挫；能与内容情境相适应，运用不同的声调表达疑问、感叹、惊喜、沉思	基本能做到语调抑扬顿挫；基本能与内容情境相适应，运用不同的声调表达疑问、感叹、惊喜、沉思	对语调抑扬顿挫的控制有时不够灵活；有些地方不能与内容情境相适应，不能灵活运用不同的声调表达疑问、感叹、惊喜、沉思	对语调抑扬顿挫地控制经常不够灵活；有些地方不能与内容情境相适应，不能灵活运用不同的声调表达疑问、感叹、惊喜、沉思
节奏	节奏和谐。张、弛、疾、缓、停顿合理	节奏偶尔不和谐。张、弛、疾、缓、停顿偶尔不合理	节奏有时不和谐。张、弛、疾、缓、停顿有时不合理	节奏经常不和谐。张、弛、疾、缓、停顿经常不合理
词汇	用词规范、准确、生动，正确使用专业术语	个别词汇使用不够规范或者不太生动，但没有科学错误	少部分词汇使用不够规范或者不太生动，但没有明显科学错误	部分词汇使用不够规范或者不太生动，有明显科学错误
语法	符合用词造句的规则。合乎语法、逻辑，语言连贯	基本符合用词造句的规则。基本合乎语法、逻辑，语言连贯	大多数语句符合用词造句的规则，合乎语法、逻辑，没有明显错误。语言的连贯性、流畅度欠佳	部分语句符合用词造句的规则，合乎语法、逻辑。语言不连贯、不流畅
备注				

说话练习

1. 以"光合作用"为例，学习者准备5~10分钟的教学片段，并将教学设计写成文本。

2. 在小组内进行真实表演，并录音。

3. 播放教学声音片段，学习者反复仔细听，并根据"语言表达技能评价标准"，先自评，再以讨论的形式进行小组评价。

4. 组员听完您的讲课后认为您强调的内容是否和您预计的一致。讨论如何强调重要的字眼和句子，并将您认同的方法记录下来。

5. 回顾您刚才的讲课过程，您认为您当时音量和语速快慢的控制考虑了哪些因素？小组内讨论一般课堂教学中音量和语速快慢的控制受哪些因素的影响并达成共识。

6. 小组讨论一位优秀教师的教学语言有哪些特色。思考教学语言的构成要素有哪些。

2.1.3 教学语言的类型

教学语言是教学信息的载体,是教师完成教学工作的主要工具。教师的语言表达形式是多种多样的,主要有:课堂口语,即口头表达;书面语言,即书面文字表达,如板书、批阅作业的批语等;体态语言,即用示范性或示意性动作来表达思想。在这三者中,课堂口语是课堂教学中语言表达的主要形式。

比较课堂口语和生活口语的异同

1. 请分别用课堂口语和生活口语向学习者介绍下面几个生物学知识:(1)种子的萌发;(2)生物的无氧呼吸;(3)植物的吐水现象。比较哪种口语表达方式达到的效果更好?
2. 小组讨论课堂口语和生活口语有哪些异同。

教师的口语恰当吗?

教师:小飞,上课时间怎么还看手机呀? 学校规定不允许带手机来上学,你难道不知道吗? 马上收起来!

学生:对不起,我不知道这个规定,下次保证改。

教师:胡说,上周小张带手机来学校时,我已经说得很清楚了。你怎么还会说不知道?

学生:可我看,你也没怎么批评他呀!

教师:那我再警告你一遍,以后来学校不许带手机,大家都记住了,不许再违反校规。

1. 阅读上面的对话,讨论教师的口语表达恰当吗。

_____

_____

2. 思考如果遇到对话中的情境,您会怎样表达。

_____

_____

通常,课堂口语主要有以下几种类型:

1. 讲述阐释语

讲述阐释语是教师在课堂上以比较系统连贯的话语进行解释、说明、分析、推导、概括使用的语言。生物教师在具体运用时应注意用词贴切、判断准确、语句简明、语速变化而适宜、给学生留有思考余地。

2. 激情激趣语

激情激趣语是教师在课堂上生动描绘形象、展开情节、渲染环境气氛或创设教学情境使用的语言。激情激趣语较为活泼生动,可选用变化的句型、句式、修辞手法及语音语调。

3. 启发诱导语

启发诱导语是教师课堂上启发学生思维、诱导学生主动学习获得知识所使用的语言。它可用于启发式讲解、课堂提问或师生谈话。教师应注意把握用词造句的"度"和表达时的"引而不发",注重为学生创设良性的思考环境,语音适中、语调平稳、吐词清晰、语速徐缓。

4. 指令指导语

指令指导语是课堂教学中教师向学生提出学习、思考、训练要求,指令学生学什么、想什么、做什么和怎样学、怎样想、怎样做的语言。指令指导语应简洁、明确、具体、朴实、直接、明快、果断,突出逻辑重音,节奏适当放慢。

5. 过渡转换语

过渡转换语是课堂教学中用于教学内容和教学环节间转换联结、承上启下的语言,使课堂结构显得严谨而层次分明。过渡转换语应兼顾上下内容,关联前后教学情境,语音、语调、语速、语气适宜,但"启下"的关键语应放慢语速、突出重点、变化语调。

6. 归纳小结语

归纳小结语是一个教学阶段结束后或一段课堂发言、讨论、练习、训练之后,教师归纳、小结、引申所使用的语言。归纳小结语应高度精练,富有条理性和层次性,吐词清晰、语调深沉、语速略慢。

7. 评价勉励语

评价勉励语是课堂教学中对学生学习行为或课堂活动进行评价、勉励、鞭策的语言。评价勉励语应从鼓励入手,中肯恰当。指误性评价应诚恳耐心、语重心长;表扬鼓励性评价应热情真诚、实事求是。

8. 调控应变语

调控应变语是教师课堂上反馈教学信息后及时调节师生关系、调控教学进程和处理课堂突发事件时运用的语言。运用调控应变语要求教师思维敏捷、机智风趣、甚至妙语连珠,使得课堂气氛轻松愉快。[①]

2.1.4 运用生物教学语言表达技能的原则

1. 科学性原则

教学语言的科学性是教学内容科学性的重要保证,生物教学过程中必须注重科学性,如果用词不准确,势必造成概念的混淆,这在生物教学中是绝对不允许的。例如,有的教师在"生物的多样性"教学中讲:"生物界种类十分繁多,有千百万种","种"在生物中是有严格的科学界定的,生物界的种类繁多,但从"种"的概念出发,应该这样讲:"生物界的种类十分繁多,至今已发现的生物有二百多万种。"又如,讲"细胞是一切生物体的结构和功能的基本单位",乍一听似乎正确,但实际上病毒不具有细胞结构,但也属于生物。由于措词不准确而产生的科学性的错误,是不允许的。

2. 教育性原则

教师的职业本身使其教学语言具有一定的权威性。因此,教师的教学语言对学生的思想、情感和价值观有潜移默化的影响。教学语言的教育性主要取决于教师语言表达的感染力,要求教师的语言要适合学生的年龄特征和智力发展水平。例如,在普通高中生物课标教材的导言——"科学家访谈"教学中,教师配合视频讲到"这节课我们跟随记者'走访'了张院士,从他的谈话中

---

① 孟宪凯.微格教学与小学教学技能训练[M].北京:北京师范大学出版社,1998.46-52.

我们能够感受到科学家献身科学的精神,专心科研和科学的学习、研究方法,对我们今后的学习有很好的启迪和指导作用。"[1]

教学语言的教育性,常常渗透在教学过程之中,与教学内容紧密结合在一起。教师对学生的尊重、鼓励和关爱,流露在师生交往的言谈中,对于密切师生关系,调动学生的学习积极性,培养学生自尊、自爱的意识和正确的情感、价值观都会起到积极的作用。

两种教学语言的启发性

甲:家兔的门齿是由齿质和釉质所组成。齿质比较软,容易磨损;釉质不易磨损,主要分布在牙齿的表面。家兔的门齿前面的釉质特别厚,后面的釉质薄,所以后面的磨损比前面的快些。这样,门齿形成了凿形。此外,齿的基部不封闭,能终生生长。所以,家兔经常咬硬的食物,门齿也不会变短。(平铺直叙,无启发性)

乙:在我们的生活中经常看到,尖锐的东西如果经常触动坚硬的东西,不久就会变钝;长的东西如果经常磨损,它的长度会变得越来越短。现在我们看一看家兔门齿的情况,是很奇特的。它的门齿呈凿形,经常咬硬的食物。但是门齿不仅不钝,反而更尖锐,经常磨损也不会变短,为什么会有这样的反常现象呢?下面我们就来看一下门齿的构造吧。(精心设计了"矛盾情节",有启发性)

(摘自:山东师范大学精品课程:http://www.lsc.sdnu.edu.cn/guawang/swjxf/skja_list.asp?id=32.)

分析上面两段教学语言,比较哪个教学片段更具有启发性。

3. 启发性原则

启发性的语言是教学语言的核心,同样的问题运用不同的语言,尽管有时表面上看来差异不大,却会产生截然不同的效果,若启发得当,就好比给学生的思维供氧,能有效地点燃智慧的火花。启发式教学体现了"以人为本"、"以学生为主体"的新课程理念。例如,在讲述对鱼类的外部形态适于水中生活时,教师可联系学生以前认识过的动物,加深动物体型与生活环境相适应的认识,进一步还可提问飞机、高速列车、磁悬浮列车的外形来深化理解,活跃课堂气氛。

4. 简明性原则

简明的语言,即话不多,一听就明白,造词用语,一定要经过认真推敲,严格选择。教师运用简明的语言进行引导,给学生留有余地,让学生多去思考,有利于学生思维能力、创造力的提高。例如,教师在"DNA是主要的遗传物质"一节的教学中,通过课本的多个实验得出的众多结论,让学生知道细胞生物(真核和原核)、非细胞生物(病毒)的遗传物质各不相同,教师最终总结为一句话:绝大多数的遗传物质是DNA,所以说DNA是主要的遗传物质。

---

[1] 李伟.高中生物新课程创新教学设计[M].长春:东北师范大学出版社,2005:63.

2.1.5 如何加强语言表达技能的修养

1. 不断提高学识水平

口头语言表达和思想方法、知识水平密切相关。加强语言修养必须学习唯物辩证法,这样才能正确处理讲课中的各种辩证关系,如教师与学生、德育与智育、生理和心理、重点与一般、课内与课外等关系,才能使语言技能取得最大的教学效益。

"胸藏万汇凭吞吐",教师只有掌握丰富的知识,讲课时才能灵活自如,信手拈来。教师的知识面不应只局限于本学科,应该努力获得多学科知识,做复合型人才。

2. 增强语言变换能力

一方面是语言形式的变换,有词法变换、句型变换、语序变换、辞格变换、语体变换等;另一方面是语言内容的变换,有重要数字变换法、专用词语变换法、典型事例变换法、语言原意变换法等。

3. 掌握科学发声方法

从影视表演到现实生活,从高雅的艺术形式到日常口语、教师授课、领导讲话、律师辩护、政治谈判乃至商业营销,无一能离得开嗓音的运用。科学发声方法是一个人在交际场合树立形象、创造个人魅力,提升讲话的表现力与感染力的重要保证。

资料阅读

教师口语"常见病"诊治

(一)话语重复

1. 类别

"嗯、啊"不断,几句话,甚至每句话的后面都带有一个"嗯"或"啊",有的还拉长为曲折音的形式。频繁使用一个词,如说话之前带上"如果这样的话"、"我们知道",说话之后带上"是不是啊"、"对不对呀"。有人把这种语病称"口头令"。重复句末词语,如"今天我们讲第三节,讲第三节"。

2. 治疗

认识这些语病给表达带来的不良影响,有针对性地进行克服。在反复练习、充分准备之后,讲一段课,或讲一段话,并进行录音,发现问题,引起注意,认真克服。

(二)语速失调

1. 类别

讲话过快、过慢,拖音过长。

2. 治疗

讲话速度要根据内容的需要,要适应听者的需要。重点内容要让人来得及记,不要太快,也不要太慢,过慢则没有生气。可以模仿优秀教师的语言速度,也可以模仿优秀广播员的语言速度,还可以讲同一段内容,看看所用的时间与优秀教师、优秀广播员是否相同。

(三) 语音不清

1. 类别

有的人讲话，每句话将最后一个字音弱化，说成哑音，或虽不弱化，但音量太小，使人听不清。也有人音强大小变化幅度太大，一句话声音忽大忽小，或有的话声音过大，有的话声音又过小，使人感觉不舒服。

2. 治疗

反复练习朗读、演讲，注意字正腔圆，声音洪亮，不能忽略任何一个字音。

(四) 语调单一

1. 类别

有的人说话语调平直无变化，有的人说话总是用升调或降调，这两种情形往往有时节奏也无变化，整个语调平庸无力。

2. 治疗

掌握轻重音结合、快慢结合、语调升降结合的技巧，做到讲话语调和谐、自如，说话抑扬顿挫。也可以自我录音，改正自己的不足。

(五) 语脉不通

1. 类别

话语不流畅，吞吞吐吐，甚至卡壳。随意插说，颠三倒四，语意混乱。

2. 治疗

想好了再说，要有提纲进行约束。对以前的有关录音进行检查，看有无此类现象。

(六) 话语枯燥无味

1. 类别

翻来覆去总是那几个词，总是那种叙述的口语形式，没新词，没有描述语，没有评述语。口语修辞水平低，不会通过词语的锤炼、句式的选择和修辞格的运用，来使口语表达具有生动性、形象性。

2. 治疗

努力增加自己的词汇量，学习好修辞知识。这两者都需多读、多听、多记、多说，才能奏效。

(七) 各种"常见病"综合征

1. 特征

从语音不清到语调单一，从话语枯燥到重复啰嗦，从语意混乱到教态呆板，各种毛病同时存在。

2. 治疗

认真学习教师职业口语，从普通话语音到朗读、演讲和论辩，从教学口语到教育口语的理论与运用，都要多学多练，练好做一名合格的人民教师的基本功。

(摘自：丁详坤，姜维国．优化课堂教学方法丛书——教学语言运用方法[M]．北京：中国人事出版社，1998，53-54．)

 **活 动**

帮助万老师进行口语训练

万老师刚刚走上工作岗位,他是一个专业知识丰富的教师,可就是一上讲台就紧张,说话不清楚,音量偏小。一句话说下来,声音越来越低,越来越模糊,根本听不清。缺少抑扬顿挫,感情色彩弱,不流畅。请各学习小组进行讨论,帮助万老师订出一份训练指南。

2.1.6 语言技能训练的实施

课堂教学语言要充满感情,要亲切而热情,能够引起学生心理上的共鸣。教学语言语音要美,语速要适中。在实施过程中,教师应根据教学内容、教学对象、教学环境等具体情况来调整语音的强弱快慢。时轻时重,时缓时急,抑扬顿挫,这样的教学语言能使学生的优势兴奋中心得到强化和随着知识点的转移而转移。反之,如果教学语言平板单调,学生的大脑皮层就会很快进入抑制状态,必然会影响听课效果。

 **案 例**

微生物与人类的关系

以下对话节选自北京师范大学出版的《生物学》八年级下册第十八章第2节"微生物与人类的关系"一课的教学过程设计。

复习导入

师:同学们,上一节课我们学习了什么是微生物,以及微生物的生活。在日常生活中,一提到细菌、真菌及病毒这些微生物,人们往往首先想到它们的害处,如上节课我们所了解的,它能引起动植物和人患病,使食品腐败变质等,我相信同学们还可以举出很多细菌和真菌引起动植物患病的事例,所以现在人们往往"谈菌色变",那么是不是所有的微生物都对人类百害而无一利呢?谁能举出一些细菌和真菌对人类有益的实例吗?

生:相互议论,积极发言。蘑菇可以食用;有些微生物(如根瘤菌)有固氮作用;有些微生物对生态系统中的物质循环起不可替代的作用。有学生提到可以利用酵母菌制作馒头和面包,利用酿酒酵母制作葡萄酒,生病时所用的青霉素等。

师:同学们回答得很好。其实,很多微生物对人类是有益的,它们与我们人类的关系非常密切。而且人类已经应用微生物造福于我们的实际生产生活,这就是本节课我们要共同探讨的问题——第2节 微生物与人类的关系。

引入新课

师:刚才,同学们提到利用酵母菌制作的馒头和面包都是发酵食品,这就是我们今天要探讨的第一个问题。(板书:一、微生物与食品)

师：同学们平时吃过不少的发酵食品，但很少见到利用微生物发酵的直观现象。下面我们来看发酵现象。**（板书：1. 发酵现象——气泡；出示课件：发酵现象或课前老师制作的发酵瓶。）**

师：同学们，从这幅图中，你看到原来透明的液体和挤瘪的气球发生了什么变化，你能解释这一现象吗？

生：看到瓶中的液体不断有气泡冒出，挤瘪的小气球胀大了。

师：对，同学们观察得很仔细，你们看到的现象就是发酵。因为发酵瓶中加入了一种微生物，这种微生物就是酵母菌。酵母菌是一类单细胞真菌，在食品和发酵工业上被广泛利用。由于酵母菌比较微小，只有在显微镜下才能看到，请同学们打开课本57页的图，我们来认识一下酵母菌，这就是出芽生殖时的酵母菌。

师：刚才，同学们看到了发酵现象，日常生活中你吃过哪些食物是用微生物的发酵制成的？

生：烤制面包或蒸馒头时利用面包酵母；酿制白酒和啤酒时利用酿酒酵母；制作葡萄酒时利用葡萄酒酵母等。

师：同学们回答得很好。香美的发酵食品满足了我们的口味。这其中有些是根据微生物的发酵原理制成的发酵食品。有些微生物本身就是天然的食品，如蘑菇。那么，发酵的原理是怎样的呢？**（板书：2. 发酵原理）**刚才同学们看到发酵瓶中为什么会有气泡产生呢？同学们没有学过化学，理解有一定的难度。请看大屏幕，**（展示课件）**来了解酵母菌的发酵原理，现在同学们知道了发酵瓶中产生气泡的原因吧？是什么原因？哪位同学说一说。

生：观看、分析。气泡的产生和小气球胀大是因为酵母菌分解葡萄糖，产生了 CO_2 和酒精，CO_2 气体使挤瘪的小气球胀大了。**（课件停在发酵原理位置）**

师：下面观看我为大家准备的同学们比较熟悉的食品（课前准备好每组一份），一份是我们平时所说的发面馒头（松软），一份是死面馍（硬），比较一下有什么区别。**（显示掰开的馒头里面的小孔，学生仔细比较，找出区别，找学生回答：略）**

师：为什么会形成许多小孔洞呢？和面时为什么要放入发酵粉，结合刚才讲的发酵原理谈谈。

生：分析回答。教师补充并板书①制作馒头——酵母菌，这些小孔就是 CO_2 在面团中形成的孔洞。我们吃的面包、馒头都很松软，是因为在制作馒头或面包时，酵母菌发酵产生的 CO_2 气体会在面团中形成许多小孔，使馒头或面包胀大松软，而面团中所含酒精则在蒸烤过程中挥发了，所以我们没有吃到酒味。

师：同学们都很喜欢喝酸奶吧？酸奶酸酸的、甜甜的，口味很好，我想大部分同学都喜欢喝。你知道酸奶是怎么制成的呢？**（板书②：酸奶制作——乳酸菌）**请看大屏幕——展示酸奶制作方法。

师：在酸奶制作过程中，为什么要加入一些购买的酸奶呢？这是因为酸奶中含有一种细菌——乳酸菌，由此可见，酸奶制作是乳酸菌发酵的结果产生了乳酸。

师：刚才介绍了酸奶的制作方法，同学们课后可按照此过程制作一杯可口的酸奶，下节课带来大家品尝。

（略）

（摘自：吴立清."微生物与人类的关系"教学设计[EB/OL]. (2009-04-21). http://bio.cersp.com/JXSJ/JXSJ/200904/3844.html.）

> 1. 选择一个你感兴趣的课题,设计一个教学语言的微格教学教案,时间要求在 8～10 分钟左右。在个人反复练习的基础上,进行微格教学实践。然后,进行教学语言技能训练的评价(见表 2-3)。
>
> 表 2-3 语言技能评价内容与标准[①]
>
> | 评价内容 | 优 | 良 | 及格 | 不及格 | 权重 |
> |---|---|---|---|---|---|
> | 1. 语言流畅,语速、节奏适当 | | | | | 0.10 |
> | 2. 正确使用生物学名词术语 | | | | | 0.13 |
> | 3. 说话通俗易懂 | | | | | 0.10 |
> | 4. 表达条理清楚 | | | | | 0.13 |
> | 5. 语言有感情,有趣味性和启发性 | | | | | 0.10 |
> | 6. 普通话语音准确、音量适中 | | | | | 0.10 |
> | 7. 语调抑扬顿挫 | | | | | 0.08 |
> | 8. 语句长短合适 | | | | | 0.08 |
> | 9. 简明扼要,没有不必要的重复 | | | | | 0.10 |
> | 10. 没有口头语和多余语气助词 | | | | | 0.08 |
>
> 2. 以小组为单位,评出小组最优秀的微格教学教案及最优秀的微格教学实践。

2.2 导入技能

"良好的开端是成功的一半。"导课是课堂教学不可或缺的环节,它为全节课的顺利进行奠定良好的基础,并能由此使教学内容进一步展开、发展、开拓,把课的进展不断推向高潮,产生良好、积极的"连锁反应"。巧妙的导课可以先声夺人,有效地帮助学生开启思维,引发联想,激起探究欲望,为一堂课的成功铺下基石,收到事半功倍的效果。"导课无定法,妙在巧导中",因此,教师应注重培养自己的导入技能,巧妙地将学生领入学习的"天堂"。

2.2.1 导入技能的概念

高尔基在谈到创作体会时说:"开头第一句是最难写的,好像音乐里的定调一样,往往要费很长时间才能找到它。"列夫·托尔斯泰也说过:"开头总是最难下笔的。"因此,托翁十分重视作品的开头。《安娜·卡列尼娜》的开头,他用了几十种不同的写法,经过反复比较、筛选,

---

[①] 崔鸿,杨华,王重力.生物课程教育学[M].武汉:华中师范大学出版社,2006:360.

最后才确定下来。

教学也是如此。课若一开始就没有上好,学生就会感到兴趣索然,下面的课就难以进行。所以,教师在每一堂课的开始,总要精心地设计导言,导入新课。导入就像是一件事情的开头,就像一篇小说的背景、一个剧本的楔子;如果这个开头、背景、楔子能够激起学生的兴趣,调动学习的积极性,那么这堂课就为成功打下了良好的基础。

导入技能是教师有目的地引起学生注意、激发学生兴趣、引起学生动机、明确学习目的和建立知识间联系的教学活动方式。它能把学生的注意力吸引到特定的教学任务和程序中来。

2.2.2 导入技能的构成要素

导入的类型虽然很多,但是每种导入都应从教学目标出发,使学生明确学习目的和教学内容,启发他们学习的积极性和主动性,造成寻求答案的迫切心理,更好地理解和掌握知识。因此,典型的导入构成要素有以下几方面:

1. 集中注意(引起兴趣)

导入的构思与实施,要千方百计地把学生的心理活动保持在教学行为上,使与教学活动无关的甚至是有害的活动能迅速得到抑制,并采用多种方法引起学生的无意注意,引向有意注意。例如,教师在"基因工程"的教学中,在课程的一开始,通过多媒体课件,向学生展示各种各样的生物性状:青霉菌能产生对人类有用的青霉素;家蚕能够吐出蚕丝为人类利用;豆科植物中的根瘤菌能够固定空气中的氮。引起学生兴趣,进行下面的教学活动。

2. 激发动机(活跃思维)

学习中最现实、最活跃的成分是认识兴趣,即求知欲。导入的目的之一就是用各种方法把学生的这种内部积极性调动起来。例如,教师应根据学生的年龄特点、知识水平和认识能力不同,选择不同的教育目标、要求和形式。对低年级的学生在教育目标要求上要具体些,最好是学生通过努力就能实现(例如在"绿叶中色素的提取和分离"的实验教学中),这样可以使学生感受到成功的喜悦,从而激励学生为不断实现目标而努力学习,形成学习的兴趣,产生求知的欲望。

3. 组织引导(明确目的)

导入要给学生指明任务,安排学习进度。这样,可以引导学生定向思维,使学生有目的、有意义地开展学习。在新教材的教学过程中,我们可以安排一些小组讨论或活动,让学生通过完成指定任务来导入新课。例如,在"探究影响叶绿素形成的环境因素"一课中,教师引导学生分组讨论,假设"叶绿素的形成需要什么样的条件",从而进入课题,再通过组织对比实验得出结论。

4. 建立联系(进入课题)

通过导入自然地进入新的课题,使导入和新课题之间建立起有机的联系,才能发挥导入的作用。例如,在"人体的稳态"的教学中,教师通过举出生活中的实例:排汗,补充盐水,糖尿病患者不宜吃甜食,引起学生注意,从而达到导入的效果,而且这些实例也就是新课题教学中的一些重要事例。

分析"叶的结构"导言设计

以下是某教师在讲"叶的结构"这一节内容的一段导言设计。

"你们有没有注意过秋天地上的落叶,是正面向上的多呢?还是背面向上的多呢?……事实上,是背面向上的多。那么,为什么是背面向上的多呢?在我们今天学完'叶的结构'后,就能了解其中的原因了。下面我们就来学习叶的结构。"

以小组为单位,分析上面的导言,将能够反映导入构成四要素的部分在教学技能要素里标记出来,小组形成统一意见。

(摘自:山东师范大学精品课程:http://www.lsc.sdnu.edu.cn/guawang/swjxf/skja_list.asp? id=32.)

2.2.3 导入技能的类型

教学没有固定的形式,一堂课如何开头,也没有固定的方法。由于教育对象不同,教学内容不同,每堂课的开头也必然不同。即使是同一教学内容,不同的教师也有不同的处理方法。一般常用的导入有以下几种类型:

1. 开门见山

教师通过简洁的语言直截了当地引入和讲授的导入语言称为"开门见山"式。这种"三言两语"的导入虽然简单,但也能起到迅速集中学生注意力的作用。教学导入语言采用"开门见山"式的原因是教学任务的特殊性决定的。一节课的45分钟时间是很宝贵的,能否简明扼要地运用语言表情达意关系到教师能否按时完成教学任务。[①]

"细胞器——系统内的分工合作"的导入

这一节是高中生物必修一第三章第二节,因为学生在前面已经学习了组成细胞的分子和细胞膜,学生对这部分的学习有自觉的要求,想了解细胞内部的结构,所以老师可以直接简要地引入说:"我们已经学习了组成细胞的分子以及细胞膜的结构,今天我们要学习细胞内的细胞器,了解各种细胞器的分工合作。"或者老师可以更简洁地引入:"接着上节课细胞膜的内容,我们这节课学习细胞膜内的结构——细胞器。"这样导入直截了当地点明了学习内容,引起学生的注意力。

(来源:王灵玉 山东胜利第一中学)

[①] 汪忠.导入语言的几种方式[EB/OL].[2009-01-22]. http://www.jswl.cn/course/B1015/chapter_2/section_1/paper/4ziliao-daoruyuyanfangshi.htm.

2. 唤起共鸣

教师从学生已有的生活经验和熟悉的素材出发,用生动有趣的提问、谈话、讲解等方式导入新课。例如在讲到心率、心动周期等有关知识时,教师让学生用自己的右手手指轻轻按住左手腕的外侧,摸到脉搏后,手指有"嘣嘣"跳动的感觉,说明这是桡动脉,它的搏动和心脏的跳动是一致的。让每一个学生数一数自己的脉搏跳动次数,一分钟时停止。然后分别进行统计,每分钟80次以上的人数,每分钟70—79次的人数,每分钟60—69次的人数。统计之后让学生思考:为什么大家都静坐在教室里,而每个人的脉搏次数却不完全相同呢?心脏在人的一生中都在不停地跳动,为什么不会疲劳呢?把大家凭自己的经验就能感觉到的、不理解的问题提出来导入新课,既能使学生明确学习目的和重点内容,又能和学生的生活实际密切地联系起来,能较好地激发学生的学习兴趣。

3. 巧妙过渡

学习应遵循循序渐进原则,应以较低层次的知识掌握为前提,才能保证与此相联系的较高层次知识的理解和掌握。有经验的教师,很注意知识之间的转折与衔接,有意向学生提供新旧知识联系的交点,既承了前又启了后。这样,可以降低知识的难度,便于学生将新学知识纳入原有的认知结构中去。例如,新课标必修2第一章第一节"孟德尔的豌豆杂交实验(二)"的教学内容是在已知分离定律的基础上进行学习的;"孟德尔首先对每一对相对性状单独进行分析,结果发现每一对相对性状的遗传都遵循了分离定律"。然后,马上就导出问题,"那么,将两对相对性状的遗传一并考虑,它们之间是什么关系呢?"这样在问题转换中,就完成了教学问题的变换。

4. 感同身受

生物是一门以实验为基础的学科,实验导入具有直观生动的特点,容易引起学生的注意、观察、思考与探究。通过演示实验,把看不见的生命活动过程变为可以看到的现象,使学生"感同身受",可以加深学生对于知识的理解与掌握,加上教师启发性的提问,能培养学生的科学思维能力。在观察实验过程中,学生出于好奇,急于想了解实验中出现的多种现象变化的原因,要求解惑的心情特别迫切。现在的生物新教材中,很多实验安排在了每节课的开篇,而不是过去的验证性实验,基本理论知识学过后,用实验来验证这些知识。把实验安排在每节课的开篇,不仅便于进行探究,还能通过实验很自然地导入新课。除了这些探究实验外,我们也可以安排一些小实验来导入新课。

5. 直接导入

实物、标本、挂图、模型、投影、幻灯等直观形式比口头语言更有说服力和真实感,能加深学生对所学知识的理解,有利于培养学生的观察力和想象力。

案例

材料1 "DNA 分子的结构"的导入

因为在前面我们已经学习了脱氧核糖核苷酸的知识,所以在介绍完科学史内容后进行"DNA分子的结构"学习时,我们可以这样设计导入:把DNA分子的实物模型拿给学生观察,告诉学生每一部分代表什么。教师提示学生带着问题去观察:1. 碱基之间是以怎样的方式配对的? 2. 两条脱氧核糖核苷酸链是怎样连接的? 3. 脱氧核糖和磷酸是怎样排列连接的? 教师利用实物模型,让学生在实物观察过程中获得大量知识的同时,又突出了本节课的重点,导入了新课。

(来源:王灵玉 山东胜利第一中学)

> **材料2 "生殖与发育"的导入**
>
> 一位教师在上"生殖与发育"一课时,开始没有说话,而是展示几幅图片:怒放的花朵、一个盛有鸟卵的鸟巢等。在引起学生兴趣之后,就引入正题:"植物和动物都需要通过生殖繁衍后代,这是自然界的生理现象,希望同学们都能正确对待人的生殖问题。"
>
> (摘自:汪忠.新编生物学教学论[M].上海:华东师范大学出版社,2006:86.)

6. 设疑导入

"学起于思,思起于疑",思维永远是从问题开始的,所以好教师一定要学会提问。通过问题导入,教师巧布疑阵,设置悬念,使学生的思维波澜起伏,激起学生探索问题、解决问题的欲望,能够取得较好的教学效果。所以设疑导入是一种常用的,也是深受老师欢迎的导入方式。

案例

> **"种子和果实的形成"的导入**
>
> 在讲"种子和果实的形成"一节课时,教师先问学生谜语:"麻屋子红帐子,里面睡了个白胖子",学生回答是花生。教师又问谜语中的麻屋子、红帐子、白胖子分别是花生的哪部分结构。这样,教师利用学生较为熟悉的谜语提出问题,激发学生的学习兴趣和思维活动,逐步引入新课题。
>
> 再比如在学习减数分裂时,也可以通过问题导入:"我们已经知道,每种生物细胞中的染色体数目是恒定的。比如人的体细胞中有染色体23对。可是在生殖过程中,精子和卵细胞结合形成受精卵,由于受精卵的分裂和分化,逐步发育成胎儿,那么胎儿细胞中的染色体是多少呢?如果是23对的话,也就是子代和亲代相同,这种恒定是在精卵结合时确定的,那么精子和卵子中各有多少条染色体呢?它们的染色体数是怎样形成的?这是我们这节课要解决的问题。"
>
> (摘自:汪忠.新编生物学教学论[M].上海:华东师范大学出版社,2006:87.)

7. 事例导入

教师在上课开始时,运用学生生活中熟悉或关心的事件导入新课,就是事例导入。例如利用学生身边发生的事情、熟悉的自然现象、生物最新研究成果等作为导入的材料,创设学习环境,使学生很快进入特定的教学情境之中。例如,教师在讲解"生物与环境"一课之前,先介绍"2002年3月29日,兰州地区遭遇特大沙尘暴,一天之内,沉降在兰州地区的沙尘达25万吨之多。越来越严重的沙尘暴,使日本、韩国要到中国来植树。"通过这些事例导入"生物与环境"的新课。

8. 故事导入

青少年爱听故事。在生物科学发展史中,科学家创造了很多故事。例如,通过讲述孟德尔生平的故事,引发学生对孟德尔遗传规律的好奇,同时也潜移默化地传递了科学家们不断探索,坚持不懈的科学精神。如果教师能根据教学目标、教学内容,把所要讲授的课题渗透在故事中,巧妙地提出学习任务,就能把学生的注意力引导到教学目标上来。

案例

"人类遗传病"的导入

在讲"人类遗传病"时,可以用一个叫做"月亮女儿"的故事导入:大西洋中有个小岛,岛上住着300多位居民。他们的皮肤极白,头发几乎透明,眼睛怕光,视力极差,所以白天深居简出以避光,只有皓月当空时,才走出家门,在海滩上高歌狂舞,故被称为"月亮女儿"(白化病)。但为什么岛上的人都患这个病呢?在长时间内一直是个不解之谜,直到1927年这个谜才被解开——原来这是由于该岛长期与世隔绝,岛上居民近亲婚配,结果白化病得以蔓延。这样的故事可以引起学生的注意和兴趣,有较好的教学效果。

(改编自:新余四中晏迟红生物工作室 http://www.jxteacher.com/xkbsw/column7070/248c5813-faa1-45f7-a6a7-a83e8e61a65c.html)

导入的方式除上述八种外,还有很多,如比较导入、布障导入、讨论导入、练习导入、幽默导入等。在教学中应使用哪一种类型的导入,我们应该深入钻研教材,明确教学内容、教学目标,分析学生认知的特点、学校设备条件和教师自身的条件而确定。总之,一旦我们的导入非常成功,就能为学生创设一个良好的教学情境,能够顺利地进入新课。

2.2.4 导入设计的原则与方法

1. 导入设计的原则

(1) 要明确导入的目的。教师要明确导入教学的目的,无论采用何种导入方式都应该使设置的问题情境指向教学目标。通过导入教学活动,应该使学生初步明确将学什么?要解决什么问题?怎么学?

(2) 要注意连接。学习情境的设置应在分析新知识的逻辑意义和学生的认知结构的基础上进行,建立两者的实质性联系,教材的结构是根据知识内在联系设计的,在教学中,教师不仅要注意到新旧知识前后衔接,也要注意知识结构内部的横向联系。

(3) 要引起学生的认知矛盾。教师只呈现学习材料并不能使学生产生学习的需要,必须组织和引导学生与学习任务相互作用,使学生意识到潜在的认识差距。在导入的过程中,教师必须通过师生相互作用使学生意识到其主观认识与将要学的新知识的对峙或差距,使学生个体潜在的矛盾被其充分认识,了解其自身存在的困难,从而引起强烈的学习动机。

(4) 要注意激发学生的情感。导入活动引用的材料要尽可能直观,引人注目,要密切联系学生的实际,要新颖有趣。导入的方法要多样,要有变化。教师在活动中要富有情感,能感染学生,引发学习激情。

(5) 要掌握好时间。导入仅是一个"引子",而不是内容铺开的讲授,故导入时间不宜过长,一般以3~4分钟为宜。导语要力求简短明了,切忌冗长拖沓。

2. 导入设计方法

(1) 分析教材,创设问题情境。在教案设计中创设问题情境的方法是分析教材内容,首先明确所要达到的教学目标,然后依据教学内容的特点一步步倒推,在学生原有认知结构中找到与新知识具有某种联系又有区别的内容,这样就确定了问题情境中相对的两个方面。其次,设计具体的表现方式来表现这对矛盾。

(2) 引发学生原有相关观念与新内容的对峙。导入要真正引起学习动机仅靠问题情境的设计是不够的,还必须使问题情境中潜在的矛盾或差异表面化、激化,被学生主体充分地意识到。为实现这一目的,应该引导学生从原有认知结构中提取出与新内容相关的内容,与新内容形成对峙。

(3) 提出主问题,引起学习期待。完整的学习启动机制还应该引起学生的学习期待。首先是对问题情境的导入活动进行概括,提出下面教学的认识主问题;其次是对实现教学目标的方法和途径进行指引,让学生对教学中要解决什么问题、如何解决做到心中有数,从而形成学习期待。

2.2.5 导入技能的实施

在导入技能的实施过程中,要注意以下几点:首先,教师针对教学内容及当时学生所处的情况不同,对导入材料进行精心的选择。教师平时应多积累导入技能的素材,使导入内容和方法既科学又恰当,能引起学生兴趣。第二,导入要从学生的实际出发,主要体现在从学生已有的认知基础出发,教师采用的导入内容和方法应是多数学生比较熟悉的生活、学习领域的内容。第三,要灵活选择导入类型,切不可生搬硬套或是每节课都用同一种模式导入,否则就起不到激发兴趣、引人入胜的目的。第四,导入要简练,时间不能太长,应简洁精练,迅速将学生引入学习状态。

案例分析

"开花和传粉"的导入

学生对新鲜事物好奇,在日常生活中对开花现象是有一些感性认识的,但对其生理活动却不一定了解,通过对学生心理特征的分析设计以下新课(见表2-4)的导入。

表2-4 "开花和传粉"的导入

分配时间	授课行为	应掌握的授课技巧	学生行为	备注
0	上课!同学们好	组织教学	起立!老师好	学生明白开始上课
0.5	用多媒体录像播放形态各异、丰富多彩的花的图片	多媒体应用	高兴地看着漂亮的花	集中学生的注意力
1	同学们还见过哪些漂亮的花呢	一般提问	紫荆花、三角梅、菊花……	引起学生共鸣,产生兴趣,较快进入课堂
2	看来同学们都是生活中的细心人。上节课我们已经学过了花的结构,有谁能够告诉我美丽的花包括哪几个部分呢	提问复习旧知识	高兴……进行回顾花瓣、雄蕊、雌蕊	通过回忆旧知识来引导学生进入新课。为下面教学内容奠定一定的结构基础,便于学生学习

续表

分配时间	授课行为	应掌握的授课技巧	学生行为	备注
3	很好!看来同学们都复习了。花是植物体的重要器官,植物生长到一定的时候,都要开花。这样才有我们看到的美丽的花。那什么叫开花	导入性提问	寻找书本上开花的概念:开花是……	引起学生的疑问,找出答案明白开花时花的各个部分都已发育成熟,花被展开,花蕊显露出来。为下一步教学做准备
3.5	那植物开花后又要进行哪些生理活动呢?这就是我们今天要学习的内容	设置悬念引出课题	好奇……充满学习的乐趣	明确学习的内容

[案例分析]

采用多媒体录像播出形态各异、丰富多彩的花的图片,目的是把学生带入一个充满诗情画意的花的世界中,通过创建的情境来引起学生学习的兴趣,激发学习的动力。"同学们还见过哪些漂亮的花呢?"又把学生的思维调动起来,充分发挥学生的想象力。结合生活、结合实践,生物教学就有了立足点。

(摘自:俞如旺.生物微格教学[M].厦门:厦门大学出版社,2007:290.)

1. 以小组为单位,仔细研读上述微格教学案例,想一想教师在该案例中是如何组织课堂教学从而导入新课的。小组成员互相交流,记录下讨论结果。

2. 小组内讨论微格教学中导入技能的评价内容及标准,可参考表2-5。

表2-5 导入技能评价内容与标准①

评价内容	评价标准				
	优	良	及格	不及格	权重
1. 导入的目的明确					0.20
2. 导入的方法与新知识联系紧密					0.20
3. 导入新课题自然					0.15
4. 能引起学生的兴趣,集中注意					0.15
5. 语言清晰、有创意					0.15
6. 面向全体学生					0.15

① 崔鸿,杨华,王重力.生物课程教育学[M].武汉:华中师范大学出版社,2006:361.

2.3 讲解技能

2.3.1 讲解技能的概念

讲解技能是指教师运用教学语言，辅以各种教学媒体，引导学生理解教学内容并进行分析、综合、抽象、概括、形成概念、认识规律和掌握原理的教学行为方式。

讲解的实质是通过语言剖析和揭示知识，剖析其组成要素和过程程序，揭示其内在联系，从而使学生把握其实质和规律。讲解以教师讲、学生听为基本特色，充分发挥教师的主导作用，能保证系统地向学生传递知识，使学生在短时间内获得较多的知识。

2.3.2 讲解技能的作用

1. 传授知识

讲解的首要目的是传授知识，通过教师讲、学生听的方式传递知识信息。教师运用讲解为学生描述现象和过程，解释概念和规律，分析习题，说明结果。教师用这种方式可以根据需要来确定讲解的重点，能较好地发挥教师的主动性。

2. 激发兴趣

教师通过讲述和分析，提出课题，创设情境，激发学生的学习兴趣。教师讲解中的科学观点、正确思想能潜移默化地影响学生，培养学生的科学探索精神和创新能力。

3. 启发思维

教师设计讲解内容时，要深入钻研教材和课程标准，了解学生的学习现状，努力引导学生学习、启发学生思维、发展学生智力。

讲解技能在课堂教学中被广泛运用，因为这一方式使用方便，传输信息的密度高、速度快。教师要使讲解达到以上目标，必须运用清晰生动的语言，尽量做到深入浅出、通俗易懂、生动有趣，使讲解过程与学生的认知思维相配合，否则讲解会空洞乏味，影响教学效果。

2.3.3 讲解技能的类型

讲解一般分为解释式、描述式、原理中心式和问题中心式四种。

1. 解释式讲解

解释式讲解一般适用于具体的陈述性知识的教学，属于讲解的初级类型。如解释某种生命现象、生物体的结构、生物的种类及实验过程等。进而阐明微生物虽然个体微小，种类却很多，是一个大家族。在生物教学过程中，解释客观现象，物体的形态、结构和种类，科学发展史，实验方法与步骤等常用解释式讲解，对于抽象的、复杂的知识，单用解释法难于收到好的效果。解释式一般适用于具体的、事实的、陈述性知识的教学，如概念的定义、意思的解释、题目的分析等。

2. 描述式讲解

描述式讲解在教学中运用于内容陈述、细节描述、形象分析、材料显示等的教学。例如"血液"教学中，列举有关细胞的数字：在成年男性1立方毫米的血液里，约有500万个红细胞。一个体重55千克的人，约有血液4400毫升，红细胞总数可达22万亿个，如果将它们排列起来长达

17万千米,约可绕地球4圈,要是把它们一个个挨着铺开,其面积可达3000平方米,相当于人体表面积的2000倍。再例如"血液循环的动力来自心脏"教学中,列举以下数字:在安静时,成年人心脏平均每分钟收缩约75次,每次收缩输出血约为70毫升,每分钟输出血约5250毫升。这样,一个健康人的心脏在24小时内所做的功,可以把32吨重的物体升高约0.33米,等等。通过列举这些数字,在保持科学性的基础上做到了生动有趣,化抽象为形象,化静态为动态,化深奥为浅显,化生疏为熟悉。如描述各种仪器结构、性能、规则,各种标本、模型等,也属于描述式讲解。

3. 原理中心式讲解

原理中心式讲解是指以概念、规律、原理、理论为中心内容的讲解,属于高级类型的讲解。例如,在讲授"基因的自由组合规律"内容时,教师先从细胞的减数分裂复习开始,讲授每条规律时都把规律的实质是减数分裂中染色体行为的结果这一内在逻辑关系交代清楚,学生的学习成为理解基础上的知识重组和延伸活动。

原理中心式讲解经常使用叙述加议论的表达方式,讲解中交替应用分析、比较、归纳、演绎、抽象、概括、综合等逻辑思维方法,强调论证和推理的过程。这是理科教学常用的、最重要的、最基本的讲解方式。

4. 问题中心式讲解

朱熹说过这样的话:"读书不疑者须教有疑,有疑者却要无疑。"到这里才是长进。教师在教学中,既要发挥学生的主动性,又要发挥教师的主导作用,而要发挥学生的主动性,就必须经常及时提出问题,让学生思考。问题中心式讲解是以解答问题为中心的讲解。在教学中常用于对学生进行能力训练、方法的探究、答案的求证等的教学,具有一定的探究性,属于高级类型的讲解。问题中心式讲解的一般模式为:引出问题—明确要求—选择方法—解决问题—得出结果。这种教学模式也叫问题解决模式,适用于重点、难点和认知策略的教学,通常要配合提问、讨论等其他的教学技能。

2.3.4 讲解技能的应用原则与要点

1. 讲解技能的应用原则

(1) 目标要具体、明确。

(2) 准备要充分,认真分析讲解的内容,明确重点和关键,搞清问题的结构要素以及要素间的内在联系。

(3) 证据和例证要充分、具体、贴切。

(4) 讲解的过程、结构要组织合理,条理清楚,逻辑严密,结构完整,层次分明。

(5) 增强针对性,如学生的年龄、性别、兴趣、能力、背景、学习的知识水平、认知能力和已有知识掌握状况等,都是针对的内容。

2. 讲解技能的应用要点

(1) 注意语言技能的运用,如语速恰当,语音清晰、语义准确、精练、有趣,语调亲切、抑扬顿挫,音量适中并富于变化等。

(2) 注意讲解的阶段性,一次讲解时间不要太长,一般不要超过15分钟,以10分钟以下最好,长的讲解可分几段进行。

(3) 注意突出主题(重点),在讲解中要对难点和关键加以提示和停顿。
(4) 注意变化技能的运用,这样会提高记忆效果。
(5) 注意反馈、控制和调节。
(6) 注意讲解与其他技能的合理配合。①

艺术课堂

上课一开始,刘老师这样导入新课:日月经天,江河行地,春风夏雨,秋霜冬雪,多姿多彩的大自然,锻炼了人们发现美的眼力,陶冶了人们爱美的心灵。色彩斑斓的生物界里,有美的景物、美的情感、美的语言,更有连续不断的生命个体,通过生殖和发育、遗传与变异,使种族得以繁衍生息,使地球上的生物焕发出勃勃生机。本节课我们就来研究与生物种族延续有关的知识——生物的无性生殖。②

刘老师的新课导入唤起学生浓厚的学习兴趣,激起学生强烈的求知欲,讲解具有艺术性。学习者回忆以往的教学经历,讨论下面的问题:

1. 现在很多老师喜欢在生物课堂上用"魔术"、"戏法"这些字眼,这种教学方法恰当吗?

2. 针对生物课堂教学,讲解应注意什么问题?

2.3.5 讲解技能的实施

讲解技能是最古老、最普遍、最经常使用的一种教学技能。讲解最大的优势在于经济快捷,省时省力,又效率高。古今中外,凡是教学几乎都可以用此方法,即使是教学改革深入的今天,我们也不能完全抛弃它。生物教师应清楚讲解是一种重要的教学方法,但不是唯一的方法,讲解技能在实施的过程中应该和其他技能相结合,才能取得好的教学效果,实现生物教学目的。

光合作用的发现

引言:通过上一节课的学习我们了解了叶是进行光合作用的主要器官,叶片的结构有着与光合作用相适应的特点。那么,什么是光合作用呢?光合作用是怎样被发现的呢?这还得从柳苗生长之谜说起。

---

① 孟宪恺.微格教学基本教程[M].北京:北京师范大学出版社,1992:85.
② 汪忠.初中生物新课程案例与评析[M].北京:高等教育出版社,2003:46-51.

17世纪以前人们认为,植物生长在土壤中,一定是从土壤中获得生长需要的各种物质。一株大树那粗大的树干、茂密的枝叶、丰硕的果实,都是由植物从土壤中吸收的物质变化来的。果真是这样吗?怎样证明这个观点是否正确呢?科学家是通过探究过程寻求有关自然界各种问题的答案的,揭示柳苗生长之谜也是如此。

在课前查资料的基础上,请同学以讲故事的形式讲述海尔蒙特的实验。

17世纪上半叶,比利时科学家海尔蒙特设计了一个简单而又巧妙的实验:他将一棵重 2.3 kg 的柳苗栽种到一个盛有土壤的木桶中,木桶内土壤的重量是 90 kg。此后,他只用纯净的雨水浇灌柳苗。为了防止灰尘落入,他专门制作了桶盖。5 年过去了,柳苗渐渐地长大了。他再次称量柳苗和土壤的重量,结果使海尔蒙特大吃一惊:柳苗重量增加 74.5 kg,土壤重量仅减少了 0.057 kg!(配合投影图)同学们,根据海尔蒙特的实验,你能得出什么结论呢?

小组讨论发言,得出结论:柳苗生长所需要的物质,并不是由土壤直接转化的,水才是使植物增重的物质。(板书:海尔蒙特,柳苗生长之谜,说明柳苗的增重来自水)

提问:海尔蒙特的实验结论完全正确吗?从植物生活环境的角度分析植物生长需要的物质来源,还应该考虑什么因素?

讨论发言:可提到阳光、空气。看来,海尔蒙特的实验还是有很大的局限性的。那么,后来的科学家又是怎样做的呢?

1771 年英国科学家普利斯特利在研究助燃空气时,做了一个新奇的实验。请几个同学分角色扮演蜡烛、小鼠、绿色植物和太阳,伴随着解说员的讲解表演普利斯特利的三个实验(配合投影图)。

分析讨论实验结果说明了什么问题,得出结论:植物能"净化"空气。(板书:普利斯特利,钟罩内的实验,说明植物能"净化"空气)

提问:当人们重复普利斯特利的实验时,有的获得成功,有的总是失败,甚至发现植物还会更严重地污染空气。为什么学者们会得到不同的实验结果呢?

讨论回答引出下一个实验:阅读材料 1779 年荷兰科学家英格豪斯通过实验证明绿色植物只有在光下才能净化空气;他还发现,光照下的绿色植物能够释放气体,这种释放气体的能力在夕阳西下时降低,日落后则完全停止。这说明什么问题?

学生回答:光的重要作用。(板书:英格豪斯,绿色植物只有在光下才能起到"净化"空气的作用,说明光的重要性)

提问:英格豪斯的实验结果说明光合作用的条件是什么?(光)

讲述:那么,在光照下绿色植物究竟释放什么气体?这种气体是否与植物净化空气的作用有关呢?后来,科学家们了解了空气的组成成分,明确了这种气体就是氧气。

阅读材料:"1782 年瑞士牧师谢尼伯通过实验证明植物在光下放出氧气的同时,还要吸收空气中的二氧化碳。在此基础上,1804 年瑞士学者索热尔对光合作用首次进行定量测定,发现在光合作用的过程中,植物的增重量大于二氧化碳吸收量减去氧的释放量。因此他指出绿色植物在光下同时还要消耗水,这也与海尔蒙特的结论相吻合。1864 年德国科学家萨克斯做过这样的实验:把绿叶放在暗处数小时,消耗叶片中部分营养物质,然后把叶片的一部分暴露在光下,另一部分遮光。经过一段时间后,用碘蒸气处理叶片,结果遮光的部分叶片无颜色变化,而照光的一部分叶片显示深蓝色。科学家们已经证实,只有淀粉遇碘呈现蓝色,淀粉燃烧时能够生成二氧化碳和水,因而它是一种有机物。萨克斯的实验使人们认识到,绿色植物在光下不仅能够释放氧气,而且能够合成淀粉等物质,供给植物生长发育等生命活动所用。1897年,人们首次把绿色植物的上述生理活动称为光合作用。这样,柳苗的生长之谜也终于被揭开了。"

提问:上述研究结果说明光合作用的原料和产物各是什么?

学生讨论后回答(板书:谢尼伯,发现光照时绿色植物吸收二氧化碳,释放氧,说明光合作用的原料是二氧化碳,产物是氧;索热尔,植物增重量大于二氧化碳吸收量减去氧的释放量,说明光合作用的原料还有水;萨克斯,发现光照时叶绿体中的淀粉粒才会增大,说明淀粉是光合作用的产物)

总结:光合作用的原料、条件、产物各是什么?这样一个生产加工的过程是在哪进行的呢?

学生明确:光合作用的原料是二氧化碳和水;条件是阳光;产物是淀粉和氧;场所是叶绿体。

(摘自:仇海珍."植物光合作用的发现"教学案例[J].中学生物学,2008(2):35-36.)

1. 认真研读上面的案例,思考如何对该教师的讲解技能进行评价。

2. 小组内讨论微格教学讲解技能的评价内容,并参考表2-6试着以表格的形式将评价内容和评价标准展示出来。

表2-6 讲解技能的评价内容与标准

评价内容	评价标准				权重
	优	良	及格	不及格	
1. 讲解重点突出					0.10
2. 讲解的内容丰富、清晰					0.10
3. 讲解条理清楚、层次分明					0.10
4. 讲解内容、方法符合学生认知水平					0.10
5. 讲解言简意赅、通俗易懂					0.10
6. 讲解富有启发性和趣味性					0.10
7. 注意和提问、谈话等技能相配合,交互性好					0.10
8. 声音洪亮,富有感染力					0.10
9. 面向、激励全体学生					0.10
10. 及时反馈、强化、巩固所学					0.10

2.4 提问技能

苏格拉底,著名的古希腊哲学家,他和他的学生柏拉图,以及柏拉图的学生亚里士多德被并称为"希腊三贤"。苏格拉底终身从事教育工作,具有丰富的教育实践经验并有自己的教育理论。

在教学的方法上,苏格拉底通过长期的教学实践,形成了自己一套独特的教学法,人们称之为"苏格拉底方法",他本人则称之为"产婆术"。他母亲是产婆,他借此比喻他的教学方法。他母亲的产婆术是为婴儿接生,而他的"产婆术"教学法则是为思想接生,是要引导人们产生正确的思想。

"苏格拉底方法"自始至终是以师生问答的形式进行的,所以又叫"问答法"。苏格拉底在教学生获得某种概念时,不是把这种概念直接告诉学生,而是先向学生提出问题,让学生回答,如果学生回答错了,他也不直接纠正,而是提出另外的问题引导学生思考,从而一步一步得出正确的结论。

苏格拉底认为一切知识,均从疑难中产生,愈求进步疑难愈多,疑难愈多进步愈大。苏格拉底承认他自己本来没有知识,而他又要教授别人知识。这个矛盾,他是这样解决的:这些知识并不是由他灌输给人的,而是人们原来已经具有的;人们已在心上怀了"胎",不过自己还不知道,苏格拉底像一个"助产婆",帮助别人产生知识。苏格拉底的助产术,集中表现在他经常采用的"诘问式"的形式中,以提问的方式揭露对方提出的各种命题、学说中的矛盾,以动摇对方论证的基础,指明对方的无知;在诘问中,苏格拉底自己并不给予正面的、积极的回答,因为他承认自己无知。这种方式一般被称为"苏格拉底的讽刺"。

问题与思考
1. 小组讨论,根据上面的故事我们得到哪些启示?
2. 在教学过程中,提问有哪些技巧?怎样提问才能更好地引导学生?

2.4.1 提问技能的概念

提问在教学中的应用具有悠久的历史。美国著名教育家布鲁纳说:"教学过程是一种提出问题和解决问题的持续不断的过程。"我国伟大的教育家孔子也曾说:"不曰如之何如之何者,吾未如之何也已矣。"古希腊哲人苏格拉底也极为重视教学中"问"的艺术和作用,他认为"思维总是从问题开始的",由此形成了他的"产婆术"教学法(谈话法)。由此看来,古今中外的教育家无不重视提问的重要性。布鲁纳的"发现教学法",孔子的"启发式教学",苏格拉底的"产婆术"教学法,无不如此。所以,好的教学,必须给予学生进行思考的机会,最基本的方法便是提问。可见,提问也是一种基本的教学活动。

提问技能是指教师运用提出问题以及对学生回答的反应方式,了解学生的学习状态,启发思维,使学生理解和掌握知识、发展能力的一类教学行为。

2.4.2 提问的要求

问题,脱离学生实际

教师:"对于本节课的学习,你们觉得还有什么问题要研究?"学生甲:"叶子为什么长在树上?"教师出示前面用过的小麦,指着小麦的叶子说:"这也是叶子,它长在树上吗?"学生齐答:"不是。"教师请另一位学生站起来提问。学生乙:"叶子有什么作用?"学生丙:"叶子为什么都是绿色的?"……教师:"刚才同学们提了很多问题,这些问题你们可以在课外的时候继续研究,下课。"

小组探讨这位教师的提问有没有意义,课堂提问应注意哪些要求?

_____

_____

(摘自:喻伯军.小学科学教学案例专题研究[M].杭州:浙江大学出版社,2005:23.)

1. 设问要准

所谓设问要准,是说所问问题要有明确的目的性和针对性,从学生实际出发,考虑问题的深浅、繁简、难易、大小等(最好使多数学生都能参与回答)。如针对重点和难点提出问题,针对易混淆的概念,让学生比较等。所以要提出表述清晰、意义连贯、目的性和针对性强的问题,事先必须要精心设计。

2. 提问要活

提问要活,是说问题设计要因教材而异、因人而异。如对学习程度较高的学生,我们可以对他们提一些较长、较复杂的问题,要求他们做比较系统、完整的回答;对学习程度较差的学生就考虑对他们提一些较短、较简单的问题,有时一个较大的问题,可以分成几个部分提出,逐步培养他们的分析和综合能力。

3. 发问要巧

(1) 掌握发问的时机

孔子所说的"不愤不启,不悱不发"就是这个道理,即提问的最佳时机应在学生处于"愤"或"悱"之时,也就是说,当学生的思维处于想弄通而未得,想说出而不能时,正是学生的情感、思维被激活,内心产生强烈的求知愿望的时刻,这时是开导学生的最佳时期。

(2) 讲究发问的方式

发问时要面向全体学生,让每一位学生都要思考。所以有经验的教师总是先提出问题,让全班学生思考,一般不先指明让哪个学生回答。进行提问时,应有必要的停顿,让学生做好接受题或回答问题的思想准备。问题提出后,还要有一定的停顿,以便给学生留出思考的时间。这时,我们可以环顾一下全班同学,观察他们对问题的反应。

(3) 注意提问的语速

提问的语速是由提问的类型决定的。回忆提问、理解提问可以用较快的语速叙述。分析提问、综合提问和评价提问后除要有较长时间的停顿外,还应仔细缓慢地叙述,以使学生对问题有清晰的印象。

4. 问中有导

问中有导是说提问中要随时给学生启发诱导,也就是提示或探询,启发学生思考。如学生应答不全面、抓不住重点或有错误时,我们的处理方式不要过于简单,教师不能轻易代替学生回答,也不能让学生轻易地放弃,而是给学生提供解决问题的方向,启发学生思考,能在教师的引导和提示下,把问题回答完整,培养他们的独立意识和解决问题的能力。学生回答后,教师要给予分析和确认,使问题有明确的结论,强化他们的学习。

5. 听答要诚

听答要诚,这反映了教师的基本的职业修养。教师要耐心地听学生回答,要用语言、眼神、表情给学生以鼓励。即使学生一时答不出或回答错了,教师应当正确对待,诚恳纠正,千万不要讽刺挖苦学生,冷面相待。

在教学中,教师应该依据具体情况灵活运用,设问要准、提问要活、发问要巧、问中有导、听答要诚。因为课堂提问并不仅仅是为了获得一个正确答案,更重要的是让学生掌握已学知识,应用已学知识,发展学生的思维能力、解决问题的能力。

2.4.3 提问过程的阶段

在实际的课堂教学过程中,从教师的开始提问,引导学生做出反应或回答,再通过相应的师生相互作用,引导学生做出正确的回答或反应,并对学生的回答给予分析和评价,这个过程称为提问过程。提问过程主要有四个阶段:引入阶段——陈述阶段——介入阶段——评价阶段。

1. 引入阶段

教师用不同的方式或语言表示即将提问,使学生对提问做好心理准备。因此,提问前要有一个明显的界限标志,表示由语言讲解或讨论等转入提问。如,"同学们,下面让我们共同考虑这样一个问题……""通过上面的分析,请大家考虑……"

2. 陈述阶段

陈述所提问题并做必要的说明。在引起学生对提问注意之后,教师需对所提问题做必要的说明,引导学生弄清要提问的主题,或使学生能承上启下地把新旧知识联系起来。例如,人教版新课标教材必修2《遗传与进化》第六章第二节"基因工程及其应用"中,教师利用"问题探讨",提出问题,组织学生讨论、交流看法。为什么能把一种生物的基因"嫁接"到另一种生物上?推测这种"嫁接"怎样才能实现。这种"嫁接"对品种的改良有什么意义?教师肯定学生合理的想法,引发思考。

3. 介入阶段

在学生不能作答或回答不全面时才引入此阶段,教师以不同的方式鼓励或启发学生回答问题。主要考虑以下五个方面:

核查:核对查问学生是否明白问题的意思;

催促:让学生尽快做出回答或完成教学指示;

提示:提示问题的重点或答案的结构;

重复:在学生没听清题意时,原样重复所提问题;

重述:在学生对题意不理解时,用不同词句重述问题。

4. 评价阶段

学生回答问题后,会非常在意教师的评价。因此要调动学生学习的积极性、主动性,教师尽量用发展的眼光看待学生。当学生对问题做出回答后,教师可以用以下不同的方式处理学生的回答:

重复:教师重复学生的答案;

重述:教师以不同的词句重述学生的回答;

追问:根据学生回答中的不足,追问其中要点;

更正:纠正错误的回答,给出正确的答案;

评论:教师对学生的回答做出评价;

延伸:依据学生的答案,引导学生思考另一个新的问题或更深入的问题;

扩展:就学生的答案加入新的材料或见解,扩大学习成果或展开新的内容;

核查:检查其他学生是否理解某学生的答案或反应(不同见解)。

2.4.4 提问技能的实施

在进行问题设计的时候,教师可以将问题的情境建立在学生浓厚的兴趣上,以学生感兴趣的事例引入新课,激发学生的兴奋点,使学生精神饱满、轻松愉悦地主动积极思维,学生的身心完全地融入课堂,课堂效率自然就提高了。

教师应该注意提问的层次性,实现知识的梯度性。科学中所谓的梯度性是课本所涉及的知识点的难易度符合学生的认知规律,由浅入深,层层推进。因此,在实际的教学过程中,应层层提问,培养学生思维的逻辑性。

问题的设计不仅要有趣味性,还要有启发性,而且要符合学生的思维特点,学生才会乐于去思考。好的问题能把学生的积极思维调动起来,让学生在课堂中积极思考,在课堂上生成自己的智慧。教师在备课的时候,要将提问精心设计出来,不能随心所欲地问。

案例分析

"家兔的形态结构和生理功能"的提问

有位教师在讲授"家兔的形态结构和生理功能"一节课时设计了一系列问题:

大家仔细观察一下,家兔是不是全身各处都有毛?

家兔换毛有什么好处?

家鸽的身体分成哪几部分?

家兔的身体又分成哪几部分?

家兔的唇怎么会变成三瓣?

大家注意,我现在喂食物,看兔子是不是马上就吃。

兔子的上唇裂口有什么好处?

它的唇是不是在不停地动?

兔眼是什么颜色?

四肢分几部分?

尾长不长？
家鸽的骨骼分几部分？家兔的骨骼又分几部分？
家兔的哪些肌肉发达？家兔的门齿有什么功能吗？
家兔的臼齿有什么功能？它的犬齿有什么功能？
哺乳动物的共有特征是什么？

[案例分析]

上述一系列问题问得比较散，问题和问题之间的关系不是非常紧密，也不是紧紧围绕哺乳动物的共同特征这一重点内容展开的。其中有的问题明显存在欠缺，如"家兔的唇怎么会变成三瓣？""兔子的上唇裂口有什么好处？"等。而且很多问题学生一看就能回答，不利于学生思维能力的培养。

（摘自：汪忠.新编生物学教学论[M].上海：华东师范大学出版社，2006：97.）

活动

1. 设计一段以提问为主的微格教学片段，约 7～10 分钟左右。以小组为单位进行微格教学实践。然后，进行提问技能训练的评价（见表 2-7）。

表 2-7　提问技能的评价内容与标准

评价内容	评价标准				权重
	优	良	及格	不及格	
1. 提问目的明确，紧密结合教学					0.12
2. 问题有启发性，指导学生学习					0.10
3. 问题的设计包括多种水平					0.12
4. 把握提问时机促进思维发展					0.10
5. 问题表达清晰，语言简明易懂					0.08
6. 有适当停顿，给予思考时间					0.08
7. 提示恰当，帮助学生思考					0.12
8. 提问面广，照顾到各类学生					0.08
9. 对答案能分析评价、强化					0.12
10. 鼓励学生参与教学，回答问题					0.08

2. 在教学实践中，运用角色扮演的方式，检查学习者对提问技能掌握的程度和运用能力。学生角色对于问题的回答可以假设有以下情况，看教师角色如何处理。

（1）提问后告诉教师不会回答，看教师如何解释或引导。
（2）提问后没有任何表示，看教师如何处理沉默。
（3）提问后支吾以对，看教师如何启发引导。
（4）提问后能回答，却答非所问，看教师如何提示和引导。
（5）提问后表示不能明白问题，看教师如何解释题意。
（6）提问后迅速做出正确回答，看教师如何进行评价和鼓励。
（7）提问后，故意乱答，扰乱课堂秩序，看教师如何应对。

2.5 结束技能

美国教育心理学家奥苏伯尔认为,新知识的获得主要依赖原有认知结构中的适当的观念,原有观念与新知识相互作用,才能产生有意义学习,实现新旧意义的同化。他进一步指出,同化活动不仅存在于意义获得的知觉和认知过程中,而且在知识的保持和组织阶段,同化活动仍在继续。

当代认知心理学的研究也表明,当主体理解了媒体所负载的信息含义后,对信息还要进行深入的加工和转化。主体依据信息本身的特性及联系,在头脑中进行复杂的分解、组合等活动,以建立新的认知结构。

从以上对学生知识掌握的心理机制的研究中我们可以看出,学生获得了新知识的意义并不意味着认识活动的结束,为了使新知识能够保持和再利用,则必须将它纳入原有的认知结构中,这种纳入不是一个简单的知识相加过程,而要对信息进一步进行深入的加工和转化,这种加工和转化使新知识与原有认知结构建立起某种联系和区别,同时也使原有认知结构发生某种变化从而形成新的认知结构。

问题与思考

小组讨论结束技能在学生形成新的认知结构的过程中有什么作用?

结束技能的基本任务是促进学生将初步获得的知识纳入原有的认知结构,从而形成新的认知结构。换句话说,就是促进知识的保持和知识的不断分化和融会贯通。

2.5.1 结束技能的概念

一堂生动活泼的具有教学艺术魅力的好课犹如一只婉转悠扬的乐曲,"起调"扣人心弦,"主旋律"引人入胜,"终曲"余音绕梁。导入是"起调",结束是"终曲",完美的教学必须做到善始善终,故结束技能与导入技能一样,是衡量教师教学艺术水平的重要标志之一。

结束技能是教师在完成课堂教学活动时,对教过的知识进行归纳总结,使学生对所学过的知识形成系统,并转化、升华而采取的行为方式。结束技能不仅广泛地应用于一节新课讲完、一章学完,也经常应用于讲授新概念、新知识的结尾。课堂教学的结尾,要依据本节课的教学内容,将学生所学的分散的知识集中起来,进行系统的教学总结,帮助学生完成由感性认识到理性认识的飞跃。课堂教学的结尾,如同聚光灯一样,收拢学生纷繁的思绪,帮助他们理清思路,梳成"辫子",使学生对所学知识了然于胸,变瞬时记忆为长时记忆。课堂教学的结尾,又好像推进器,它指引学生在旧知的基础上向新知进军,激励学生不断向新的高度攀登。所以,结束技能是课堂教学必不可少的一个环节,也是教师展现智慧的环节。

2.5.2 结束技能的作用

结束是对导入的一种呼应,是导入的延续和补充,能帮助学生对所学知识进行总结归纳,体

验学习新知识的成功愉悦之情。总体来说,结束技能有以下几种功能:

1. 加深印象,增强记忆

结课可以将本节课的中心内容加以总结归纳,提纲挈领地加以强调、梳理或浓缩,使学生将学到的新知识技能理解得更加清晰、准确,抓住重难点,记忆更牢固。

2. 知识系统,承前启后

知识间有严密的逻辑性和系统性,新旧知识有必然的内在联系。通过结课帮助学生将所学知识系统化,形成知识网络。在总结中为新课创设教学意境,埋下伏笔,使前后内容衔接严密,过渡自然。

3. 指导实践,培养能力

新课结束后,有针对性地做一些练习或提出具体的实践活动,对提高知识的运用巩固、培养学生分析解决问题的能力大有裨益。

4. 及时反馈教学信息

教师设计一些练习、实验操作、改错评价等活动,从中及时了解学生学习中的困难和对知识掌握的程度,以便改进教学。

2.5.3 结束技能构成要素

一般的结束过程大体上经过简单的回忆、提示要点、巩固应用、系统拓展等阶段。

1. 简单的回忆

对整个教学内容进行简单回顾,整理认知思路,给学生一个完整的印象。简单回忆不是原样重复,而是提纲挈领地把知识联系起来。

2. 提示要点

指出内容的重点、关键是什么,必要时可作进一步的具体说明,进行巩固深化。并依此做到以点带面,用重点、关键问题把知识联系起来。

3. 巩固应用

把所学知识应用到新的情境中去,解决新的问题,在应用中巩固知识并进一步激发思维活动,培养学生解决问题的能力。

4. 系统拓展

为了开阔学生的思路把所学知识与生活、生产、社会实际联系起来,认识知识的价值或把前后知识联系起来形成系统等,把学习内容扩展开来,学到活的知识。

2.5.4 结束的类型

一节课怎样结束,没有固定的模式,在实际教学中,教师要根据实际教学的需要来决定。一般来说,结课有两种类型:认知型结束和开放型结束。

1. 认知型结束

认知型结束,又称封闭型结束,其目的是巩固学生所学到的知识,把学生的注意力集中到课程的重点、难点上去。该结束类型主要包括系统归纳、区别对比和竞赛活动三种结束方法。

(1) 系统归纳

就是用准确简练的语言,提纲挈领地把整个课的主要内容加以总结概括,给学生以系统、完整的印象,促使学生加深对所学知识的理解和记忆,培养其综合概括能力。总结可以由教师做,也可先启发学生,教师再加以补充、修正。这种结课方式是生物课堂结尾的最常用方式。

"种子的成分"的结课

学生实验结束后,教师请学生自己总结:通过实验证明了种子包含哪些成分。教师可以根据学生的回答帮助学生形成正确的认识:种子的成分包括有机物和无机物,有机物主要是糖、蛋白质和脂肪,无机物主要有水和无机盐。

(摘自:华中师范大学生科院2005级学生作业)

(2) 区别对比

在一个教学内容结束时,将教学中的一些容易混淆的知识加以区分和对比,能帮助学生加深记忆和理解。

材料1 ATP的主要来源——细胞呼吸

在"细胞呼吸"这节课中,涉及无氧呼吸和有氧呼吸,两种呼吸方式的作用场所、条件、阶段、产物都有所不同,学生容易混淆。本节课可以用填写对比有氧呼吸和无氧呼吸特点的表格作为结束(见表2-8),对重要知识点进行区分和对比,帮助学生梳理本节课的主要内容。

表2-8 提问技能的评价内容与标准

项目	类型	有氧呼吸	无氧呼吸
区别	场所	细胞质基质、线粒体(主要)	细胞质基质
	条件	需氧、酶等	不需氧、需酶
	产物	二氧化碳和水细胞质基质、线粒体(主要)	酒精和二氧化碳或乳酸
	能量	较多	较少
联系	① 两者第一阶段相同		
	② 都分解有机物、释放能量		

(来源:王灵玉 山东胜利第一中学)

材料2 神经系统的结构

"神经系统的结构"新名词相当多,学生不熟悉,是教学难点之一,教师应结合挂图和定义指导学生区分"神经中枢"、"神经节"、"中枢神经"、"神经系统"等,避免学生因混淆了这些名词概念而造成理解困难,也可采取列表等形式对学过的相关内容进行比较,理解事物本质,弄清其区别和联系。

(摘自:华中师范大学生科院2005级学生作业)

(3) 竞赛活动

对于一些比较枯燥无味的内容或实践性较强的内容,在结束时可以用稍长一点的时间进行有关内容的竞赛活动,使学生在活动的过程中巩固知识。竞赛的形式应有趣、多样,规则简单易行,能使多数人参与。如果准备时间比较长的话,可以让每小组学生出题,在小组或班级之间相互提问、应答。例如有关环境保护的内容,可以开展环境保护知识竞赛,每小组有必答题、选答题、抢答题和互问问题等,以此来调动学生学习的积极性,巩固环境保护知识。例如,在基因工程的第一课时教学结束时,教师通过展示影音材料——基因操作的基本步骤,要求学生课后以小组为单位,自行查找、搜集、选择、使用教材及相关书籍资料,也可浏览相关的网页,完成以下探究问题:① 提取什么类型的目的基因?② 如何在数量繁多的基因中准确定位目的基因?③ 目的基因与运载体结合时是通过什么的结合而完成的?会不会出现其他情况呢?④ 目的基因导入受体细胞的过程与噬菌体侵染细菌的过程有着什么样的区别?这样通过小组竞赛的方式为学生课后留下学习的空间,并培养了学生的合作学习能力。

(4) 巩固练习

巩固练习型的结束,是指安排学生的实践活动,通过书面练习、问题讨论、口头表达等形式,使学生理解知识。

2. 开放型结束

开放型结束是一个与生活现象、其他学科或后续课程联系比较密切的结课类型。教学内容完成以后,结束时不只限于对教学内容要点的复习巩固,而且要把所学知识向其他方向伸延,以拓宽学生的知识面,做到理论联系实际,引起更浓厚的研究兴趣或把前后知识联系起来,使学生的知识系统化。该结束类型主要包括悬念存疑、拓展延伸和激励式结课法三种结束方法。

(1) 悬念存疑

教学中前后章节之间的联系是非常密切的,在前一部分完成时可以把下一部分内容的重点或学生感兴趣的内容提示出来,然后告诉大家"欲知后事如何,请听下回分解"。也可以顺着本节课总结提出几个问题让同学们思考,这样承上启下的结束,往往能激发学生浓厚的兴趣。

"细胞中的元素和化合物"悬念结束

现在我们知道了组成细胞的元素和化合物,它们和细胞的生活密切相关。组成细胞的有机化合物中蛋白质所占的比例最大,那么蛋白质的分子结构是怎样的呢?它在细胞中承担的功能是怎样的呢?这就是后面要学习的"生命活动的主要承担者——蛋白质",下一节课我们再来探讨这些问题。如果你有兴趣,查询一下有关蛋白质的资料。

(来源:王灵玉 山东胜利第一中学)

(2) 拓展延伸

拓展延伸是将教学内容向社会实际、生活实际、学科发展前沿开展延伸,以使学生了解学习的价值,引发学习的间接兴趣。例如,在"消化与吸收"一节结束后,学生了解到吸收的营养成分是运输给细胞的,这时,就可以这样结尾:"你们常吃牛肉、猪肉,但为什么你们身上没有长出牛肉、猪肉?人体又是怎样利用吸收来的营养成分呢?这些营养成分在人体内发生了什么变化?"这样学生的学习欲望就被诱发出来了,并告知学生这些问题我们将在下一章中得到解决,学生为了探根究底就会提前预习下一章的内容,也就会把两章的内容联系起来加以考虑和认识。

(3) 激励式结课法

在生物科学的研究发展中,还存在着许多的未解之谜。在新课结束时,可联系与本课有关的问题,用激励的话语来鼓励他们学好生物课,以便为将来探求生物领域中的奥秘打下基础。

在生物课堂教学结课时,教师有意识地多向学生介绍些生物与疾病、食物、能源、环境、资源等方面的关系及存在的难题和未解之谜,这样不但激发了他们学习生物课的兴趣,而且培养了他们攀登科学高峰的进取心。

2.5.5 结束技能的实施

结束技能的实施是为了实现教学目的,因此,生物教师必须以既定的教学目的为依据来确定结束内容的方式和方法,并做到及时总结、首尾一致。教师每一节课都要设计出新颖的结课方式,来激发学生的学习动机,保持学习兴趣。

案例分析

"开花和结果"的结尾

在教师讲"开花和结果"时,设计了如表 2-9 所示的结尾。

表 2-9 "开花和结果"的结尾

分配时间	授课行为	应掌握的授课技巧	学习行为	备注
0.5	通过刚才的认识,我们已经知道并认识了花的结构,请同学们看大屏幕	演示技能	集中精力准备总结思考	1. 多媒体打出一朵花的纵剖,但是没有表明结构 2. 提示学生进入总结阶段
1.0	我们知道一朵花是由哪几部分组成的呢?现在请一个同学到电脑这边来帮助老师把这些基本结构填上	组织学生进行回答	一个学生上台演示,填写花的各部分结构,其他同学观看,并进行回忆	检查学生的学习效果
2.5	××同学很快就写好了,我们来看一下他写得对不对 ××同学写得很完整,一朵花就是包括了花托、萼片、花瓣、雌蕊和雄蕊。其中雌蕊包括了柱头、花柱和子房;雄蕊包括了花药和花丝	讲解技能	一起进行纠错 听讲 记忆 巩固	进行总结,提示出花的主要组成部分

续表

分配时间	授课行为	应掌握的授课技巧	学习行为	备注
3	我们深入来看这朵花,还可以看到雌蕊下部的子房里有胚珠,雄蕊里面有花粉。这些结构是用来做什么用的呢?它们与果实和种子的形成有什么关系呢?我们将在下一节课进一步学习,请大家做好预习	演示设置悬念	惊奇,产生了兴趣,希望进一步了解花粉和胚珠的作用 有预习下一部分知识的兴趣	1. 多媒体放大子房和雄蕊部分 2. 问题设下悬念

[案例分析]

本节课通过语言给学生一个进入总结阶段的信号,应用多媒体引起学生的兴趣,同时将学生注意力充分集中到将要进行总结的知识点中,再组织学生填图,让学生有事可做,这样不仅巩固了花的结构这一知识点,而且通过师生一起纠错,能够深刻地掌握花的结构。然后教师进行总结,系统地讲述花的结构组成。最后,设下悬念:"雌蕊下部的子房里有胚珠,雄蕊里面有花粉。这些结构是用来干什么的呢?"引起学生学习兴趣的同时,却在此打住,抛出"我们将在下一节课进一步学习,请大家做好预习",给学生以想象的空间,激发学生预习新的教学内容的兴趣。做到巩固中拓展知识空间,质疑中培养学生思维能力,言简意赅,承上启下。

(摘自:俞如旺.生物微格教学[M].厦门:厦门大学出版社,2007:301.)

活 动

1. 阅读上述有关结束的案例,请你分析上述案例主要运用了哪一类型结束技能。

2. 就案例中教师的结束技能进行评析,将自己的想法如实记录下来。

3. 小组内讨论微格教学结束技能的评价内容,并参考表 2-10 以表格的形式将评价内容和评价标准展示出来。

表 2-10 结束技能的评价内容与标准

评价内容	评价标准				权重
	优	良	及格	不及格	
1. 结束目的明确					0.20
2. 结束的方式与内容相适应					0.20
3. 使学生感到学有所获					0.15
4. 强化了学生对课程的兴趣					0.15
5. 使知识条理、系统化					0.15
6. 检查学习,强化学习效果					0.15

2.6 微格教案实例

微格教案——生物膜的流动镶嵌模型

教学内容 __生物膜的流动镶嵌模型__　　执教者 __王灵玉__
训练课题 __讲解技能__　　导　师 _____

教学目标	生物学的教学目标	知识目标:了解生物膜结构的探索历程;简述膜的成分和结构。 能力目标:通过分析科学家对生物膜结构的探索历程,领悟提出假说的一般方法及假说的特点。 情感态度与价值观目标:探讨建立生物膜模型的过程中如何体现结构与功能相适应的观点;认同技术的进步对科学发展的促进作用。		
	教学技能培训目标	讲解技能		
时间分配	教师行为 (讲授、提问、演示等)	教学技能的类型	学生行为 (参与的活动、预想的回答)	所用的教学媒体
1分钟	**1. 创设情境,导出课题** 　多媒体展示细胞结构模型 　同学们在制作细胞模型的过程中,遇到了这样的问题: 　1. 选什么样的材料做细胞膜呢? 　2. 细胞膜的结构到底是怎样的呢? 　这节课让我们沿着科学家的足迹,共同探讨这个问题。	导入技能	【观看图片】思考细胞模型制作中遇到的两个问题	多媒体课件
3分钟	**2. 生物膜成分的探索** 【过渡】要知道生物膜的结构,先要了解生物膜的成分。生物膜的成分到底是什么呢? 【展示】材料一:19世纪末,欧文顿通过实验发现:可以溶于脂质的物质比不能溶于脂质的物质更容易通过细胞膜。	讲解技能	【阅读材料】 阅读欧文顿实验 【听讲解】 听老师讲解相似相溶原理并思考老师提出的相关小问题	多媒体课件

续表

4分钟	【讲解】介绍相似相溶原理；欧文顿提出的假说。 经过推理分析得出结论后，还有必要对膜的成分进行验证吗？ 【展示】20世纪初科学家的实验。 【归纳】提出假说验证假说的一般步骤。 **3. 磷脂分子排布的探索** 【过渡】组成膜的这些分子具有什么特点，它们又是怎样形成膜的呢？我们首先来了解一下磷脂分子。 【讲解】对磷脂分子的结构及其模型进行讲解。 【过渡】如果把这样的磷脂分子放在盛水的烧杯中，在空气—水的界面上的排布情况是怎样的呢？ 【引导】请根据磷脂分子的特点，建构磷脂分子在空气—水界面上的排布情况。 请两位同学到讲台上演示。 【讲解】磷脂分子在细胞膜中的分布情况是怎样的呢？我们来了解一下人体组织细胞生活的环境。 展示人体组织细胞生活环境的图片。 【引导】请根据人体组织细胞生活环境，尝试构建磷脂分子在细胞膜中的分布模型。 请两位同学到讲台上演示。 【讲解】根据磷脂分子的特性和细胞膜所处环境，讲解磷脂分子在细胞膜中分布模型的特点。 【展示】1925年荷兰科学家的实验。 【结论】磷脂分子在细胞膜中的排列方式：尾部相对，头部朝向两侧。	讲解技能	【回答】有必要，紧靠推理得出的结论需要进一步检验和修正 【听讲解】 听老师讲解磷脂分子的特性并进行思考 【小组活动】 思考并以小组为单位用磷脂分子模型演示 【听讲解】听老师讲解人体组织细胞所处环境并进行思考 【观看图片】 观看人体组织生活环境图片 【小组活动】 思考并以小组为单位用磷脂分子模型演示磷脂分子在细胞膜中的分布模型 【听讲解】 听老师讲解荷兰科学家实验，思考得出相同结论	实物模型
导师意见				

(来源：王灵玉　山东胜利第一中学)

微格教案——DNA是主要的遗传物质

教学内容　　DNA是主要的遗传物质　　　　**执教者**　吕海燕

训练课题　　　　提问技能　　　　　　　　　**导　师**　　　　　

教学目标	生物学的教学目标	学习DNA是主要的遗传物质			
	教学技能培训目标	提问技能			
时间分配	教师行为 （讲授、提问、演示等）		教学技能的类型	学生行为 （参与的活动、预想的答案）	所用的教学媒体

续表

30秒	一、【以图片作为导入】 　　在日常生活中我们总能见到子代与亲代在性状上表现出一定程度上的一致性,这种现象我们称之为"遗传现象"。那生物能够遗传的物质基础是什么呢?**提出:"谁是遗传物质"**。	导入技能	根据图片说出:"**遗传现象**",进而追究"**谁是遗传物质**"。	PPT
2分钟	二、【作为遗传物质所需的条件】 　　要清楚"谁是遗传物质",首先给"遗传物质"定个标准,即列举作为"遗传物质"所需的条件: (通过实例缩小思考范围,**连续提出小问题引导学生说出可能答案**) (1)根据有丝分裂的意义,请说出遗传物质自身发生了什么变化,从而保证在传递过程中的稳定性与连续性?(2)遗传物质的结构可能是相对稳定,不易变化,还是相对不稳定,极易变化呢?(3)遗传物质能够控制生物性状,性状是通过哪种物质来体现?遗传物质与该物质的关系是什么?(4)生物界蛋白质种类多种多样的根本原因是什么?	提问技能	通过思考一串问题链可列举出作为"遗传物质"的条件。	PPT 板书
40秒	三、【对遗传物质的早期推测】 　　既然作为遗传物质需要满足这些条件,那到底"谁是遗传物质"呢?介绍:早在20世纪20年代,人们已作出了推测,当时已经认识到蛋白质是由多种氨基酸连接而成的生物大分子,而氨基酸多种多样的排列顺序可蕴含的遗传信息,因此,大多数科学家认为**蛋白质是遗传物质**。对此观点首先提出挑战的是美国科学家艾弗里,而他的实验又是在英国科学家格里菲斯的实验基础上进行的。	演示技能	依据条件,思考"谁是遗传物质",指出早期的推测及其依据。	PPT
40秒	四、【格里菲斯的肺炎双球菌的转化实验】 教材第43页对于实验的目的、材料进行了详细的描述。 **(1)实验目的** 　　研究肺炎双球菌是如何使人患肺炎的。 **(2)实验材料** 　　1.实验菌:(由教师介绍实验中两种菌的形态、构造、毒性) 　　2.实验对象:小鼠——模拟人	演示技能 讲解技能	教材对格里菲斯实验的目的与材料描述详细,容易理解。着重区别两种实验菌。	PPT

5分钟	(3) 实验过程 请学生根据图片组织语言**阐述**实验设计及结果,并**分析**前三组尝试得出每一组的实验结论,填写学案表。 	组号	实验设计及结果
第一组	
第二组	
第三组	
第四组	| 第一、二、三组可相互形成对照,请得出每组的实验结论: _____ 第四组与第一组或第三组都形成了对照,该组可作为整个实验的实验组,分析该组小鼠死亡的原因,可以帮助得出整个实验的结论。 分析过程:两种无毒的菌注射到第四组小鼠体内,致使小鼠死亡出人意料,但据前面的分析可推知:第四组小鼠死亡应该是S型活细菌,进一步实验证明的确如此,据此S菌的后代也是有毒性的S型细菌,解决S型细菌是怎么来的可以帮助得出实验结论。组织学生**讨论**此问题,**尝试得出**实验结论: 讨论: 第四组小鼠尸体上有S型活菌,加热杀死的S型细菌"复活"了吗,还是有其他原因?这些S型细菌的后代也是有毒性的S型菌,又说明了什么?	提问技能	根据图片,组织语言描述本实验的实验设计和结果; 体会实验的对照设计思路,通过分析,尝试得出R型活细菌与加热杀死的S型细菌不使小鼠致死,S型活细菌使小鼠致死。 对第四组中出现的S型细菌容易想到是S型死细菌复活,但是进一步讨论思考可知蛋白质加热后变性不可逆,S型细菌不会死而复生,进而考虑到是有R型细菌转化,且转化是可遗传的,从而得出实验结论,尝试提出推论。	PPT 板书 学案 PPT 板书 学案
---	---	---	---
50秒	(4) 实验结论与推论 结论:由以上分析可知有部分无毒性的R型活菌在与被加热杀死的S型细菌混合后,转化为有毒性的S型活细菌,而且这种性状是可以遗传的。 推论:在第四组实验中,已经被杀死的S型细菌中,必然含有某种促成这一转化(R型细菌转化为S型细菌)的活性物质——"转化因子",且这种性状的转化是可以遗传的。	讲解技能		
20秒	五、【结束并安排课后任务】 **小结格里菲斯实验,指出其局限性:** 从格里菲斯的实验中偶然发现了"转化因子",但由于没有继续实验,因此他的实验	结束技能	认同格里菲斯实验的意义及局限性,要研究谁是"转化因子"还需要进一步实验,明确课后任务。	学案

续表

只能提出推论,那"转化因子"到底是什么呢?我们是不是可以继续用对照实验的方法来研究呢? **引出后面艾弗里实验,安排任务:** 整理所学,补充完整学案上的内容,如有问题可写在学案反面;用科学实验探究的一般步骤对艾弗里的实验和噬菌体侵染细菌的实验做好预习工作。			
指导教师意见			

(来源:吕海燕 绍兴市第一中学)

实战演练

1. 录制一段自己的教学语言的录音(10分钟),两人一组交换听、评,并提出改进意见。

2. 选择一段优秀教师的教学录像,分析这位教师是如何运用各项教学语言技能的。如导入技能,主要评议:导入方式属于什么类型,与课题内容、目标之间的关系如何;新旧知识的衔接情况,是否过渡自然,是否准确无误;导入的效果,是否在很短的时间内激发了学生对新知识的兴趣,是否使学生及时明确了新课的教学目的;能否用其他方式进行导入,如何运用其他导入方式。

3. 组织小型朗诵会,并做现场录音。会后以小组为单位,对每个人的吐字、发音、音量、语速、语调、节奏和态势等几方面作评价。

4. 用生动、简洁的语言讲述一位生物学家的生平事迹及主要成果。

5. 植物的"呼吸"与植物的"呼吸作用"是同一个概念吗?

6. 结合生物教学实际,按照讲解技能的有关要求,精心设计一个课时或一单元的课堂教学方案,之后以小组为单位,进行观摩教学,组织观摩评议。

7. 选择一个课题,训练如何以不同的方式启发、鼓励、提示、探询学生回答问题,并评价学生的回答。时间要求是5~10分钟。教案要详细地设计出多种提问的具体内容,以及正确答案和预想的可能回答。

8. 选择一个你感兴趣的课题,为这个课题(或一节课)设计一个理想结束方法。在设计教案时,应考虑以下几个问题:

(1) 结束时,你是否感到学生有收获?

(2) 结束时,你是否强化了学生的学习?

(3) 你选用的结束方法本身是否有趣,是否增强了学生对本课程的兴趣?

(4) 你的结束与课的主要内容之间的关系对学生来说是否一目了然?

(5) 结束时,你感到达到教学目标了吗?

学习链接

1. 河北师范大学现代教育技术网:http://wgjx.hebtu.edu.cn/default.aspx

2. 山东师范大学精品课程网：http://www.lsc.sdnu.edu.cn/guawang/swjxf/skja_list.asp?id=32

3. 南京师范大学生命科学学院生物学教学论精品课程：http://kc.njnu.edu.cn/swkcl/first.htm

4. 人民教育出版社《课程教材与教法》：http://www.pep.com.cn/rjqk/kcjcjf/200701/200705/t20070528_395811.htm

专题3　教学动作技能

内容提要

教学动作技能是指生物教师在教学信息交流过程中为实现课堂有效教学而合理组织运用的一系列实际动作,主要包括演示技能、板书技能、变化技能、强化技能。演示技能是指教师在传授知识信息过程中,运用各种教学媒体(实物、标本、挂图、幻灯片、多媒体等)进行实际表演、示范操作,传递教学信息的教学行为方式;板书技能是教师运用黑板书写文字符号和图表等传递教学信息的教学行为方式,是教师必备的一项基本教学技能;变化技能主要是指教学行为变化的技能,是指在教学中不断利用信息传递、师生活动、教学媒体的转换、变化,引起学生注意,促进学习的行为方式;强化技能是指教师在教学过程中,一系列促进和增强学生反应和发展的教学行为方式。各种教学动作技能都有其一定的功能和主要教学行为,合理运用各种教学技能将有助于学生学习,提高课堂教学效果。

学习目标

◆ 通过相应的理论学习,能够理解演示技能、板书技能、变化技能、强化技能的概念。
◆ 通过学习能够阐明演示技能、板书技能、变化技能、强化技能的应用原则和主要教学行为。
◆ 通过活动练习,能够自行设计各种教学动作技能的教案,并按要求进行教学实践。
◆ 通过学习能够体会每一种教学动作技能都是教师必备的基本教学技能,每一种技能的灵活运用都是一种教学艺术。

关键术语

◆ 演示技能　◆ 板书技能　◆ 变化技能　◆ 强化技能

知识地图

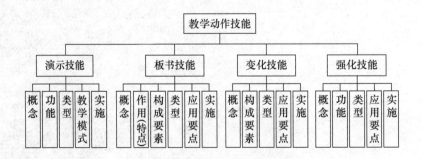

专题序幕

非言语动作的魅力

心理学家埃克曼认为,表情是用来表达情绪的,而身体语言,如姿势、手势、眼神等是用来传递信息、加深理解和印象的。他总结出肢体语言的七大功能:(1)提供信息;(2)调节交流;(3)表达亲和力;(4)表达社会控制;(5)表现功能;(6)情感影响管理;(7)协助达到目标任务。如何发挥肢体语言的功能,也是教师应关注的细节问题。在与学生交流的过程中,教师的肢体语言也是十分重要的。只要走进学校,无论是在课堂上,还是在办公室,教师的肢体语言就已经悄然地和学生进行交流了。教师走路的姿势、站姿、坐姿、神态、目光、进入教室门的仪态、与学生谈话时的姿势、告别的姿势,等等,都会以无声的形式向学生传达着不同的信息。

我的一位当中学语文教师的朋友曾经讲了她亲身经历的教学故事:一天,她给学生上《我的老师》一课。课文表达了作者对一位腿部残疾老师的感恩和尊敬。课文中写道,这位身体残疾的老师从不坐着讲课,尽管腿部行动不便,依然几年如一日,坚持站着给学生上完所有的教学内容。学生们在学完这篇课文后,也对课文中的残疾老师充满了景仰和敬意之情。为了能够引起学生对残疾老师坚持站着上课行为的思考,我的这位朋友在上课时有意坐着讲课,试图考验学生的感受。不出所料,下课前,有位男生果然对她坐着讲课的行为提出了质疑。一个残疾,一个健康,一个站着讲课,一个坐着讲课,对学生的情感冲击是多么的不同。教师的身体语言不仅传达出不同的信息,而且也会产生不同的教学效果。

经常见到有的老师习惯于双臂交叉于胸前同学生面对面谈话。这种姿势会产生什么样的效果呢?也许许多老师没有意识到这一姿势的消极影响。有一个"身体语言培训班"做过这样一个实验:培训班任课教师要求受训者用身体动作表示对某一事物或某个人的对抗和不屑一顾的态度时,大家惊奇地发现,绝大多数受训者采用了双臂交叉抱在胸前的动作。也许双臂交叉抱于胸前的动作似乎自然、舒服,但它会使学生感到教师对自己不屑一顾,容易使学生产生对抗的心理。

一个有魅力的教师除了必备的教育实践知识外,还取决于三个重要因素:性格、形象和能力。一颦一笑,举手投足,皆能反映出其性格、形象和能力。身体语言对性格、形象和能力的影响还是十分重要的,正如爱默生所说:"你用什么语言也无法表达你没有的内容。"在教学过程中,教师的身体语言有时本身就是一种有效的教学方法和情感表达方式。因而,身体语言的训练是必要的。

身体语言的表达需要尽量避免消极的身体语言:避免抓耳挠腮、摸眼、捂嘴等具有说谎嫌疑的动作;避免双臂交叉在胸前,或者倚靠在门上,因为它表示抵触、抗议、不屑一顾、防范、疏远;避免脚腿随意抖动,因为它告诉人们你内心紧张、不安或玩世不恭。尽量采取积极的身体语言,如身体的接触,传递亲和力;交流时与对象的距离适当缩短,以增进情感距离,但对成年异性则保持适当的身体空间距离;倾听时身体前倾,目光全神贯注,表达尊重、理解和关心。还有一些身体语言也是需要适当采用的,如倾听时把手放在脸颊,意味着你在倾听的过程中正在分析和评估对方所说的话,把手放在下巴上,表示考虑对方的意见;双手手指互对并且指向上方,表示出自信;眼睛迅速上跳,表示对对方的话很兴奋。人体是一个巨大的信息库,一旦动起来,就意味着全部思想的流露。

(摘自:郭元祥.教师的品位(2):非言语动作的魅力[EB/OL].(2006-04-10). http://eblog.cersp.com/userlog/20262/archives/2006/98377.shtml.)

问题与思考

1. 你认为教学中教师的肢体动作能否被语言所替代？为什么？
2. 小组成员讨论自己对教学动作的理解，内涵尽可能丰富。

3.1 演示技能

3.1.1 演示技能的概念

演示技能是指教师在教学过程中向学生展示实物或实物的模型、标本、挂图，或通过投影、电脑等进行多媒体展示或实验演示，说明有关事物的特点和发展变化过程，使学生获得感性认识的一种教学活动方式。

演示是出现较早的一种辅助教学的方法，它符合从生动的直观到抽象的思维，再从抽象的思维到实践这一认识规律。在教学中，教师如果只凭语言的鲜明性来进行教学，远不如刺激物直接作用于学生的感官所产生的知觉那样鲜明、具体和深刻。所以，教育家们普遍重视感性认识对提高学生认知能力的作用。实践证明，在解决教学上比较抽象和复杂的问题时，如果借助直观形象，将有助于学生思维的顺利发展。

3.1.2 演示技能的功能

演示技能作为一种出现较早、运用广泛的教学行为方式，主要有以下两个方面的功能：

1. 辅助功能

辅助功能主要体现在两个方面：一是助教功能。演示直接诉诸人的视觉、听觉等器官，具有极强的直观功能。有些教学现象或知识点，光靠老师的讲解，不能使学生很好地理解和掌握，如果借助演示来帮助讲解，给学生创设一定的情境和氛围，既形象又生动，直观性也强，有利于学生理解。二是助学功能。中小学生的思维特点是以形象思维为主，逐步过渡到抽象思维，但这种形象思维在很大程度上仍然是与感性经验直接联系的，仍然具有很大成分的具体形象性。教学中，配合适当的演示可以鲜明地、直观形象地为学生由形象思维向抽象思维的过渡架设"桥梁"，从而丰富学生的感性材料，引发一系列思维活动，帮助学生理解知识。

2. 启迪功能

学生学习是一种复杂的智力活动，包括感觉、知觉、注意、记忆、思维、想象等心理因素。学生对语言文字的感知是同认识事物结合在一起的。教学中，通过演示，可以真实地再现感性材料，使描述的人、事、物、景在学生头脑中形成一幅幅生动鲜明的画面，使学生如见其人，如闻其声，如临其境，从而达到启发想象、启迪思维、培养情感、激发兴趣的目的。

3.1.3 演示技能的类型

1. 直观教具的演示

直观教具的演示是指借助标本、实物、模型、照片、挂图、板画等为辅助手段来创造直观形象的教学。它接近学生的生活实际,把学习理论知识与认识事物有机结合,丰富感性材料,提供生活场面,让学生充分感受、理解、想象,从而自觉地进入艺术形象所再现的生活场景之中。例如,在进行"细胞膜的结构和功能"的教学时,在讲完细胞膜的探索历程和化学成分之后,可将细胞膜的挂图(见图 3-1)贴在黑板最右侧,结合挂图进行详细的讲解。

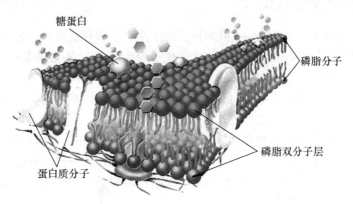

图 3-1 细胞膜的结构示意图

2. 实验的演示

在生物课堂教学中,为了使学生对教学内容获得直观感性的认识,常采用演示实验的方法。课堂教学演示从目的上来看,可以分为获取新知识的演示实验(又称发现型实验)和验证、巩固知识的演示实验(又称验证型实验)两种;从内容范围上来看,演示可以是实验的全过程,也可只演示实验的开始或结果,即演示实验的片段。

实验演示是操作过程的演示,较之其他类型的演示更具有动态特征,其具体情形也更加复杂,因此,实验演示比其他演示尤其需要讲解技能的配合,这样才能达到预期的教学目的。实验演示中的讲解,要注意三个方面的问题:第一,在演示实验之前,向学生讲清实验的目的、原理和过程;第二,演示过程中,指导学生观察,引导学生思考;第三,说明相关的科学原理或者规律,引导学生分析结果,总结规律。总之,要做好演示实验,教师要铭记四项要点:准确安全,简易明显,便于观察,理解本质。

3. 多媒体的演示

多媒体演示是集声、光、色、像为一体的现代化教学手段,是以活动画面和伴随声音的形式向学生提供感性材料和传授知识。它是以运用电子投影仪放映演示文稿或教学课件的形式进行的,适用于演示某些具有动态性、发展性、连贯性的教学内容,可配合教师的讲授,对激发学生的学习兴趣,帮助学生理解生命及生命活动的动态发展过程,加速学生对学习材料的感知和理解,发展学生的观察力、思维力和想象力,具有十分明显的作用。

应用多媒体辅助教学,是目前国内外普遍重视的一种教学方法。使用多媒体进行教学时需要注意以下几点:① 做好课前准备。主要包括选择媒体软件,了解媒体软件的详细内容;计划课程进度,把媒体软件内容和课堂教学活动有机地结合起来;设计演示时必要的问题与提示等。② 注意学生的独立学习和合作学习相结合,人机交互和师生交流相结合,讲究实效,不追求华丽和时髦,使多媒体起到充分辅助教学的作用,以取得最佳效果。③ 充分考虑教学中可能出现的各种意外情况。在使用电影、电视和多媒体辅助教学的课堂环境中,学生可能会有许多不可预料的表现和反馈。例如,学生的注意力不集中在教学内容上,而是关注屏幕上丰富的颜色、变换的画面。教师要随时随地注意学生的表情、动作、语言等反馈。此外,还要做好多媒体演示意外中止的准备(如停电、计算机故障、软件无法正常运行等)。

3.1.4 演示技能的教学模式

任何类型的演示都有一个过程,一般都是开始于使学生作好观察的心理准备,结束于对学生的核查理解,期间经过几个步骤。于是就构成了演示的程序,即:心理准备—出示媒体—介绍媒体—指导观察—提示要点—核查理解。

心理准备:在进行演示前先向学生说明要观察什么、为什么要观察、怎样观察及观察中应思考的问题,使学生处于想观察的心理状态。

出示媒体:按照操作规范将媒体呈示出来。要注意媒体摆放位置的高度、亮度等,是否能使每个学生在座位上都能观察到。如果媒体较小,是巡回演示还是分组观察要事先做出计划。

介绍媒体:在引导学生观察之前,要向学生介绍所用媒体的特点或结构组成。如果是实验演示,要介绍仪器以及如何操作。

指导观察:在进行媒体演示时,是教师不停地讲解代替学生观察,还是在教师的指导下让学生自己观察,自己解决问题,这是传统教学思想与现代教学思想在演示教学中的不同点。因此,有计划、有步骤地指导学生观察、思考现象与本质间的联系是媒体演示的重点。

提示要点:无论是教师的讲解还是学生的观察,都是对现象、过程等的具体了解。在这些现象、过程中,哪一方面或几方面是重要的或本质的,讲解或观察后教师要画龙点睛地指出,以使学生进一步理解观察的目的和意义,抓住要点,掌握知识。

核查理解:即获得教学反馈。通过提问等活动检查学生是否理解了所观察到的现象,是否掌握了现象中所反映的知识。

3.1.5 演示技能的实施

演示是很受学生欢迎的教学方法,演示的东西是多种多样的。在教学过程中,教师科学地运用这种方法,往往能收到事半功倍的效果。在具体演示过程中,要把握以下几个操作要点:第一,教师要对演示物精心选择,做好准备工作,以使所演示的实物或教具真实地反映客观事物或现象。第二,演示前教师要向学生提出问题和观察重点。观察的重点部分能突出地体现事物或现象某些方面的本质特征,鲜明地呈现事物的变化发展过程。第三,演示时教师操作要准确、规范。精心指导学生细心观察,使学生充分运用各种感官感知,获得全面的感性认识。第四,在演示过程中,要向学生指明观察的目的、重点和要领。尤其是在进行实验演示时,要引导学生对实验现象进行有目的的观察,充分利用实验结果进行科学的归纳和推理,抽象出概念,概括出规律。在归纳概念、揭示规律的实验中,实验程序是非常重要的,要让学生看清楚现象的主要特征以及现象与条件之间的关系。实验步骤要分明,每一步骤的每一现象都要清楚,这样学生就能在观察的过程中进行思考,进而得出正确的结论。第五,演示过程中要确保安全,杜绝伤害事故。演示能否确保安全,取决于教师的操作技能以及能否严格按照操作程序进行演示。

呼吸运动与肺通气

教师：肺通气是怎样完成的呢？请各位同学用手按住胸部感受胸廓的运动变化。

学生：吸气时，胸廓向外鼓起；呼气时，胸廓向下向内。

教师组织学生分组讨论：胸廓是由哪几部分组成的？呼气和吸气时胸廓的容积有什么改变？为什么吸气时外界气体会进入肺，呼气时肺内的气体可以顺利排出体外？吸气、呼气时胸廓为什么会发生这样的变化？

学生阅读教材和小组讨论得出，这是人体胸腔内气压的变化，导致肺内气压的变化而实现的。这是一个抽象的、难以理解的问题，很难用语言讲清楚。

教师出示实验小组制作的呼吸运动的模型，将模型举到与肩平齐的位置，先从正面演示，又转到侧面演示，同时兼顾左右两侧的学生，使坐在各方向位置上的学生都能清晰地观察到模型的每个部位。

教师：这是实验小组制作的呼吸运动的简易模型（一个用木条和橡皮筋等制作的模型）。请同学们仔细观察和思考，指出模型的各个部分分别代表胸廓的哪些结构。

学生：两个横木条代表肋骨，纵木条代表胸骨，连接横木条的橡皮筋代表肋间肌。（学生回答时教师随手将肋骨、胸骨、肋间肌等重点名词写在黑板上）

教师微笑着说，回答基本正确，有一点要纠正一下。纵木条代表的应该是胸椎，一会儿讨论时大家还可以思考一下究竟是胸椎呢还是胸骨。

教师：请小组讨论胸椎、肋骨的运动与胸廓、肺体积变化的关系。

学生讨论后汇报结果。

教师：呼气、吸气时胸廓的变化，还与其他结构有关吗？

学生有点茫然，不知如何回答。

教师提示：我们平时"打嗝"现象跟胸廓的哪一部分结构有关？

学生：可能和膈肌有关。

教师：那么，大家想一想，膈肌对改变胸廓的容积以及它对呼吸有什么作用呢？

教师：（拿出一个胸廓的立体模型）哪一位同学能上来指出模型中的哪些部分分别是胸廓中与呼吸有关的结构？

一位同学上来指着模型回答：这是膈肌，这是肺，这是气管，这是胸腔……

教师结合学生的回答，进一步引导学生讨论哪些因素会改变胸腔的容积、胸腔容积的改变如何影响肺泡的形态等，在PPT中展示配有标注的胸廓图片，以及所有影响因素的总结。

[案例分析]

我们不难看出教师在本节教学中首先让学生按住胸部感受胸廓的运动和变化，利用好了学生自身这个直观道具，学生的学习热情迅速调动起来，此时教师适时提出问题，为后面的出示模型等教具创造了良好的思维空间。在学生遇到困难的问题，如"人体胸腔内气压变化到底跟呼吸运动有什么具体关系"时，教师及时出示学生制作的呼吸运动模型，利用模型化解了困难,并且模型的展示顾及了全班学生,模型展示过程中以问题的方式指导学生进行观察,最后的PPT总结中配有加标注的胸廓图片和总结,所以学生观察的内容得到了进一步巩固和加深。

(摘自:汪忠.生物学课堂教学技能训练[M].上海:华东师范大学出版社.2008:93-94.)

根据教学内容,选择适当的演示类型,设计一段8～10分钟的微格教学片段,进行微格实践训练。然后,进行演示技能训练的评价(见表3-1)。

表3-1 演示技能评价内容与标准

评价内容	评价标准				权重
	优	良	及格	不及格	
1. 演示目的明确,解决教学重点难点					0.10
2. 媒体选择恰当,有利于传递教学信息					0.10
3. 演示前对图表、实验等交代清楚					0.10
4. 演示中指导学生观察,强调关键					0.12
5. 演示程序步骤有条不紊					0.08
6. 演示操作规范,示范性好					0.10
7. 演示、讲解结合,有启发性					0.10
8. 演示效果明显,直观性好					0.12
9. 多种媒体配合,增强效果					0.10
10. 演示物准备充分,有利观察					0.08

3.2 板书技能

3.2.1 板书技能的概念

板书技能即教师为辅助课堂口语的表达,强化教学效果而运用黑板书写文字符号、图形和图表等传递教学信息的教学行为方式。板书有两种:一种是在对教学内容进行高度概括的基础上,提纲挈领地反映教学内容的书面语言,往往写在黑板的中央,叫正板书。正板书是教师在备课过程中精心设计的,是教案的一个组成成分。另一种是在教学过程中,因为学生听不懂或听不清,或者作为正板书的补充而随时写在黑板上的文字,一般写在黑板的两侧。我们一般所说的板书指的是正板书。

板书是课堂教学中必不可少的教学行为方式。现代教学媒体虽然越来越多地介入课堂教学,但板书仍然保持它较高的教学价值和使用率。

3.2.2 板书技能的作用

活 动

有的教师在多媒体课堂上取消了黑板,用投影仪代替板书,并称这是今后课堂教学的发展趋势。这些教师事先将板书制成幻灯片,授课时不再用黑板,而用幻灯片代之,或用胶片放置于投影仪上代替随堂板书。

1. 对于以上现象,你有何看法?
_____
_____

2. 板书在课堂教学中有哪些特殊的功能呢?
_____
_____

精心设计的板书浓缩着教师备课的精华。一般来说,板书具有以下作用:

1. 突出教学重点和难点

教师要根据教学内容和各学科的特点设计板书,板书的内容通常为教学的重点、难点,并且在关键的地方可以标识,比如用不同颜色的笔书写和绘画。围绕教学重点和难点设计的板书,以书面语言的形式简明扼要地再现事物的本质特征,深化教学内容的主要思想,有助于学生理解和把握学习的主要内容。

2. 强化记忆、减轻负担

直观的板书,可以补充教师语言讲解的不足,展示教与学的思路,帮助学生理清教学内容的层次,理解教学内容,把握重点,突破难点。它能够启发学生的智慧,在课内利于学生听课、记笔记,在课后利于学生复习巩固、进一步理解和记忆。

3. 激发兴趣、启发思维

优秀的板书将繁复的教学信息浓缩演化成简明的、艺术化的符号构图,能引起学生积极的认知情绪和其他一系列积极的心理活动,激发学生的认知兴趣和智慧能力。学生从好的板书里学习到知识结构、迁移技巧、创意能力等,从而体会到学习的乐趣。

4. 规范、正确的板书能为学生做出示范

教师工整、优美的板书经常是学生书写(包括字体风格、列解题步骤等书写内容、运笔姿势等)的模仿典范。因此,教师写黑板字,画图,使用圆规、直尺绘图及解题时都应规范、正确。

此外,板书还具有以下特点:(1)即时性、灵活性。根据不同的课堂环境,即时地对板书的内容、顺序、方式进行调整。(2)强化记忆,减轻负担。板书贯穿整堂课,它体现了教学思路的展开,教学内容的连贯,使学生在课堂中实时掌握当前教学环节的重点,并最终把握整堂课的知识主干。这种水到渠成般的连贯性也是其他媒体无法取代的。

3.2.3 板书技能的构成要素

板书技能主要有四个构成要素:直观形象、书写绘画、结构布局、时间掌握。

1. 直观形象

板书的直观形象包含两层意思：一是弥补教学语言描述抽象事物的困难，使其具体化、形象化，帮助学生形成鲜明、清晰的感知；二是弥补讲解过程中信息传递稍纵即逝的缺憾，用板书显示现象发展流程和逻辑分析过程，便于学生根据已知去探索未知，对问题形成一个完整的认识。

2. 书写绘画

教师板书的书写绘画要规范。文字要正确，字体要工整，笔画要清晰，笔顺要规范，一行字要写平直，对学生养成良好的书写习惯能起到示范作用。教师板书时，身体尽量不挡住学生的视线。板书符号规范，格式正确，布局匀称，图形标准。总之，对于板书符号，教师要根据板书内容、年级的不同恰当地予以运用，使符号起到强化板书效果的作用。

书写绘画的内容应事先安排规划。在教学过程中，前面讨论的结果如果是后面问题的重要依据，应有意识地保留，便于讲解时回忆和简化语言叙述。要将较为复杂的分析过程加以保留，以帮助理解较慢的学生跟上教学进程，也便于总结时运用板书，给学生一个完整清晰的印象，增强记忆。

3. 结构布局

结构是板书各组成部分的搭配排列。它包括标题的设计，板书形式的选择，板书内容出现的先后次序以及各部分之间的呼应和联系，文字的详略大小，特殊符号的运用等。

布局是指板书各部分内容的全面安排，以及与教学挂图、投影屏幕的合理配置。精心设计的板书，在课程结束后，只看板书就可以对讲课的内容有个全面的了解，在学生头脑中有个整体的框架，便于他们回忆和掌握知识系统。

4. 时间掌握

板书作为书面语言，是对教学口头语言的强调与补充。因此，它必须与讲解配合，与其他教学活动相协调，才能较好地传递教学信息。板书时书写速度要适宜，不能太慢，要做到简、快、准，能引起学生思考。书写板书有先写后讲，先讲后写，边讲边写几种选择。

板书与其他技能相配合也是非常重要的。例如，板书技能与提问就经常配合，板书与提问结合得好，就可以提高课堂教学效果。

3.2.4 板书技能的类型

板书的形式和教学的其他活动形式一样，要根据教学内容的特点，从实际出发，灵活运用。板书的种类很多：从语言的运用来分有提纲式、词语式；从表现形式来分有文字式、表格式、图示式；从内容来分有综合式、单项式；从结构来分有总分式、对比式、分列式、提示要点式。选择最佳的板书形式是增强教学效果的重要一环。通常所用的板书形式主要有以下几种：

1. 提纲式

提纲式的板书，是对一节课的内容，经过分析归纳，用精练的语言，准确概括出各部分、各层次的要点，并按照教材的思路，学生的认知规律，依次写在黑板上。这种板书设计，纲目清楚，重点突出，便于学生对教材内容的理解和记忆。

案例

"绿色植物的矿质营养"的板书

第五节　植物的矿质营养

（一）矿质元素的概念

1. 植物需要的元素

2. 矿质元素

(1) 概念

(2) 作用

(二) 矿质元素的吸收

1. 吸收状态：离子

2. 吸收过程

(1) 交换吸附

(2) 主动运输

(三) 矿质元素的运输

(四) 矿质元素的利用

2. 表格式

表格式的板书，是把教材所表述的事物或有关概念等列入表格，进行分类对比，从而认识其特点、本质。这种板书的优点是类目清楚，井然有序，能将教材多变的内容形成鲜明的框架结构，增强教学内容的主体感和透明度。它便于学生分类归纳，进行对比，建立联系，以加深对事物的特征及其本质的认识。

案例

"细胞中的糖类"教学板书

例如：在"细胞中的糖类"的教学过程中，为帮助学生归纳记忆，教师可设计如表 3-2 所示的表格，边讲解边填写表格。

表 3-2 糖的种类教学板书

类型	举例		功能	存在
单糖	五碳糖	核糖	构成核糖核酸	动植物
		脱氧核糖	构成脱氧核糖核酸	
	六碳糖	果糖	氧化分解提供能量	植物
		葡萄糖		动植物
		半乳糖		动物
二糖	蔗糖、麦芽糖		先水解后氧化分解供应能量	植物
	乳糖			动物
多糖	淀粉		储存能量	植物
	纤维素		构成细胞壁	
	糖原		储存能量	动物

3. 线索式

线索式的板书,是在板书中辅以一定意义的线条、箭头、符号等组成某种文字图形的板书。它主要以教材提供的线索为主,并反映教学的主要内容及各部分内容之间的内在联系,能把教材的梗概一目了然地展现在学生面前,使学生了解内容的全貌。这种板书形象直观,指导性强,能引起学生的注意,便于回忆和记忆。

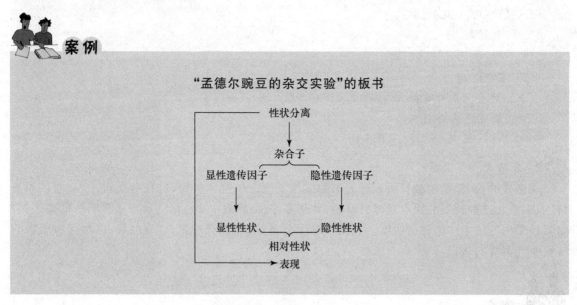

"孟德尔豌豆的杂交实验"的板书

4. 总分式

总分式的板书,适合于先总体叙述后分述或先讲整体结构后分别讲解细微结构的教学内容。这种板书条理清楚,从属关系分明,便于学生理解和掌握教材的结构,给人以清晰完整的印象。

"细胞膜中蛋白质的分布"板书

蛋白质分子 { 排列在磷脂双分子层的两侧
              嵌插在磷脂双分子层中
              贯穿于整个磷脂双分子层

5. 板图式

板图式的板书,是教师边讲边把教学内容所涉及的事物形态、结构等用单线图画出来,包括模式图、示意图、图解和图画等,形象直观地呈现在学生面前。板图在辅助讲解事物的发展变化过程方面,不但优于语言,有时也优于挂图。

"皮肤的功能"板书设计

例如：在讲解皮肤的功能示意图时，为帮助学生理解和记忆，教师可将此知识概括为如图3-2 所示的图解。

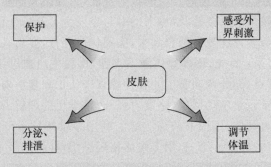

图3-2 "皮肤的功能"板书设计

3.2.5 板书技能的应用要点

1. 目标明确，针对性强

板书是为一定的教学目标服务的，设计板书之前，必须认真钻研教材，明确教学目标，真正做到有的放矢；此外还要求板书从教材特点、课程特点和学生特点出发，做到因课制宜、因人制宜。

2. 用词准确、科学性强

板书用词要恰当，文字精练、准确，图表要规范，线条要整齐美观。板书要让学生看得懂，引发学生思考，避免由于疏忽而造成意思混乱或错误。

3. 条理清晰、重点突出

设计和应用板书时，应做到条理清楚，层次分明，体现教学内容的层次性、逻辑性和连贯性，突出教学重点。

4. 书写规范，示范性强

板书应该书写规范、工整、准确、美观，字的大小保证全体学生都看清楚，在保证书写规范的同时，还应有适当的书写速度，尽量节省时间。

5. 形式多样，趣味性强

教师应根据教学的具体内容和学生思维的特点，设计形式多样的板书，激发学生学习的兴趣，提供理解、回忆知识的线索，加深对教学内容的理解和记忆，增强思维的积极性和持续性。

6. 合理布局、协调统一

教师要合理设计板书的格式和板书的布局，按教学进程有计划地书写板书。正板书主要书写教学的主要内容，安排在黑板的中间；副板书是对正板书的补充、提示和说明，安排在黑板两侧。

3.2.6 板书技能的实施

板书在生物课堂教学中与讲授相辅相成，是教师向学生传递教学信息的重要手段。教师要在精心钻研教材的基础上，根据教学目的、要求和学生的实际情况，经过一番精心设计而将文字、数字以及线条、箭头和图形等适宜符号组合排列在黑板上。精湛的板书技能，是在长期教学实践中锻炼和培养出来的。每一位教师都应从练好三字（粉笔字、硬笔字与毛笔字）一画（即简笔画）开始，注意对板书技能的培养，以不断提高自己的板书技能，为提高教学质量服务。

此外，随着多媒体辅助教学的日益普及，板书的书写也发生了新的变化。教师应根据教学内容及教学目标，将传统板书与多媒体教学结合起来，实现优势互补，提高教学效果。具体而言，要处理好这二者的以下几个关系：首先，用多媒体激发兴趣，用板书启迪思维。利用多媒体形式多样、图文并茂、活泼有趣的特点，充分调动学生的各种感官来认识和理解事物，把抽象的事物变成直观生动的视觉信息，使课堂教学生动形象，感染力强，改善学生的理解力，激发学生的学习积极性。第二，用多媒体化抽象为具体，用板书浓缩主题。利用多媒体技术可以将抽象的、静态的关系具体化、动态化，便于学生的理解。第三，用多媒体拓展思维空间，用板书画龙点睛。多媒体技术为图形与空间的教学拓展了思维，能突破传统板书教学难以突破的难点，能提供动态的三维视图环境，有助于培养学生的空间想象能力。

案例分析

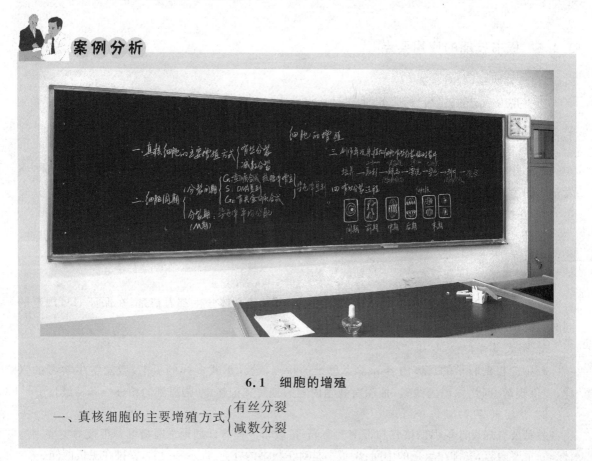

6.1 细胞的增殖

一、真核细胞的主要增殖方式 $\begin{cases}\text{有丝分裂}\\ \text{减数分裂}\end{cases}$

二、细胞周期 { 分裂间期 { G1：蛋白质合成,核糖体增生
S：DNA复制　　　　　　　染色体复制
G2：有关蛋白质合成
分裂期（M期）：染色体平均分配

三、制作并观察植物细胞有丝分裂临时装片
　　培养──→取材──→解离──→漂洗──→染色──→制片──→观察
　　　　　　　　2—3min 10%盐酸　清水　龙胆紫

四、有丝分裂过程

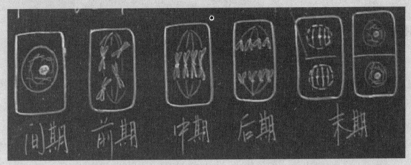

（来源：http://218.75.62.195:79/jdgk/showarticle.asp?articleid=811）

活　动

1. 每人选择一节教学内容进行板书设计并进行微格实践。然后,进行板书技能训练的评价(见表3-3)。

表3-3　板书技能的评价内容与标准

评价内容	评价标准				权重
	优	良	及格	不及格	
1. 文图准确,有科学性					0.20
2. 层次分明,有条理性					0.15
3. 书画规范,有示范性					0.15
4. 重点突出,有计划性					0.20
5. 布局合理,有艺术性					0.15
6. 形式多样,有启发性					0.15

2. 每人依据同一节教学内容,进行多媒体教学设计并进行微格教学实践。
3. 针对板书教学和多媒体教学的实践,讨论分析这两种教学实践各自的优势及不足,并思考多媒体教学是否能取代板书教学。

3.3 变化技能

3.3.1 变化技能的概念

变化技能是教学过程中信息传递,师生相互作用和各种教学媒体、资料的转换方式。所谓变化是对学生产生刺激,引起学生兴趣,是把无意注意过渡到有意注意的有效方式。它能使教学充满生气,是形成教师教学个性与风格的主要因素。我国教育工作者经常用"文似看山不喜平"来形容教学的变化。国外教育工作者也有"变化是兴趣之母"的说法。

3.3.2 变化技能的构成要素

1. 做好铺垫

教师在变化前要做好铺垫,使变化流畅自然。例如:在讲新课前,可用准确简练的语言把上一节课的要点或与本节有关的知识叙述出来,为学习新课作铺垫。

2. 变换方式

在特定的教学环境中,根据教学内容和学生听课情况,教师变换信息传递方式或教学活动形式进行教学,从而引起学生的注意,充分调动学生的感官,帮助学生领会学习内容,同时也可以活跃课堂气氛,调动学生参与的积极性。

3. 师生交流

在进行变化时,教师要注意学生的反应,要加强师生间的交流,这样,才能使变化发挥作用,达到预期的目的。

3.3.3 变化技能的类型

变化技能大致可以分为三种形式:教态变化、信息传输通道及教学媒体变化、师生相互作用方式变化。

1. 教态变化

教态是教师在课堂上运用的口语、表情、动作等体态语言,以此向学生传递信息,相互沟通情感的一种行为方式。教态变化是最常用的、也是最便捷的教学技能之一。常用的教态变化有动作的变化、声音的变化、适宜的停顿和表情的变化等。

(1) 动作的变化

教师在课堂上动作的变化主要是指教师在教室里身体位置的移动和身体的局部动作。

教师在课堂上的走动是传递信息的一种方式,课堂上的走动一般有两种情况:一种是教师在讲课时并不总是站在同一个位置上,而是适当地走动;另一种是在学生做练习、讨论、实验等活动时,教师在学生中间走动,缩小老师和学生之间空间与情感的距离。同时,在走动中教师可进行个别辅导,解答疑难,了解情况,检查和督促学生完成学习任务。

教师的头部动作和手势也可以传达丰富的信息,是与学生交流情感的又一种方式。在与学生交流过程中学生可以从教师的点头、摇头等动作获得回答问题或调整回答的鼓励。教师这样做既鼓励了学生又可不中断学生的回答,使学生感到良好的民主气氛。这使得学生愿意谈自己的意见和感受,激励他们回答问题,主动地参与教学活动。

教师不满意学生的回答或行为时可以运用摇头、耸肩和皱眉等方式来委婉地表达自己的感情。这比用语言直接表达更易让学生接受,更富于表现力。

教师运用手势可以帮助学生理解与方位、数量、事物层次等有关的概念和要点。恰当地运用手势配合口头语言表达可以加重语气、突出重点,使学生加深印象。

(2) 声音的变化

声音的变化是指教师讲话的语调、音量、节奏和速度的变化。课堂教学中,音量过低,不能刺激听觉,更不能使学生的神经系统兴奋起来,学生会处于一种抑制状态,甚至会打起瞌睡来;反之,音量过大,又会使神经兴奋过度,容易产生疲劳感。讲课的速度过快,学生没有思考的余地,在脑海中不能留下深刻的印象;讲课的速度过慢,造成疲沓气氛,使神经兴奋不起来,对青少年尤其不适宜。因此,教师应通过声音的变化,使讲解富有趣味性,重点突出。声音的变化还可用来暗示不听讲的学生安静下来,而语速的变化则可把学生分散的注意力重新集中起来。

"藻类,苔藓和蕨类植物"教学的声音变化

教师(用舒缓的语气说):首先我们来看藻类,老师刚才让大家看了一些藻类,现在我给大家看看老师带来的实物(海带、裙带菜),分发给同学们,让大家观察(大屏幕上显示植物照片,淡水藻类:硅藻、绿藻、红藻、衣藻、水绵;海洋藻类:石花菜、鹿角菜、马尾藻、紫菜、石莼)关于藻类植物你想知道什么呢(用疑惑的语气提问),请大家以小组为单位记下来。

学生分小组观察,讨论交流。

教师(音调提高,声音加强):好,现在,同学们先不着急回答老师的问题,请大家看大屏幕上面介绍的藻类植物的生活,加深对藻类植物生活环境的感性认识。(学生观察)

教师(激动的语气):好了,看来大家正在脑中处理资料呢,把你们小组想知道的问题说出来吧。

教师(音调加强,语速减缓):很好,这位同学对这方面的知识了解得很多,相信大家也知道了藻类植物的生活,但是啊,对于藻类植物的作用,我看说得还不够全面,有没有同学想补充一下?

(摘自:付宇.藻类,苔藓和蕨类植物(人教版七年级上).
http://www.dlteacher.com/file/200843104445.doc.有删改。)

(3) 适宜的停顿

停顿在特定的条件和环境下传递着一定的信息,也是引起注意的一种有效方式。在讲述一个事实或概念之前作一个短暂的停顿,能够有效地引起学生的注意。在讲解中插入停顿,也可起到同样的作用。停顿的时间一般为三秒左右,这样的停顿足以引起学生的注意。停顿时间过长则令人难以接受。

对新教师来说,他们往往害怕停顿和沉默。当出现沉默时,他们常常用重复陈述或问题来填补。而有经验的教师则善于运用停顿的时机,为学生思考或集中注意留出时间。恰当地使用停顿和沉默并与声音变化结合起来,会使学生感到讲解的节奏感而不觉枯燥。

 **案例**

"昆虫"的教学停顿

在教师讲授完"昆虫"的有关知识后,一个学生突然提出"雌性蜘蛛为什么在交配后要吃掉雄性蜘蛛"这个问题。教师并不立即给出回答,而是说:"这个问题问得好,大家不妨课后查阅资料,讨论一下,下一节课我们再一起探讨。"

稍微停顿后,教师说:"我们接下来把本节课学习的知识做一个简要的回顾,请大家看黑板上的板书,理清这节课的主要思路。"

(学生看板书大约 3 分钟)

教师:"好,我们一起来回想这节课。首先,……"

(4) 表情的变化

情感是打开学生智力渠道闸门的钥匙,这一点已被现代心理学的研究所证明。课堂上师生之间情感的交流是形成和谐的教学气氛的重要因素。在师生情感的交流中教师的表情对激发学生情感具有重要作用。课堂上,教师应当把微笑作为面部表情的基本神态。教师的微笑会给学生和蔼可亲、热情开朗的印象,这对学生是一种鼓舞,能使学生保持良好的心态,使课堂产生和谐的气氛。

课堂教学内容丰富多彩,教师的表情要随教学内容的变化而变化,富有感情色彩的讲解会使课堂生动、感人,充满吸引力。教师表情的变化要自然,不要造作,要适度,不能过分夸张,更不能板着面孔,毫无生机,眉头紧锁,以一副痛苦的样子面对学生。例如:教师表情平淡地讲解细胞膜的发现史,在讲到科学家意外发现细胞膜可被蛋白酶水解时作出惊讶的表情,随后以疑问式的表情提问学生"这个实验能够推导出什么?"一个学生回答正确时教师露出满意的笑容。

2. 信息传输通道及教学媒体变化

每一种通道的传输效率是不同的,而且任何单一的感官不可能完成对客观事物的全面认识。长时间使用一个信息通道,而不用其他的通道,则会增加信息的耗散。只有适当地变化信息通道,尽可能地使用不同的感官,才能更有效地向学生传输知识。有效地利用各种感官,最有效的变化方式就是各种媒体的变化。

 阅读材料

心理学家的研究表明:人类各个感觉器官接受信息的效率是不同的,不同学习方式的记忆效率也是不同的。表 3-4 展示了人类各个感觉器官接受信息的效率,表 3-5 展示了不同学习方式的记忆效率。

表 3-4　人类各个感觉器官接受信息的效率

感官	感官效率(%)
味觉	1.0
触觉	1.5
嗅觉	3.5
听觉	11.0
视觉	83.0

表 3-5　不同学习方式的记忆效率

学习方式	记忆效率(%)
读	10.0
听	20.0
看	30.0
听看结合	50.0
理解后的表达	70.0
动手做及表述	90.0

(摘自：曹道平.中学生物学教学技能与实施[EB/OL].(2008-10-12). http://www.lsc.sdnu.edu.cn/guawang/swjxf/skja_list.asp?id=32.)

3. 师生相互作用方式变化

教师、学生和教学内容是课堂教学的三大要素。教学内容在教学过程中是以信息的形式存在的。学生获得知识的过程，也就是学生对信息进行加工处理的过程。所以，从信息论上说，课堂教学是由师生共同组成的一个信息传递的动态过程。按照信息传递的方向，师生之间交流的方式主要有四种：第一种是以讲授为主的单向信息交流方式，这种方式教师教，学生学；第二种是以谈话法为主的双向交流方式，这种方式教师问，学生答；第三种是以讨论法为主的三向交流方式，这种方式师生之间互问互答；第四种是以合作教学为主的综合交流方式，师生共同讨论、研究、做实验，这就是新课改中所倡导的合作学习方式。

在教学中，我们应采用多种方式与学生交流，了解学生的想法以及学习中的问题，以便获得全面的反馈信息。过去，我们在教学中主要是以讲授为主的单向信息交流方式，教师教，学生学，从某种程度上来说，师生相互作用的方式过于单一，因而在教学中还应综合运用谈话法、讨论法与合作学习法，把学生个体的自我反馈、学生群体的信息交流、师生之间的信息反馈与交流及时普遍地联系起来，形成一个多层次、多方位的立体信息交流网络，实现教师、教学内容、学生三者的最佳组合。

1. 班上学生两两配对，互相扮演老师角色和学生角色。
2. 学生A扮演老师角色，学生B扮演学生角色。假设的情境是生物课上老师讲授难点知识，学生B没有完全弄懂，此时学生A应该如何和学生B进行信息交流，达到理想的教学效果。学生B把自己的真实感受如实记录下来。

_____

3. 学生A和学生B调换所扮演的角色，学生A同样如实记录下自己的感受。

_____

4. 学生A和学生B都扮演学生的角色，进行信息交流，总结出如何才能提高师生作用的效果。

_____

3.3.4 变化技能的应用要点

1. 及时性

课堂教学是一个动态的教学过程，对于出现的问题教师应立即作出反应，及时予以适当的处理。

2. 有效性

变化技能不能随心所欲，运用时一定要有"度"，使变化做到"恰到好处"，要有分寸，不宜夸张。不仅仅是追求形式改变，要注重效果。

3. 科学性

科学性是变化技能的核心和基础。运用变化技能时，要保证每次变化都符合知识的内在结构和学生的认识规律。

4. 连续性

变化技能之间，变化技能与其他技能之间的连接要流畅，有连续性。

5. 针对性

在设计课堂教学时要针对不同的变化技能确立具体的目的，并且选择变化技能时要针对学生的能力、兴趣，教学内容和学习任务的特点。

6. 面向大多数学生

有效的变化主要是使大多数学生获益，所以教师应注意教学信息反馈，抓住主要问题，适时有效地作出反应。

3.3.5 变化技能的实施

变化技能的运用是贯穿于整个课堂教学中的。课程改革要求我们以学生为主体，因此，在设计教学过程中的各种变化时，要依据整体的教学目标要求、教学内容、学生的特点以及教师自身的特点,设计个性化的教学,创造独特的教学风格。同时,变化技能的应用要有分寸,不宜夸张,要为实现教学目标服务。

 案例分析

教师:"大家知道吗,酸雨一般指 pH 小于 5.5 的雨,它会给人类带来极大危害。仅在美国因酸雨对建筑物和材料造成的损失每年达 20 亿美元,我国仅川黔和两广四省,1988 年因酸雨造成森林死亡、农作物减产的经济损失总计 100 亿元人民币。"教师满脸严肃,神情庄重,眼神环视整个教室。

(学生表情惊愕,坐直了身体,眼睛盯着教师。)

教师:"听了这些,大家有什么感受?"

教师看到一个学生举起手,教师将手指向该同学,示意其他同学关注这名举手的同学。

学生:"酸雨的破坏性实在是太大了……"

教师用手指向多媒体屏幕,一边讲解一边用眼睛扫视教室,观察学生的表情,"这些是由酸雨引起的植被破坏、建筑毁损的图片,大家肯定感受到了酸雨危害的恐惧,大家知道癌症酸雨究竟是怎样形成的呢?"

(学生一脸茫然,用疑惑的眼神看着教师。)

"老师,我想知道 pH 是什么?怎样才能知道雨雪的 pH 是不是小于 5.5?"

教师从学生焦虑的眼神中看出了学生的疑惑,说:"这个问题提得很好,今天学习的知识就能帮助我们解答这些疑问,这就是——物质的酸碱性。"(教师用手指向屏幕,用沉重的语气介绍)

学生会意地点头,教师表情缓和,眉目舒展并用眼睛环视教室。

(教师讲完 pH 试纸的使用后,给学生准备了很多物质,供他们用 pH 试纸测定物质的酸碱性强弱,进而加以比较。)

接着教师用之前收集的雨水分发给学生,让学生检测雨水的 pH,教师在教室里巡视指导。

教师用郑重的口吻说:"我们测的雨水的 pH 呈酸性,证明它是酸雨,但是程度还不是很严重。我们生活的环境污染情况越来越严重,这都是人为造成的。让我们从现在开始关注环境,让我们的环保从酸雨的治理开始。"教师举起手,号召全体学生一起行动。

(摘自:陈坚.中学科学新课程课堂教学案例[M].广州:广东高等教育出版社,2003:57.有删改。)

[案例分析]

上述案例中教师运用的变化技能主要体现在两点:一是教师的表情,配合教学内容不断变化,帮助学生更真切地感受,如讲到酸雨的危害时"满脸严肃,神情庄重,眼神环视整个教室",让全体学生感受到酸雨危害的严重性,引起学生的重视;二是身体的动作很好地配合了教学过程的变化,如学生举手回答问题时教师以手示意起立,引导其他同学注意,不仅对回答问题的同学给予了关注和肯定,也集中了全体学生的注意力。在学生观看媒体时,配合讲解教师不断地用手势引导学生注意观察。所以,上述案例中教师的表情、语言、动作等的变化对学生感知学习内容、增强学习效果起到了重要作用。

设计一个以变化技能为主的微格教学教案,注意讲解、提问和演示等技能的综合运用。然后,进行变化技能训练与评价(见表3-6)。

表3-6 变化技能评价内容与标准

评价内容	评价标准				权重
	优	良	及格	不及格	
1. 音量、音调富有变化					0.10
2. 音速合适、有轻重缓急					0.10
3. 语言强调恰如其分					0.10
4. 面部表情自然、变化恰当					0.10
5. 手势、头部动作变化合适					0.10
6. 目光有接触、适当					0.10
7. 身体位移适当					0.10
8. 合理利用视觉媒介,有变化					0.10
9. 学生动手操作活动适度					0.10
10. 师生交互作用明显					0.10

3.4 强化技能

斯金纳与强化心理学

美国当代心理学家斯金纳(Skinner)在大学里教心理学课程时,常带一只四周封上玻璃的笼子,内放一只鸽子。开始时,鸽子在学生面前不知所措地来回走动。它偶然抬一下头,斯金纳就给它喂食。如此数遍之后,鸽子竟昂着头在笼子里来回走动。斯金纳说,通过反应和强化,我们教会了鸽子昂首阔步。斯金纳非常重视这种强化作用,他认为强化是塑造行为和保持行为强度的关键,并把强化理论应用到教学中去。

问题与思考

根据斯金纳对强化的理解,举例说明强化理论在教学中有哪些应用?

3.4.1 强化技能的概念

教学中的强化技能是教师在教学中所采取的一系列促进和增强学生反应和保持学习力量的方式。它能使学生的良好行为再次发生,不良行为得以抑制。强化是学生进一步学习的重要因素,它是课堂教学中为促进学生学习的进展而需要研究的一个重要变量,教师应当掌握这种教学技能。

在教学中,学生学习中的进步,一方面依赖于教师和学生集体的赞赏等外部强化;另一方面依赖于尝试性预想被证实的内部强化,即教师对学生的反应并不直接进行评价,而是提供线索帮助学生将他反应与客观要求进行对照检验,促进学生的预想被证实而得到内部强化。

3.4.2 强化技能的功能

强化是塑造行为和保持行为强度不可缺少的关键,在生物教学中恰当运用强化技能,既有利于教师主导作用的发挥,也可有效地调动学生学习的积极性。具体而言,主要有以下几个功能:

(1) 引起学生的注意,使学生在教学过程中将注意力集中到教学活动上,防止和减少非教学因素刺激所产生的干扰,提高学生注意的持续性。

(2) 激起学习兴趣,引起学生产生学习动机,明确学习目的。

(3) 在教学过程中,促进学生积极主动地参与活动,活跃教师与学生的双向交流。

(4) 承认学生的努力和成绩,促使学生将正确的反应行为加以巩固,使学生的努力在心理上得到适当的满足。

教师要研究学生,了解他们的心理需求,以便进行适合于学生心理特征的强化教育,达到事半功倍的效果。每一个学生的心理特征都会有某种个人的色彩,教师若能在强化的同时关注学生的心理特征,会有助于增强强化的效果。另外,同一个学生在不同的时期,心理状态也不同。教师在给予强化时也应考虑这种不同的因素。比如,对一个在生活中遭遇重大困难的学生,教师若适时地发现他在学习过程中所表现出的克服和战胜困难的勇气,学生的学习也会更加努力。这种正面强化可以调动学生的学习积极性,也是强化技能的功能所在。

3.4.3 强化技能的类型

强化是课堂教学中一个重要的研究变量,它的方式很多,一句话、一个目光、一个手势、一个微笑,都可以增强或减弱学生的学习动力和情绪,都有可能成为强化学习的力量。教学中的强化一般有以下五种类型:语言强化、标志强化、动作强化、活动强化和变化方式强化。

(1) 语言强化

语言强化就是教师用语言评论的方式(如表扬、鼓励、批评指正等方式)对学生的反应或行为作出判断和表明态度,或引导学生相互鼓励来强化学习效果的行为。当发现学生有了所希望的行为后,便给予语言的鼓励和表扬,增大学生向所希望方向发展的倾向。语言强化有三种:口头语言强化、书面语言强化和体态语言强化。

口头语言强化,是教师对学生进行口头肯定、表扬、鼓励和批评指正。其中,表扬、鼓励是对学生的学习行为和结果进行肯定性评价;而批评指正则是对学生的学习行为或结果进行否定性评价。

书面语言强化,是教师对学生的作业或试卷上写的批语,对学生的学习行为产生强化作用。这种书面语言强化,不仅仅是写一个"阅"字,也尽量不要只简单地写上"好"、"不好",而是给出恰如其分的批语和评价,让学生感受到教师在注意他(她)。例如,教师可以在学生的作业本上写出恰当的批语:"文字较工整、错误少、有进步,你还有潜力,再下工夫会有更大的进步!"

案例

评语的作用

美国心理学家佩奇(E. B. Page)曾对 74 个班的两千多名学生的作文进行过研究。他把每个班的学生分成三组,分别给予三种作文记分方式。第一组的作文只给甲、乙、丙、丁一类的等级,既无评语也不指出作文中存在的问题。第二组给予特殊评语,即不仅给予等级,而且给评语,但获得同一等级的作文的评语是一样的,不同等级的评语不一样。例如,对甲等成绩,评语为"好,坚持下去";对乙等成绩,评语为"良好,继续前进"等。第三组除评定等级外,还给予顺应性评语,即按照学生作文中存在的问题加以个别矫正。结果表明,三种不同的评语对学生后来的成绩有不同的影响。在开学时,学生作文水平差不多。但到期末时,发现作文水平的提高程度不一致。

可以看出,顺应性评语针对学生的个别差异,效果最好;特殊评语虽有激励作用,但由于未针对学生的个别特点,所以效果不如顺应性评语;而无评语的成绩则明显低于前两者。从这个实验可以发现,评定是必要的,关键在于采用什么方式进行评定。通过评定等级可以表明学生进步的程度,即评定的分数或等级并非表明个体的能力而是其进步快慢的指标。让学生明白等级评定的作用,并且教师在评定等级后再加上适当的评语,两者相结合,就会有良好的结果。

(摘自:徐萌."优等生情绪"——浅谈优等生的心理疾病与教育措施[EB/OL].(2007-11-12).
http://hbtsjy.e21.cn/content.php? article_id=150.)

在对学生进行语言强化的时候,我们应坚持以表扬为主的原则,尽量少用批评。批评是教师对学生的学习行为或结果进行否定性评价。必要的批评、切实的指正是教育不可或缺的手段,但不可滥用。

案例

哈洛克的实验

心理学家哈洛克曾做过这样一个实验。他把学习成绩差不多的学生分成 4 组,分别教学。第一组上课前先表扬成绩优秀者,对本组的教学以表扬为主;第二组上课前先对作业成绩不好的学生进行批评,对本组学生以批评后进者为主;第三组上课前对学生的作业既不批评也不表扬,但把第一组、第二组每天的情况告诉他们;第四组上课前既不批评、不表扬,也不让他们知道其他三个组的情况。经过一段时间后,经常受到表扬(正强化)的学生成绩不断上升;总是听到批评(负强化)的学生最初有进步,但以后逐渐下降;既不受批评也不被表扬,但听到表扬别人和批评别人情况(有强化,但不明显)的学生开始是有进步,以后变化不大;什么情况也听不到(无强化)的学生始终没有明显的变化。

(摘自:佚名.心理效应集锦[EB/OL].(2009-05-05).
http://www.fxy.wh.sdu.edu.cn/ShowArticle.asp? Article ID=4654.)

从哈洛克的实验我们可以看出,强化对学生来说是非常重要的,但负强化一定要适度,不可滥用,滥用了,反而会适得其反。如果我们仔细观察一下身边的老师,有的老师很少批评学生,偶尔批评一次,效果非常显著;有的老师经常批评学生,他的批评效果就不那么明显。所以现代教学论一般强调正面强化,即承认学生的努力和成绩,促进学生将正确的反应行为得到巩固,使学生的努力在心理上得到适当的满足,因为每一位同学都有"成功的期望",即人们常说的教学中的"皮格马利翁效应"。

阅读材料

"皮格马利翁效应"与"罗森塔尔实验"

皮格马利翁是古希腊神话中的塞浦路斯国王。他善于雕刻,他用象牙雕刻了一座表现他心目中的理想女性的美女像。皮格马利翁每天看着她,不知不觉中竟然爱上了她,希望她变成一个真正的姑娘,成为他的妻子。爱神被他的真挚爱情所感动,给雕塑姑娘以生命。最后,皮格马利翁娶她为妻。萧伯纳仿照这一希腊神话故事创作了名为《皮格马利翁》的剧本。一位"皮格马利翁"(一位语言学教授)把一个操伦敦土话的卖花女培养成谈吐文雅的上流妇女,最后,也爱上了她。

罗森塔尔和雅各布森在教育领域中做了一个类似的实验。1968年,他们来到一所小学,从一至六年级中各选3个班,在学生中进行了一次煞有介事的"发展测验"。然后,他们以赞美的口吻将有优异发展可能的学生名单通知有关教师。8个月后,他们又来到这所学校进行复试,结果名单上的学生成绩有了显著进步,而且情感、性格更为开朗,求知欲望强,敢于发表意见,与教师关系也特别融洽。

实际上,这是心理学家进行的一次期望心理实验。他们提供的名单纯粹是随机抽取的。他们通过"权威性的谎言"暗示教师,坚定教师对名单上学生的信心,虽然教师始终把这些名单藏在内心深处,但掩饰不住的热情仍然通过眼神、笑貌、音调滋润着这些学生的心田,实际上他们扮演了皮格马利翁的角色。学生潜移默化地受到影响,因此变得更加自信。于是他们在行动上就不知不觉地更加努力学习,结果就有了飞速的进步。这个令人赞叹不已的实验,后来被誉为"罗森塔尔效应"或"期待效应"。

(2) 标志强化(符号强化)

标志强化又称符号强化。教师用一些醒目的符号,色彩的对比等来强化教学活动。比如,教师板书时,可以适当地应用彩色粉笔,或使用符号"△"、"→"等来强化教学内容。奖状也是一种标志强化。

教师对学生的成绩或行为给予象征性的奖赏物(图章、红花或批语等),如在其作业、板书后写上简短的批语,也可以奖励一些小物品,激发学生保持某种正确的行为,如遵守纪律、认真完成作业、认真听讲等,以表示鼓励和肯定,使他们的心理得到极大的满足。年龄越小,效果越好。因为年龄小的学生总认为,从老师那里获得物品是一件无比荣耀的事情。例如,在练习中,书写工整、正确率高或比上一次有进步,在作业本上盖一朵小红花或写一个"优"字作为奖励,并加上适当的、鼓励的批语,从而激发其学习兴趣,增强学习的积极性和上进心。

(3) 动作强化(体态语言强化)

动作强化也称体态语言强化,是指教师运用非语言因素的身体动作、表情和姿势等,对学生在课堂上的表现,表示教师的态度和情感的教学行为。一个会意的微笑、一种审视的目光,都可以把教师的情感传递给学生。常用的动作强化有:手势、目视、点头或摇头、接触或沉默等。一个教师的教学魅力也可以通过动作语言表达出来,所以说,教态也是衡量一个教师素质的基本标准。

"酶"教学中手势语的强化

教师正在讲课,这时,有一个学生却在做小动作,教师站在讲台上停止讲课,用双手发出停止的动作,学生发现了教师的提醒停止了小动作。过了一会儿,教师发现坐在后排的一位男同学正在照着镜子,用手摸胡子,此时教师并没有停止讲课,只是对他微笑一下,并做了一个摸胡子的动作,该同学立即放下镜子,一本正经地听讲。

教师提出问题:"请问酶的活性与温度有关吗?"教师将手指向一个同学,并让他回答。此时保持将手指向该同学的姿势不变,使学生的注意力引向视觉中心——正在发言的同学。该同学由于紧张将简单的问题回答错误,其他学生一片哗然,教师用手水平比划,传达平静、安定的信息。

当学生全都安静下来之后,教师开始继续讲课,"我们在洗衣服的时候,用温水洗比用冷水洗更容易将衣服洗干净,是这样的吗?这是怎么回事呢?请大家开动脑筋想一想。"讲到此处,教师用右手食指指向自己的太阳穴附近用圆弧形比划脑筋的转动。

[案例分析]

课堂教学中,学生讲话、做小动作等突发事件时有发生。本节课中,教师遇到有学生做小动作时,并没有停止讲课去制止学生,而是恰到好处地发挥了体态语言的作用,既制止了学生的非学习行为,同时也没有伤害到学生的自尊心。此外,教师还根据教学的需要设计了不同情境下的手势语,使课堂更具有感染力。

(4) 活动强化

学生的学习活动本身也可以作为一种强化因子,即设计一些学生感兴趣的学习活动,让他们参与,起到促进学习的强化作用。如在一堂课上,教师可以通过各种活动先引入正课,把学生学习的积极性调动起来,然后进入概念、法则、原理的学习。经过一阵紧张的思维活动之后,教师就可以提出一些生动有趣的问题,通过解决问题来深化、巩固学习,这是对理论知识的强化,或者安排实验或其他活动,做到有张有弛。

案例分析

"膝跳反射"的活动强化

刚一开课,教师神秘地问道:"同学们,你们做过'膝跳反射'的试验吗?今天我们同座之间也来一次小小的测试,好吗?"

学生欢呼雀跃,个个摩拳擦掌,跃跃欲试,积极性空前高涨。

当然,教师不能为"玩"而设计"玩"。紧接着,便抛出问题:"在活动中,请你思考:当我们用手磕膝盖的时候,小腿为什么会'跳'一下?"

这时学生便热闹起来了,讨论着,思考着,和同桌进入到"膝跳反射"的大比拼中,在轻松愉快的氛围中开始探索其中的奥秘。

几分钟后,教师开始"采访"个别学生。

师:你觉得自己能够保证在测试中小腿会"跳"起来吗?为什么?

生1:会跳起来,因为这个过程是由神经所控制的,有刺激给予所以会"跳"起来。

生2:我觉得只有用力大,才能引起"膝跳反射"。

师:那么在这个游戏中神经传导起了关键的作用。今天,我们就来研究神经传导的问题。

[案例分析]

心理学家皮亚杰提出:"活动是认识的基础,智慧从动手开始。"在本节课的教学中,教师根据教学内容,借助膝跳反射实验创设愉悦的情境,充分调动了学生主动学习的积极性。教师并没有让学生盲目游戏,而是层层深入地引导学生思考,并要求学生认真记录,增加了学生探究活动的思维含量,提高了探究活动的有效性。

(5) 变化方式强化

变化方式强化是教师运用变换信息的传递方式,使学生增强对某个问题反应的一种强化。对同一教学内容如概念、规律等,教师采用不同的强化刺激,反复多次,达到促进学习的效果。例如,讲述人类大脑的结构,让学生观察大脑标本,然后拆卸大脑的模型,最后再演示大脑的解剖挂图,以不同的方式进行强化。

3.4.4 强化技能的应用要点

1. **目的明确**

应用时一定要将学生的注意引到学习任务上来,提高学生参与教学活动的意识。帮助学生采取正确的学习行为,并以表扬为主,促进学生的学习行为。

2. **注意多样化**

教师要根据学生的年龄和能力特点,有目的并灵活地采用多样化的强化类型进行强化。强化语言要善于变化,风趣幽默,丰富多彩。个别的强化要适合个别学生的接受能力,不求一律,努力在有目的的同时采用多样强化。

3. **要努力做到恰当**

使用强化技能要恰到好处。如果某个学生由于能力较低而回答错误,在全班同学面前批评,就有可能带来反面强化(负强化效果)。又如,低年级学生答问后,采用叫全班学生鼓掌表扬,就可能使作答学生受窘,反而适得其反,会分散注意力。采用动作强化时,过分频繁的走动和接触学生也会分散学生注意力,或引起反感。采用标志强化时,使用的彩色标记过多或五颜六色,弄得眼花缭乱,没有突出关键,达不到强化目的。因此,恰当性很重要,该表扬的才表扬,该走动时自然走动。

4. 应用强化技能时,教师的教学情感要真诚

教师要热情、诚恳,才能使得对学生的情感性传递产生积极有效的影响。即使是批评惩罚性的强化,以等待、期之以望的深深情感才能打动学生,起到强化作用。生硬的、不恰当的表扬、接近学生、接触学生,不但无作用,有时反而带来不良结果。①

3.4.5 强化技能的实施

在生物教学过程中,教师要使教学内容的刺激与期望学生的反应之间,建立稳固的联系,帮助学生形成正确的行为,激发学生的学习热情。在强化技能的实施过程中,应迅速准确地对学生的反应进行判断,抓住时机对其进行有效的、恰当的正面强化。不适当的表扬或批评,都会使学生认为是虚假的,因此,对学生进行强化时还应该把握一个度。

案例分析

"认识蔬菜"的课堂强化

课间,两名学生正在给大家的课桌上摆放各种各样的蔬菜。一声上课铃,把各色不同衣着、神态各异的一群学生瞬时归入五十多个座位。

"今天的生物课,我们要'与蔬菜交朋友'。大家看到课桌上摆放的蔬菜了吗?现在就4人一组,认识各种蔬菜,把它们的名字、子叶类型、食用部位等填在你们课本的那张表格里,4人填写的内容不能相同。"老师微笑着给同学们布置任务。

安静的教室立即热闹了。大家纷纷拿起他们熟悉的蔬菜,有带绿叶子的白萝卜、大葱、土豆,等等。

教师发现教室的气氛逐渐喧闹起来,将双手抬起手背向下来回摆动,示意学生保持安静。

"虽然这些蔬菜我们平时都见过也吃过,但如果要说出它们的学名、可食用部位甚至是双子叶还是单子叶,还是有点难。"教师用眼睛环视教室,观察学生的表情。

"老师,这是什么?"一个学生用疑问的表情看看教师。

"大家想想,我们平时给蔬菜取的名字与在书上见到的名字全都一致吗?"教师音调稍有提高,并用祥和的目光环视整个教室,观察学生面部表情的变化。

教师发现学生表情困惑,便拿起一个马铃薯,右手举起马铃薯向教室四周展示,左手指着它问:"大家知道它叫什么?"教师面带微笑,迈着缓慢的脚步环绕整个教室,观察学生的表情。

学生面带笑容,相互讨论,此时耳边又传来有趣的对话:

"这是土豆。"

"不对。"

---

① 孟宪恺.微格教学基本教程[M].北京:北京师范大学出版社,1992:100.

教师复述学生刚说过的话"书上给它的名字是马铃薯,大家是否全都同意呢?"然后用疑问的眼光等待。

学生产生疑惑。

"哎,土豆就是马铃薯。"接着教师和学生发出一阵欢快的笑声。

此时课堂氛围再次达到高潮,教师借机提高嗓音说:"那么大家现在可以好好看看我们生活中的蔬菜了,对它的特征好好观察。"

此时有些学生开始小声讨论,课堂秩序逐渐喧哗,教师停下来,用眼睛盯着讲话的学生,直到他们意识到老师在盯着他们。

"因为每个人都要写与小组其他成员不同的植物,所以,大家必须互相帮忙、互相请教,才能完成任务,而且没有人可以偷懒。"教师用活泼的语气说。

半个小时过去了,学生们仍然沉浸其中,教师则轻松地徜徉在学生中间,听他们的讨论,给他们个别的指点。

(摘自:余炜炜.新课程教学资源库[M].长沙:湖南师范大学出版社,2003:103-105.有删改。)

[案例分析]

在本案例的教学中,教师用丰富的表情、眼神、声音等变化吸引学生的注意力。在教师发现学生表情困惑时,便拿起一个马铃薯,右手举起马铃薯向教室四周展示,左手指着它问:"大家知道它叫什么?"由学生面部表情的变化得到反馈,通过一系列启发性的问题将本节课的教学重点进一步强化。

活 动

设计一段以强化技能应用为主的微格教案,注意不同强化技能类型的恰当使用,并进行微格教学实践与评价(见表3-7)。

表3-7 强化技能的评价内容与标准

评价内容	评价标准				权重
	优	良	及格	不及格	
1. 能随时注意获得教学反馈信息					0.10
2. 能通过多种方式获得反馈信息					0.10
3. 能利用反馈信息调节教学活动					0.12
4. 对学生的反应能及时给予强化					0.10
5. 给学生的强化反馈明确、具体					0.12
6. 强化方法符合学生的表现					0.08
7. 鼓励较差学生的微小进步					0.10
8. 内部强化为主,促进主动学习					0.08
9. 正面强化为主,不用惩罚方法					0.12
10. 强化方法适应学生的年龄特征					0.08

3.5 微格教案实例

微格教案——细胞器之间的分工

教学内容 __细胞器之间的分工__　　　　　执 教 者 __张凤娇__
训练课题 __导入技能、结束技能、板书技能__　指导教师 _____

教学目标	生物学的教学目标	1. 了解细胞器的概念。 2. 举例说出几种细胞器的结构和功能。 3. 由细胞内部分工领会并重视社会分工的重要性和意义。		
	教学技能培训目标	1. 主要训练导入技能、结束技能、板书技能。 2. 注意教学语言技能、教态变化技能、演示技能的应用和优化。		
时间分配	教师行为 (讲授、提问、演示等)	教学技能的类型	学生行为 (参与的活动、预想的回答)	所用的教学媒体
1—2分钟	【导入】 PPT展示本节教学内容,此时教师板书。 PPT展示三张工厂车间图片,提问:一件优质产品是如何通过各车间和部门之间的配合生产出来的? 教师做归纳,演示组合柜生产流程,分析现代工业生产分工细化的高效性及必要性,继而将话题引向本节内容:我们知道,生命体的活动和生理功能是以细胞为基本单位进行的,那么细胞内也存在类似的部门或车间吗?你能举出例子吗?	演示,板书 演示,讲解,提问,导入	依生活经验积极发言(可能的答案:原材料按一定的步骤、在不同生产车间被加工,最终变成优质产品;生产过程还要检验质量)。	电脑,投影仪,投影布,黑板
2—8分钟	【结束】 我们已经认识所有的细胞器,全面地了解了它们的结构、功能,现在大家一起对它们进行分类。 PPT展示动物细胞和植物细胞模式图,教师引导学生将细胞器分类,并概括说出各细胞器的结构和功能,同时教师在黑板画一图表,显示细胞器分类。 表格如下(黑板上绘制时稍改动):	演示,提问,板书	回顾所学知识,回答问题,与老师一起完成表格。	电脑,投影仪,投影布,黑板

续表

		动物细胞	植物细胞		
	双层膜结构	线粒体	线粒体		
			叶绿体		
	单层膜结构	内质网	内质网		
		高尔基体	高尔基体		
		溶酶体	溶酶体		
			液泡		
	无膜结构	核糖体	核糖体		
		中心体			
导师意见					

(来源：张凤娇　湖北省荆门龙泉中学)

实战演练

1. 采用两种演示类型介绍 DNA 的结构,配以相应的板书,并思考每一种演示方式实施时的注意事项。

2. 很多学生上下午第一节课时往往容易瞌睡,注意力不集中。针对这种现象,如果你在下午第一节课上课,你将采用什么方式使学生集中注意力。

3. 张老师在讲"显性遗传和隐性遗传"时,有两个男生正在照镜子,并大声激烈地讨论谁是单眼皮,谁是双眼皮的问题。设想你是张老师,请用两种方式来制止学生的这种行为。

学习链接

1. 河北师范大学现代教育技术网：http://wgjx.hebtu.edu.cn/default.aspx
2. 山东师范大学精品课程：http://www.lsc.sdnu.edu.cn/guawang/swjxf/skja_list.asp?id=32
3. 南京师范大学生命科学学院生物学教学论精品课程：http://kc.njnu.edu.cn/swkcl/first.htm
4. 人民教育出版社《课程教材与教法》：http://www.pep.com.cn/rjqk/kcjcjf/200701/200705/t20070528_395811.htm

专题4 提高课堂教学艺术技能

内容提要

　　课堂是教师工作的主要阵地,教师在课堂上的劳动充满着艺术创造,这种课堂教学艺术是教师的课堂教学行为经过大脑瞬间的高度运转后的产物。课堂教学不仅具有传递知识的属性,更具有启迪智慧的责任和使命,它是一种通过知识引导人的智慧成长的艺术,是人对人智慧的激发和唤醒,是人与人之间心灵的交流与对话。作为教师,只有在具体的课堂教学实践中,才能真正成为现实意义的教师。本章主要介绍了课堂观察技能、沟通技能、课堂教学组织技能、学习指导技能、思维训练技能和提供学习支架技能等六种提高课堂教学艺术的技能,包括定义、在教学中的作用和意义以及提高各技能的训练方法等方面。

学习目标

- ◆ 知道什么是课堂观察技能、沟通技能、课堂教学组织技能、学习指导技能、思维训练技能和提供学习支架技能;
- ◆ 阐释课堂观察技能、沟通技能、课堂教学组织技能、学习指导技能、思维训练技能和提供学习支架技能在课堂教学中的作用、意义和价值;
- ◆ 掌握提高课堂观察技能、沟通技能、课堂教学组织技能、学习指导技能、思维训练技能和提供学习支架技能的训练方法;
- ◆ 尝试运用这些技能提高课堂教学艺术,体会这些技能给课堂教学带来的变化,形成新的教学观念。

关键术语

- ◆ 课堂观察技能　◆ 沟通技能　◆ 课堂教学组织技能
- ◆ 学习指导技能　◆ 思维训练技能　◆ 提供学习支架技能

知识地图

```
                        提高课堂教学艺术技能
    ┌───────────┬──────────┬─────────────┬──────────┬──────────┬─────────────┐
课堂观察技能   沟通技能   课堂教学组织技能  学习指导技能  思维训练技能  提供学习支架技能
 │概念及其意义  │概念及其意义  │概念及其意义     │概念及其意义  │概念及其意义  │概念及其作用
 │构成要素     │构成要素     │构成要素        │构成要素     │构成要素     │类型
 │影响课堂观察  │主要类型     │应用原则与要点   │主要原则     │主要类型     │主要类型
 │ 对象        │常见的沟通错  │主要策略        │应用策略     │运用策略     │设计原则
 │如何提高课堂  │ 误和障碍    │实施           │实施        │实施        │实施
 │ 观察技能    │有效沟通技能  │              │           │           │
 │主要策略及特征│ 的基本条件  │              │           │           │
 │实施        │实施        │              │           │           │
```

专题序幕

课堂教学不但是一门艺术,具有与一般艺术相似的功能和形象性、情感性、创造性三大特征,而且是一门复杂、高超、具有特殊性——培养人才——的艺术。

教学艺术具有激发动机和引起兴趣、减少失误和提高效益、开发智力和培养能力、创造氛围和组织管理、进行美育和净化心灵的强大功能。

教师要在教学的舞台上演出培养人才的成功之剧,就必须掌握高超的教学艺术,早日形成自己的教学艺术风格。①

4.1 课堂观察技能

自新课程改革以来,课堂管理理念发生了重大变化,更为强调学生的自主学习、合作学习、研究性学习,课堂管理的工作更为复杂。教师作为知识的传授者,同时也是课堂的管理者,必须掌握一些策略性的管理技术。课堂观察作为获取教学反馈信息的重要渠道,是教师调整管理措施、实施有效管理的前提。在课改新理念的指导下,教师对学生学习行为、学习情绪需要有更准确的把握,而这种把握离不开教师对课堂教学状况细致入微的观察能力。

4.1.1 课堂观察技能的概念及其意义

案例

一位教师的课前观察

某位高三生物教师抱着一摞试卷走进教室,发现学生脸上写满了疲惫,原来学生刚刚做完了语文试卷,此时已疲惫不堪。这位生物教师想:看来这节课不适合让他们再做试卷。于是说:"今天我们一起对前一阶段的复习进行总结和回顾,有什么问题大家可以提出,我们一起解决和学习。"说罢,学生脸上立刻流露出了放松的表情,并纷纷找出了复习资料,准备提问。

问题与思考

请认真研读上面的案例,思考这位生物教师在案例中突出的教学行为是什么,取得了怎样的教学效果?

课堂教学是一个复杂的认知过程,也是师生之间交流互动的过程。在这个过程中,教师、学生、教学环境等因素常常发生一些变化,教师只有随时掌握这些变化,才能在教学中及时调整教学思路与教学内容,而这些变化信息的获得,离不开准确的课堂观察。

课堂观察技能是教师对教学对象在课堂上的学习行为、课堂情绪和自身授课效果的一种知觉活动。作为专业活动的观察,与一般的观察活动相比,它要求观察者带着明确的目的,凭借自

---

① 王北生.教学艺术[M].开封:河南大学出版社,2001:1.

身感官及有关辅助工具（观察表、录音录像设备），直接（或间接）从课堂上收集资料，并依据资料做相应的分析、研究。它是教师日常专业生活必不可少的组成部分，是教师专业学习的重要内容，对改善学生课堂学习和促进教师专业发展有着极其重要的意义。

任何一种课堂观察行为之后，一般必然伴随着对教学行为的校正或调整，从这个意义上说，观察技能不是独立的技能行为，它是与反馈技能、应答技能等紧密结合的。课堂观察有助于体现学生的主体地位，因而，教师学习并掌握课堂观察技能十分必要。

4.1.2 课堂观察技能的构成要素

英国剑桥大学教授W.I.贝弗里奇指出："必须懂得所谓观察不仅止于看见事物，还包括思维过程在内。一切观察都含有两个因素：① 感官知觉因素（通常是视觉）；② 思维因素，这一因素可能是半自觉半不自觉的。"[①]由于观察是以人体感觉器官受到外界变化所引起的反应，这种反应又以思维的形式进行，所以观察技能不像其他的教学技能那样具有鲜明的行为外显特征。对观察技能的训练，主要是一种心智技能的训练。提高观察技能主要是提高教师对课堂上学生的学习行为和课堂总体状况判断的思维自觉性和准确性。由此可见，完整的观察技能主要有两部分构成：一是感官知觉；二是思维判断。在课堂上能发挥观察作用的感官，一个是视觉感知，一个是听觉感知。

视觉感知也称为视觉观察，是观察技能的最主要的感知形式，教师通过观察了解学生的行为变化、神态表情，由此掌握学生学习时的情绪和认知状态；听觉感知是一种辅助的观察形式，通过耳朵对声音的感受，了解学生的语言节奏、回答问题时的语气、音调，感受课堂上的学习气氛，由此了解课堂情绪和学生对知识的掌握情况；思维判断是对视觉和听觉了解的信息做出分析和推断的过程，推断教学效果和学生对知识的掌握情况，推断学生瞬间的学习态度。推断的准确性与教师的思维判断能力相关。观察技能的训练，主要是训练教师敏锐的知觉能力和准确的思维判断能力。

4.1.3 课堂观察对象

在课堂教学中，教师观察的对象既包括学生，又包括教师本人。

对学生的观察，主要包括学生的学习风格、学习态度、课堂整体学习状况等。

学习风格是指个体身上一贯表现的稳定的带有个性特征的学习方式和学习倾向。心理学研究表明：不同的人认识事物的风格是不一样的。在课堂上学生的学习风格主要表现在不同的学生对教学信息的感知通道不同。学习风格主要分为三种：视觉型、听觉型和动觉型。这三种学习风格在课堂上的行为表现各不相同，在知识接受方面各有优势和不足，世界上不存在单一认知类型的人，也不存在三种认识风格均衡共存的人，一般是某一种认知风格稍占优势。

学习态度指学习者对待学习比较稳定的具有选择性的反应倾向，是在学习活动中习得的一种内部状态。它是由认知因素、情感因素和意志因素三部分组成的一种互相关联的统一体。教师应重视对学生的注意力、学习动机和自我控制的意志力等方面的观察。

课堂整体学习状况的观察是对于群体、多数学生的观察。有经验的教师通过观察，能立即感受到学生是否进入学习的准备状态，课堂的气氛是否良好，学生的情绪是否焦虑……教师往往要

---

① ［英］贝弗里奇.科学研究的艺术[M].陈捷，译.北京：科学出版社，1979：105.

根据课堂整体学习状况来临时调整自己的教学设计,所以说课堂整体学习状况有时会影响教师在课堂上的教学策略、教学技能的选择。

观察同学的学习风格

仔细观察某个班的学生的学习风格,调查不同学习风格学生的学习效果,并填写下表(见表4-1)。

表4-1 学生的学习风格及学习效果调查表

学习风格类型	学生比例(%)	课堂行为表现及特征	学习效果描述
视觉型			
听觉型			
动觉型			

教师对自己的观察,我们也称之为"自我觉察"。教师自我觉察的准确与否,会对教学的成败起到至关重要的影响。教师只有正视自己,才能使自己的教学能力得到积极的发挥。美国教育心理学家林格伦说:"教师需要了解他自己的行为,正如他需要了解他所教的学生那样。"[①]教学实践表明,如果一位教师在课堂上缺乏清晰的自我认识,不了解自己的教学表现,他就不可能组织好课堂教学。

如何感知课堂

1. 认真观看某一节生物课的录像,完成下列问题。
(1) 某个学生没有认真听讲的表现有哪些?出现这些表现的原因是什么?
(2) 学生的哪些表现表明学生已经/还没有进入学习状态?
(3) 这节课的课堂气氛如何?你是怎么看出来的?
(4) 你从哪些迹象可以看出学生的情绪状态?
_____
_____

2. 与其他同学交流你的想法,找出共同点和不同点。
_____
_____

3. 总结一下怎样准确感知课堂?有哪些技巧?
_____
_____

---

① 王志林,沈琪芳.论教师自我教育意识[J].湖州师范学院学报,2003(2).

4.1.4 影响课堂观察和判断的主要因素

活 动

眼见不为实

1. 观察图 4-1,四条边给你的感觉是直的还是弯的？观察图 4-2,你觉得有没有黑点的存在？

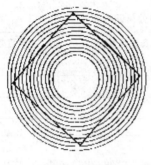

图 4-1 直与弯

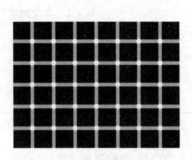

图 4-2 黑点

2. 小组讨论：为什么乍一看,不同的人会有不同的答案？影响我们做判断的因素有哪些？

_____

_____

(图片来源：百度贴吧 http://tieba.baidu.com/f?kz=479271352.)

课堂观察和判断会受到客观因素和主观因素的影响。

1. 客观因素

就客观因素而言,教师和每个学生的空间距离不一样,观察的准确性也就不同。比如,对坐在前排正中的学生的表现,收集的情况比较齐全,对后排角落里的学生的观察,由于障碍比较多,有时会产生一些误解和错误的判断。另外,教室太大、光线太暗以及学生座位的排列方式等,都会对课堂观察和判断产生影响。

2. 主观因素

事实上,主观因素对课堂观察和判断产生的影响更大。首先,教师注意力的分配情况对教师观察和判断有较大影响。一般来说,新手会将主要精力放在教学内容上,而较少把注意的中心放在学生的各种反应上。随着教学水平的不断提高,教学经验的逐步积累,教师将会越来越多地注意到学生的反应。正如苏联著名教育家苏霍姆林斯基所说,优秀的教师,在教学过程中,"他不是把主要的注意力集中在自己的思想上,而是看到学生是怎样思考的,占据他的注意中心的不是自己的思想,而是学生"。[①] 其次,观察者的观察经验往往也会影响其主观感受,进而影响观察和判断。教师的观察经验常常会形成一种固定的判断模式。这种固定的判断模式有以下几种：

---

① 张国伟.论课堂观察[J].教育探索,2005(2):70.

(1) 正态分布经验

正态分布是自然与社会的基本分布现象,即两头小,中间大的分布。学习成绩和学习表现的正态分布则是,学习成绩居中的是大多数,学习成绩突出和学习差的学生总是极少数。教师受这种分布认知的影响,在教学中往往忽视了细微的观察。无论自己采用哪一种教学方法,都会认为,多数学生已经基本接受和理解了自己的讲授。

(2) 职业期待经验

教师对学生具有期待心理是一种职业的本能,因此也形成了一种职业期待经验。教师往往对好学生有一种正向的期待,容易忽视好学生在课堂上的学习困惑,不能及时答疑解惑;对于学习困难的学生往往容易产生反向期待,对于学习困难的学生表现不作积极分析,对学生的困难缺少同情和帮助。作为效应期待的派生,就是成绩本位期待,把学生的学习成绩作为观察的主要指标,而对于学生在课堂上的各种反应状态却予以忽视,缺少观察的敏感性。

(3) 纪律管理经验

课堂纪律是学生最为外显的行为活动,很容易引起教师的注意,认为课堂纪律好了就表明学生的知识接受也就没问题了,从而放松了对学生知识接受状况的细微观察。

(4) 浮点观察经验

年轻教师对一个班的学生状况不了解时,往往在心目中暗自选几个学生作为课堂整体状况的观察点,在此有两个问题需要注意:一是选点是否具有代表性,多数情况下,是教师主观臆断的;二是观察点必须是"浮动"的,否则会忽视多数学生课堂上的行为表现,偏离了当初选点的初衷。

4.1.5 课堂观察的主要策略及特征

1. 课堂观察的主要策略

(1) 注视

注视并不是以较长的时间盯住某个学生看,而是指在教学过程中,教师主动地和单个学生发生目光接触。这样不仅可以获得来自学生的丰富的反馈信息,而且可以收到较强的教学监控效果,对学生的学习态度具有十分重要的影响。加拿大华裔教育心理学家江绍伦教授说:"如果你忽视了某个学生,最好的补救办法是下次上课时注意这个学生。"[1]当然,注视的时间不宜过长,一般在3秒钟左右,否则会令学生感到不安,尤其是近距离的注视,更会令学生在心理上产生压力。

(2) 扫视

要做到在一堂课的教学中跟每个学生都进行目光接触,是不现实的。因此,在教学中,教师随时用目光扫视全班学生,是十分重要的。如果说注视强调的是"点",那么扫视则重视的是"面"。扫视不仅可以了解学生的整体情况,还可以及时发现一些课堂上存在的行为问题。扫视的时间一般1~2秒钟左右,快速掌握班级的整体动态。

(3) 环视

环视是按一定的观察路线(如O形或S形),对学生的各种表现进行观察。如果说扫视的目的在于发现,那么环视的目的则在于观察与交流。如果教师在教学时总是低头看教案,或抬头看

---

[1] 张国伟. 论课堂观察[J]. 教育探索, 2005(2): 69.

天花板,即使看学生也是心不在焉、目中无人,那么他很难获得来自学生的丰富的反馈信息。尽管教师在环视时与学生目光接触的时间比注视要少得多,但毕竟可以和学生形成一种短暂的交流,因而就可以获得较多的教学反馈信息,同时也比扫视具有更好的监控效果。

（4）巡视

教师和每个学生的空间距离不一样,观察的准确性也就不同。另外,教师的视力、学生人数以及教学环境等因素,都会对观察的效果产生一定的影响。因此,无论在授课过程中,还是在学生做练习时,教师都不应该始终站在讲台上,而应不定时地走到学生中间进行巡视。以此来收集来自学生的更为准确的反馈信息,并对学生的学习进行监控。可以说,巡视不同于注视、扫视与环视,它具有独特的观察优势,在课堂教学中是一种不可或缺的观察手段。

此外,教师还可以采用调查方法解决课堂观察问题。例如,教师直接向学生征询完成作业的情况,可以从学生回答问题的语气和语调中发现问题,还可以要求学生举手,进行课堂教学效果反馈,以弥补课堂观察的不足。

2. 良好的课堂观察的特征

（1）迅速而准确

观察迅速,指的是教师在课堂上能够迅速捕捉学生瞬间的表情和行为的细微变化,采取适宜的措施,及时把学生的注意和思维引向教学的中心;观察准确,是指教师对学生或学生的某方面的看法符合实际,准确无误。

（2）细致而深入

观察细致,就是能够观察到学生语言、行为、态度等细微的变化,从而准确掌握学生的思想状况;观察深入,是指教师能够透过表面现象看到学生各种行为的本质。

（3）全面而客观

观察全面,是指教师能够观察了解学生的各个方面乃至全貌;观察客观,是指在课堂观察过程中,教师不应有先入为主的思想,否则,将会影响观察的信度。

案例分析

"细胞学说建立的过程"教学片段
——人教版课标教材必修1第1章第2节细胞的多样性和统一性

师：今天咱们来学习细胞学说建立的过程……

（教师首先介绍了细胞学说的建立者,接着带领学生分析细胞学说的要点,主要有三个方面。）

师：（教师扫视整个教室,准备请学生来阅读这三个要点）谁能够给大家介绍下细胞学说的三个要点？

生：……

师：这是细胞学说的三个要点,那么细胞学说是如何建立的呢？接下来咱们共同研究细胞学说的建立过程……

生:(学生仔细阅读教材上的资料分析)

(这时学生 A 趁机溜号,教师便注视学生 A,边注视边走到学生身边,使学生意识到老师在注视他。阅读后,学生讨论细胞学说的建立过程,如果正确教师要给予眼神的肯定。)

师:总结这部分内容。

[案例分析]

该教师的课堂观察做到了细致入微,而且学生也都注意到了教师的敏锐观察,个个都非常认真地配合教师教学。这样的课堂观察是有效的、成功的。

4.1.6　如何提高课堂观察技能

课堂观察是一项复杂的教学行为,良好的教学观察能力的形成是一个漫长的过程。在这一过程中,教师需要不断地进行总结、摸索。只有这样,才有可能完成从普通型教师向专家型教师的转变,才能使教学艺术达到更高的境界。

为了掌握课堂观察技能,我们可以从以下三个方面进行训练:

1. 培养良好的观察意识和观察习惯

"凡事预则立,不预则废。"可靠的观察来自周密的计划,有经验的教师常在教学的关节点处设立观察点,按部就班地、有意识地捕捉学生的反馈信息。盲目的无计划的观察,只会造成视觉盲点;或对有价值的学生反馈信息视而不见、听而不闻;或将观察到的有效信息束之高阁,甚至不知所措,不做任何反应。这就失去了课堂观察的意义,也不可能对训练观察技能有帮助。

2. 掌握丰富的教育心理学与学习心理学知识

有些教师在课堂教学中对学生的某些反应熟视无睹,不是因为他没有看到,而是因为他缺乏相关的心理学知识,不明白这究竟意味着什么。有一次,一位特级教师在公开课上提了一个较难的问题,没有学生举手回答。这位教师提问了一个学生,结果他顺利地回答了问题。课后有人问这位教师:"你怎么知道他能够回答这个问题?"这位教师回答:"很简单,我看见他眼睛转向左边,知道他正在用心思考这一问题。"教师能够细致准确地进行课堂观察,与其所具有的心理学知识是分不开的。

3. 自觉地在教学实践中进行观察训练

每个人对客观事物的敏感程度是不同的,课堂教学的观察能力是对人的观察,教师要善于从学生的言谈举止中,了解学生的内心活动。这种训练不能仅仅局限于课堂上,无论在课上还是在课下,教师都应该多与学生交流,在交流中了解学生思考不同问题时的神态表情,再通过这些不同的神态表情,判断和认证学生的心理活动。此外,了解和熟悉了学生的心理活动后,还应将掌握的信息在课堂教学中进行实践,摸索方法,努力提高自己的观察能力。

4.1.7　课堂观察技能的实施

课堂观察技能是教师必备的基本功之一,它固然可经过长期经验积累和自我摸索获得,但耗时费力。采取微格教学方式进行训练,尽管有些困难,但收效较快。具体步骤可分为四步:第一步,加强理论学习,领会技能要素和特点。在阐述观察技能的理论时,重点讲述技能实施范围,各类观察要点,尤其是学生表情特点和体态语含义,熟悉并掌握各种表情特征。第二步,观看录像,熟悉目视法要领。执教者通过观察录像,对照已学过的表情特征来辨别其各种含义,逐步熟悉并掌握目视法的使用。第三步,综合训练,实践课堂观察技能。第四步,多元评价,巩固、强化技能的训练。

案例

探究光对鼠妇生活的影响

师:同学们,大家课下搜集了有关鼠妇生活习性的资料了吗?

生:(同学们积极发言)

师:(教师环视整个实验室,准备让学生来总结鼠妇的生活习性)谁能够给大家总结一下鼠妇的生活习性呢?

生:………

师:从同学们提供的资料,我们可不可以得出结论"鼠妇生活在阴暗潮湿的地方"呢?本节课,我们就来做一个有趣的实验,探究光对鼠妇生活的影响。

(教师通过多媒体展示分组情况)

生:(各小组经过热烈地讨论,制定了本组的实验方案,并开始进行实验。有的用硬纸板挡在玻璃上;有的用手电筒照射;有的让几名学生挡住一侧的光线。)

师:(在实验室中走动,观察各个小组的讨论及做实验情况,并对各个小组进行指导。)(这时,学生甲躲在实验室角落里,低着头悄悄玩着游戏机,教师便注视该学生,边注视边走到学生身边。)

生甲:慌乱地将游戏机收起来。

师:(没收学生甲的游戏机,并参与到该小组中,让学生甲做好记录,准备发言。)

(各个小组实验完毕,教师先让平日有尚佳表现的小组发言,两个小组发言后,教师把学生甲叫了起来,他有些慌乱,可能因为他平日是班里的"刺头",成绩很差,因此不怎么自信。)

师:(用充满鼓励的目光注视着他,并当着全班同学表扬他实验做得认真。)本实验说明了什么问题?

生甲:说明鼠妇喜欢在比较黑暗的环境中生活。

(教师让全班同学给他热烈的掌声,并投去赞许的目光。)

(课后,学生甲红着脸,低着头,主动走到教师面前说:"对不起,老师,我错了,以后我再也不上课玩游戏了,请相信我,今后一定好好上生物课,我保证。"教师把游戏机还给他,说:"我相信,你一定能成为好学生的。"从此以后,学生甲在生物课上有了不小的变化,学习成绩也有较大提高。)

活动

"角色扮演"课堂观察技能

活动内容:在一组(5~8人左右)的受训者中,一人扮演"教师"角色,其余扮演"学生"角色,与指导教师组成微型课堂,创设"真实"的中学生物课堂教学情境,并对教学实训过程进行现场实况录像。每一位受训者轮流扮演"教师"和"学生"。小组内其他成员需要对该组受训者进行评价。评价标准需要小组内讨论形成,基本框架可参照表4-2。

表4-2 师范生课堂观察技能测试标准

专业名称:_____ 学生姓名:_____ 年级:_____

评价内容	评价标准				
	优	良	及格	不及格	权重

活动步骤:

1. 每个受训者各自选择一个中学生物知识点,课前准备好所选知识点的课堂观察技能微格教学教案,时间控制在10分钟左右。
2. 课前,小组内讨论完成表4-2,确定师范生课堂观察技能测试标准。
3. 一人扮演"教师"角色,其余扮演"学生"角色。"教师"在教学过程中,重点观察"学生"的课堂表现,包括学习准备状态、学习态度、课堂气氛、课堂情绪状态等方面。"学生"角色的小组成员需要对"教师"角色的学生进行如实评定。
4. 受训者和指导教师及时进行沟通。"教师"扮演者表达自己课堂观察技能的实施情况,"学生"扮演者表达自己对"教师"的观察内容。指导教师对该交流过程进行组织和指导。
5. 重复步骤3,4。
6. 指导教师对该技能的实施情况进行归纳总结。

注意:扮演学生角色的受训者,既要注意与执教者教学互动,又要适当出点难题,制造点麻烦,以培养执教者的应变能力。

4.2 沟通技能

无论是家人、同事、朋友,还是师生、官民等都需要沟通,沟通是人社会化的重要历程和载体,沟通能实现人与人之间的和谐相处,融洽交往,和谐社会的建构从很大程度上依赖于沟通。课堂教学过程中,师生之间通过平等交流、真诚沟通、互相借鉴、取长补短,构建出富有创造性的、生成性的课堂。教师通过师生双向互动形式,运用沟通技巧,唤起学生的热情,激起学生的兴趣,达到有效教学。

4.2.1　沟通技能的概念及其意义

沟通是一种信息交流活动,人际沟通是人与人之间传达思想感情和交流信息的过程。沟通促进了具有不同社会角色的个人之间的相互了解,维护了特定的社会关系,确保了社会组织的稳定。

沟通技能是指教师主动与学生建立良好的人际关系并与学生有效进行交流与反馈,同时促进学生之间的交流与合作,帮助学生建立良好的人际关系,从而促进学生个性发展的重要教学行为。

教师的人际沟通能力是其专业能力的一个重要组成部分,它对学生今后的发展起到明显的引导和示范作用。调查研究表明,在课堂教学中,教师的"教"与学生的"学"是在沟通中进行的。教师在教育工作中,70%的错误是不善于沟通造成的。沟通是实现教学目标的重要手段。师生沟通的质量决定了教学在多大程度上的有效性。

师生间人际关系的品质同样决定沟通的质量,其质量同样决定教学的成效。大量的教育实践表明,学生先喜欢教师,再喜欢教师所提供的教育,接受教师所施加的教育影响。所以说,师生之间关系的好坏是决定教育成功的关键。

沟通技能能够促进学生之间的交流与合作,帮助学生建立良好的人际关系,从而促进学生个性的发展。教师具有与学生良好的沟通技能是实施素质教育的基本保证之一。

4.2.2　沟通技能的构成要素

在课堂教学中,教师与学生之间的沟通是一个全方位的复杂教学行为,它并不是单纯的技术性行为,它不但渗透在整个教学活动之中,而且认知和情感是相互交融的。所以沟通技能的构成要素主要有沟通情感、沟通目标、沟通手段、沟通反馈及沟通效果等五大要素。

1. 沟通情感

脑科学研究表明,每一个人不但有一个理智的大脑,还有一个情感的大脑。人的脑干调节生命的基本功能,这个部位谈不上思维与学习。自脑干又发展出情绪中枢,在情绪中枢之上又发展出思维中枢,这一部位称为"新皮质",它包裹覆盖在大脑球体的最外层。因此,人脑先有情绪中枢,再慢慢发展出思维中枢。情绪具有干扰思维的强大功能,这就是思维往往难以抗衡情感的原因。教师与学生沟通情感,建立良好的人际关系是开展有效教学的关键点。

沟通情感是教师与学生沟通的前提,没有这个前提作为基础,就失去了沟通的基本条件。教师的情感应有:尊重与接纳,真诚与信任,公平与合理,理解与宽容。

2. 沟通目标

任何信息传递都有目的地,明确的沟通目标标志着沟通的方向性。在课堂教学中,教师的沟通目标由教学任务决定,如认知目标、方法目标、能力目标、情感目标等。

3. 沟通手段

沟通手段决定沟通的信息传递方式,在课堂教学中教师的沟通手段主要有:口语表达、说服、批评、表扬与鼓励、移情、谈心、幽默、体态、暗示和沉默等。

4. 沟通反馈

事实上,大多数成功的教学沟通信息并不是线性单向传递的,它必须伴随着信息的反馈和矫正,然后达到教师对教学的预想目的。所以反馈是沟通不可缺少的要素之一。

5. 沟通效果

教师在课堂教学中通过沟通的手段,如果达到了目标,就是有效的沟通,如果没有达到目标则沟通无效。

4.2.3　沟通的主要类型

课堂教学是千变万化的,教师与学生沟通具有随机性特点,没有固定的一成不变的模式。由于教育对象个性不同,教学发生的情境不同,教师面对发生的事件也必然不同。即使是对同一学生或同一个事件,发生在不同的时间、地点都会有不同的处理方式。课堂教学中沟通的主要类型包括:

1. 言语沟通和非言语沟通

人们利用言语进行信息交流的言语沟通是人类最准确、有效的沟通方式。在学校里,师生的大多数沟通是通过言语进行的。

非言语沟通指通过言语以外的媒介而实现的沟通。其实现有三种方式:① 通过动态无声的表情、眼神、手势、动作等实现沟通;② 通过静态无声的衣着打扮、身体姿势、与沟通者的空间距离等实现沟通;③ 通过非言语的声音,如语调、语速、重音、节奏、语气等副语言进行的沟通。

2. 口语沟通与书面沟通

师生口语沟通时,双方可以及时得到对方的反馈信息并据此对沟通过程进行调节,使沟通准确、深入。但口语沟通的信息全凭记忆不利于备忘,且沟通者对发出的信息缺少反复斟酌的机会,容易失误。所以上课时,教师往往采用口语沟通和书面沟通相结合的形式与学生交流信息。因为书面沟通有准确性、持久性高的特点,可以弥补口语沟通的不足。

4.2.4　常见的沟通错误和障碍

活　动

1. 小组讨论:回想你所经历的教学过程中,教师存在哪些沟通错误或障碍?
2. 下列为影响沟通效果的因素,小组交流怎样克服这些障碍,提高沟通技能。
(1) 不明确沟通的目的;
(2) 教师自身信息贫乏;
(3) 不能对信息有效编码;
(4) 过于依赖言语沟通,不善于使用非言语沟通;
(5) 不会使用身体语言;
(6) 不会使用副语言;
(7) 口语沟通与书面沟通不协调;
(8) 不能正确利用、选择沟通网络;
(9) 不能正确利用背景;
(10) 不了解学生的知识状态、认知风格、情绪情感特点;
(11) 忽视、错误理解来自学生的反馈信息;
(12) 不能及时排除障碍。

在当今时代,作为一个教师,掌握常用的谈话技巧,掌握其中实用、细腻的沟通规则是很有必要的。为了做到这一点,教师有必要了解师生关系中常见的沟通错误和障碍。教学中常见的沟通错误和障碍主要有以下几种类型:

1. 教师的命令、控制、指挥与学生的情感阻抗

"闭嘴,说什么说!""你必须在放学之前给我把作业补上。""你,还有你,给我一边站着去。"这些语言在中小学课堂上不难听到,他们向学生传递的是居高临下、不可抗拒的信息。这种信息会给学生造成一种印象:他的感受、需求或问题并不重要,他必须顺从教师的感受与需要。这会使学生从内心滋生出对教师的恐惧、怨恨、恼怒甚至敌对、厌恶,由此产生师生交流中的情感阻抗。

例如,教师在课堂上训斥学生说:"你上课为什么大声讲话?给我闭嘴!"因为没有顾及学生的感受,只是教师单方面在发出信息,学生在没有得到尊重的状况下,有可能对教师产生怨恨、恼怒和敌对情绪,如顶撞、抗拒、故意考验教师,甚至大发脾气。

2. 教师的警告、威胁与学生的表里不一

"如果你再这样下去,我要对你采取一系列的措施了!""如果你再不改,我就打电话给你的家长,叫家长来见我!"……教师常常出于一种负责任的态度,对学生提出这样的严正警告。这种信息与命令、控制、指挥很相似,只是再加上不服从的效果。学生听后可能会感到恐惧和屈从,有时可能对此做出老师不希望的反应,如"好啊,我不在乎!"或"随你便,我就这样!"等等。就算老师叫来了家长,学生的态度也是完全保持消极状态的沉默,干脆不与交流。所以,教师的警告和威胁,其结果是学生表面上顺从,内心却充满了对抗与敌意,长此以往他们的人格会变得扭曲。

3. 教师的训诫、说教与师生间的信息知觉错位

"你都16岁了,应该懂得做人的道理,你现在应该……""如果你听从我的劝告,你就会……"等等,这种信息的表达,在向学生表达教师不信任对方的判断,并认为对方应该最好接受别人所认为对的判断。虽然教师是在苦口婆心地向学生传授做人、做事的道理,但这背后隐含着教师对学生的轻视与不信任,学生感觉到自己与教师之间地位的不平等,感受到教师在运用权威,学生容易对教师产生防卫心理。这类训诫的信息对于年级越高的学生而言,"应该"和"必须"的信息越容易引起抗拒心理,更容易激起他们强烈地维护自己的立场。

4. 教师的中伤、归类、挪揄与学生的反击心态

"你以为你很聪明吗?不要自以为懂得很多了!""你怎么这么贪玩,一点也不像快要考试的人!""我就知道你不行!""你和社会上的小混混有什么不同!"……这样的语言都是属于中伤、归类、挪揄的,它的后果是让学生感到自尊心受到伤害。学生对这些言语是最厌恶的,因为自己得到了否决,觉得自己没有什么价值,有的学生会因此更为消沉,有的学生随之会出现反击心态。所以,这些言语对学生的成长是很不利的。

5. 教师的敷衍塞责与学生的心灵闭锁

有的教师习惯一边忙手头上的工作一边询问学生;有的教师一边与学生说话,一边左顾右盼,这些都是不恰当的行为。在学生看来,教师的这些表现意味着自己是被轻视的,教师对与自己谈话不感兴趣或不以为然。学生心中会产生受屈辱的感觉,这种感觉会让他们的心灵之门紧闭。

6. 教师的无意识倾听与学生的真意扭曲

有的教师总是认为师生关系是接受关系,教师是中心、是表演者,学生是观众、是听众,因而没有倾听的意识和习惯。在课堂教学中,经常会出现以下三种不当的倾听方式:残听,教师的倾

听只是为了满足自己的需要,因而他只会关注符合自己需要的声音;虚听,教师只是表面上听,并没有对学生的需要、创造性的火花给予应有的关注;错听,把学生的真意扭曲或丢失,取而代之的是主观的臆断。教师如果不懂得倾听学生,就不会了解学生内心的真实感受。教师在与学生的对话中,只是把主要的注意力放在说服学生,单项输送信息给学生,而不是先听学生说。

例如,"今天找你来是要与你讨论你这次考试失误的事情。你存在的问题是粗心,记住:下次考试要细心!"等等。其实,学生有时考试失误未必是因为粗心,也许是睡眠不足导致学习时注意力不集中,也许是情绪原因,也许是对考试的重视程度不够等。教师找学生来谈话,目的是帮助他找到失误的原因,但教师单方面的只说自己的意见,没有聆听学生的想法,也就导致谈话无效。

7. 教师的随意指责和批评与学生的逆反心理

随意指责学生是教师常犯的一个沟通错误。很多教师认为批评学生是为了帮助学生,但是过多随意的指责批评会导致相反的结果。学生对自身的评价大多是汇集父母、教师以及生活上具有影响力的人对他们的评价所形成的。教师轻易地指责批评较其他信息更令学生感到自卑、不安。学生的反应往往是:"你也好不到哪里去!"在学校中最常得不到学生尊重的教师是经常对学生施以否定评价的教师。面对这样信息的时候,学生会出于自尊心维护自己的形象,也会因为这种批评导致学生以后在教师面前掩饰自己的感情,不愿将内心世界向教师打开,进而堵塞了师生之间的沟通渠道。

以上内容概括性地介绍了师生之间存在的沟通错误和障碍。其实,每个学生都拥有一颗涌动生命活力、时刻期待与教师对话、沟通和交融的心灵,教师只要真正用心去与学生进行沟通,明确不正确的沟通方式和语言,有效克服和排除沟通错误和沟通障碍,就能找到打开学生心灵之门的钥匙。

4.2.5 有效沟通的基本条件

著名组织管理学家巴纳德认为,沟通是把一个组织中的成员联系在一起,以实现共同目标的手段。所谓有效沟通,是人与人之间的思想和信息的交换,是将信息由一个人传达给另一个人,逐渐广泛传播的过程。

学校的有效沟通是为了实现办学目标,把信息、思想和情感在个人或群体间传递,并达成共同协议的过程。教师与教师之间,教学部门之间,各学科之间,教师与社区、家长之间,以及其他各个方面之间,特别需要彼此进行有效沟通,互相理解,互通信息。然而,在现实生活中,人与人之间却常常横隔着一道道无形的"墙",妨碍彼此的有效沟通。尽管现代化的通信设备非常神奇,但却无法穿透这种看不见的"墙"。如果有效沟通的渠道长期堵塞,信息不交流,感情不融洽,关系不协调,就会影响工作,甚至使各项工作每况愈下。

1. 理解学生的情绪与感受是有效沟通的第一步

教师首先要表示理解,理解学生现在所承受的压力和心情。理解有助于建立互相信赖的师生关系,在此基础上与学生进行沟通,表达自己的内心感受。人的情感是非常细腻的,包括孤独、害怕、快乐、疯狂、兴奋、激动、忧伤、妒忌、尴尬。教师普遍地对学生的情感关注得不够细腻,所以常常在某些细节上,无意之中伤害了学生。例如,一般而言,教师不认为孤独是一种伤害学生的情绪;还有妒忌,教师常常在同学面前、同事面前表扬某个学生,弄得其他学生产生妒忌心理。这样,其实对学生的自信心是有伤害的。教师要注意保护学生的积极情绪,要关注学生的情绪和感受,看看学生脸上的表情,看看学生整个的心理状态,而不要一见面就问学生学习的情况。成绩往往会有起伏,教师一定要宽容对待。

2. 倾听时要关注细节是有效沟通的第二步

教师一定要关注学生所说的每一个细节。在跟学生沟通的时候,要听学生说话,观察学生的表情,揣摩学生的心理活动。一定要专注,不放过每一个细节。特别是对于毕业班的学生,教师更要注意一些细节问题。

3. 学生说,教师听是有效沟通的第三步

教师要认真倾听学生的讲话。传统的学校教育,是教师在说,学生在听,效果往往不太理想。教师可以自己当听众,让学生来说。这样,不仅学生的情感和思想会得到充分的宣泄和表露,而且学生在说话过程中也能够得到充分的反思,这是最有效的沟通方式。[①]

4.2.6 沟通技能的培养

教师在培养沟通技能时应注意把握以下几点:

1. 熟练把握课堂沟通特点

课堂沟通不是零乱的、无序的、失衡的、失控的,课堂沟通应有以下四个特点:

第一,整体性。从宏观上看,每一堂课的沟通都是由相互联系、相互作用的若干要素组成的一个有机整体。

第二,层次性。课堂教育沟通内容结构既然是一个整体,必然要有层次,如一堂课沟通的中心问题,先沟通什么,后沟通什么,都要有一个顺序,这便是层次。

第三,动态性。一堂好课是一个动态的过程,每堂课的开始,按照教学的相容性和平衡性组织起来的教学沟通,各个环节都处于平衡、协调的状态。但是随着课堂沟通的充分展开,特别是学生的积极性被充分调动后,沟通中会出现意想不到的新情况,学生的创造性思维随时可能打破这个平衡。

第四,可控性。课堂教学沟通系统是动态的,又是可控的。尽管构成教学沟通整体的部分和环节是多种多样的,各部分、环节间的关系又是错综复杂的,但并非是混乱无序的,而是按照预先设计的目标进行的。

2. 构建课堂学习群体

课堂沟通的顺利进行,关键是课堂学习群体的建立。课堂沟通实际上是在教室中创造一种师生间的交往和合作关系。课堂的交往行为是指师生间平等地通过符号协调地互动,通过对话式的思维碰撞,达到人与人之间的相互理解和一致,以实现知识的传授和能力的培养。在课堂这一特殊的环境中,在教师的引导下,充分调动学生的积极性,实现教育沟通,形成学习群体,通过同伴探讨的方式实现教育沟通。师生作为学习群体,平等地共同研究探索,在彼此尊重与期待的前提下,通过研究探索,实现发现和创新。著名特级教师魏书生先生的做法就是最好的例证,他让每一位学生学有所长,成为各种小专家,然后由学生来教学生,让学生形成一个运作良好的学习群体,从而达到事半功倍的教育效果。

课堂学习群体的形成,最大的作用是为激活和融通学生大脑中的固有知识提供了机会和保障。从脑科学理论来看,学生的大脑是一个信息库,储存着大量的信息材料。当新的信息材料输入脑信息库时,常常会引起信息库中的信息碰撞和变动。新的信息或独自在信息库中占有一席

---

① 雷鸣.有效沟通在教学中的作用[J].科技信息(科学·教研),2008(22):617.

之地,或与信息库中原有的信息相互融合,或将原有的信息排挤出去,取而代之。课堂学习群体的沟通,加强了信息的互动交流,激活了学生大脑中的固有信息,加速了新旧信息间的碰撞、变动和融合,从而达到教学的目的。

3. 创设课堂沟通的环境

虽说影响课堂沟通的关键是教师和学生的思维方式,但在课堂中创设一个良好的、便于沟通的环境也是十分重要的。构成课堂环境的因素可分为两种:一是物的因素;二是人的因素。从物的因素来看,开放式的课堂布置,较为自由而又相对集中的座位安排,现代化的沟通设备,如多媒体教学设备等,都为师生间的充分沟通提供了物质保障;从人的因素来看,要创造一种师生间的平等和民主的氛围,让学生有机会和勇气大胆地表达自己的观点,实行有效的沟通。培养师生间彼此信任和尊重,养成宽容的习惯,特别是教师对待学生的错误,要有最大的宽容、理解和接受。

4.2.7 沟通技能的实施

在师生沟通的过程中,教师仅仅拥有良好的意图是远远不够的,因为好的出发点不一定能产生良好的沟通效应,要想取得良好的沟通效果,教师还必须注意并处理好以下几个问题:

1. 语言沟通与非语言沟通方式并重

谈到沟通,许多教师往往认为所谓沟通其实就是语言交流,这是一个误区。事实上,除了诉诸听觉的语言交流之外,非语言沟通在课堂教学中也起着非常重要的作用,如果运用得好,甚至可以达到"此时无声胜有声"的效果。

2. 知识传授与情绪感染、情感沟通并行

每个学生都有着丰富的内心世界,其身心都处于发展变化时期,心智还不成熟,他们在面对挫折、困难以及教师的批评和家长的责备时,难免会出现忧郁、无助、悲观、沮丧等消极的心理感受。通过师生沟通,培养学生的积极情感,促进其心理发展和人格成长,教师在这一方面责无旁贷。同时,学生的心理状态能促使学生积极、主动、高效地学习,而令人欣喜的学习成果又将巩固和强化学生的良好心理状态。

3. 善于反馈

善于反馈主要指两方面:一是教师要善于捕捉学对教的反馈信息;二是教师要善于向学生传递与其学业有关的反馈信息,特别应注意及时让学生知道自己的学习结果。及时反馈可以给学生提供有用的矫正信息,使其了解自己的成绩和不足,激起进一步努力的愿望,有利于学生巩固所学知识,提高学习效率。

4. 富于"同理心"

"同理心"主要包括三个方面:① 站在对方的立场去理解对方;② 了解导致这种情形的各种复杂原因;③ 让对方感受到自己的诚意。在师生交往过程中,如果教师能够从学生的角度去感知学生的情绪、意愿和态度,并有效地将这个真实的个人感受传递给学生,学生会感到自己获得了理解和尊重,这有利于形成良好的师生关系,也将为有效的沟通打下基础。

5. 展现个性,塑造完美人格

师生双方的沟通是以个性为基础和桥梁的沟通,教师在师生沟通中处于主导地位。因此,教师的个性在很大程度上会影响沟通的成效。教师在教学工作中应努力塑造良好的人格,这些良好的人格特质主要有:① 高度自觉的自我意识;② 强烈的责任心;③ 对挫折的耐受力。

案例

探究影响酶活性的条件
武佳佳(山西忻州一中)

(一)创设情境,导入新课

师:想必大家都有过发烧的经历吧,当发烧时,你有什么感觉呢?

生:食欲不振,浑身不舒服。

师:这是为什么呢?其实生命体的细胞内发生着许多复杂的化学反应,这些化学反应之所以能够在温和的条件下进行,是因为有酶的催化。那么酶在发挥它的催化作用的过程中,会受到哪些因素的影响呢?日常生活中还有哪些现象与酶有关呢?

(二)讨论假设

生1:我发烧时感到食欲不振,浑身不舒服,是不是与温度影响我体内酶的活性有关呢?

生2:我看到加酶洗衣粉的注意事项上写着:要倒入低于60℃的水中。看来温度是影响酶活性的因素。

生3:除了温度外,酸碱度会不会影响酶的活性呢?

生4:重金属离子会不会影响酶的活性呢?

学生们畅所欲言,都想了解并关注此问题。

(三)设计方案

师:刚才大家凭着自己的生活经验和理解,提出了各种假设和猜测,你的假设和猜测对吗?这还需要同学们进一步找出证据来加以证明。下面按实验台分成六组,请每一组的同学讨论一下你打算怎样设计实验来证明你的假设。(教师巡视)

师:刚才我巡视了一下,每个小组都有了自己的设计方案,现在请每组选派一名同学陈述你们讨论的结果,小组其他成员可以补充,别的同学有不同意见可以发表。

A组生:我们小组打算探究温度对酶活性的影响,因为这对日常洗衣服有帮助。选择的材料是:淀粉、唾液淀粉酶、碘液等,根据淀粉遇碘变蓝的原理,观察不同温度下的实验现象。我们对实验结果的预测是:若温度有利于酶活性的发挥,则不变蓝色;若温度不利于酶活性的发挥,则变蓝色。(整个过程,小组其他同学投影展示实验方案:取3支试管,先后加入可溶性淀粉、唾液淀粉酶、碘液,然后将试管分别放入0℃、37℃、100℃水中,最后观察现象。)

某同学提出异议:我觉得他们的方案不够好,最后控制温度条件太迟了,淀粉都已经被分解了,根据现象得不到正确的结果。

师:大家同意他的意见吗?那么应该选择在什么时候控制温度呢?

B组生:我们也是选的这个课题,但我们选择控制温度的时间是在加淀粉和淀粉酶之间,其他步骤可任意调换,这样就可以保证不同组的淀粉酶在不同温度下充分发挥它的作用了。

师:大家认为他的看法怎么样?调换步骤,就多了一个方案。

某生：这些方案都很好，但我认为还是不完整。我认为加试剂的量也要控制，因为只有加入等量的试剂，才能保证最后结果不同只是温度的影响，而不是所加试剂的量不同造成的。

师：很好，这就是我们平常所说的单一变量原则，这里的单一变量就是温度。还有其他方案吗？

C组生：我们这一小组探究的是pH对淀粉酶活性的影响。选择的试剂是：淀粉、NaOH溶液、HCl溶液、pH试纸、唾液淀粉酶和碘液。实验过程中控制不同的pH（酸性、中性、碱性），比较淀粉的分解情况。（小组其他同学配合投影设计方案：取三支试管编号1、2、3，依次加等量淀粉，分别加等量的NaOH溶液、HCl溶液、蒸馏水，37℃保温5分钟后滴加碘液。预测结果：不变蓝、不变蓝、变蓝。）

师：这是一个新的探究课题，大家认为他们的方案如何？

D组生：我同意他们的方案，原理清楚，步骤安排合理，同时还注意了控制单一变量。

师：很好，还有没有其他的探究方案？

E组生：前面的几个小组都是用碘液来检验反应物淀粉是否存在。我认为还可以用斐林试剂来检验淀粉被分解成麦芽糖的情况。我们采用的方案和C组相同——控制pH不同来研究酶的活性。前面3个步骤和C组相同，只是第4步变为各加入1mL斐林试剂并加热至沸腾，观察颜色变化。

（四）实验探究

师：根据同学们的讨论，我们有了很多方案，接下来的活动很重要，要求各组根据你们制订的方案来进行实验。实验桌上已经为大家提供了自助餐式的实验用品，大家根据实验所需，自选材料。

（五）表达交流

师：好，实验操作都已经做完了，现在请大家把各自的研究结果和收获交流一下。

A组生：我们研究温度对酶活性的影响，将控制温度这一条件放在最后，结果实验效果不明显，说明在实验开始时的室温下，淀粉已经被淀粉酶水解了一部分，我们的方案还要再完善。

B组生：我们小组控制温度这一条件放在加淀粉与加淀粉酶之间，实验现象与预期相同，证明了我们的假设：温度对酶的活性有影响。在设定的三个温度下，37℃下唾液淀粉酶活性最高。

师：非常好，实验方案不管是成功还是不成功，都让我们有很大的收获。

E组生：我们研究的是pH对酶活性的影响，用的检验试剂是斐林试剂。效果也很好，唾液淀粉酶的最适pH在7左右。

师：还有其他研究结果吗？

C组生：我们也是研究pH对淀粉酶活性的影响。用碘液来检验，实验现象与预测不同：加NaOH的那支试管，我们预测将会由于pH过大，影响淀粉酶的活性，淀粉不会水解，加入碘液后应该出现蓝色，实际并没有变蓝，不知道问题出在哪里？

D组生：我们也遇到了类似的问题。

师：看来这个问题带有一定的普遍性，请大家帮助解决一下吧。（学生开始讨论）

生：刚才我们经过讨论，认为是加入的少量碘液与 NaOH 发生了反应。（其他同学点头表示认同）

师：解释得非常好，看来生物和化学的联系还是很大的。

（六）得出结论

师：刚才大家进行了深入的探究，我们可以得出什么结论呢？

某生：我认为结论已经很清楚了：在探究影响唾液淀粉酶活性的条件中，通过实验证明了高温、低温、过酸、过碱都影响酶的活性。所以我们在平时保存酶时，应注意控制好温度和酸碱度。

师：总结得非常好。刚才我们探究的是唾液淀粉酶，其他酶的情况又如何呢？还有什么条件影响酶的活性呢？同学们知道如何去研究吗？

这个问题留给大家课后去研究吧，我们的实验室每天下午第二节课后都是开放的，你可以利用下午第二节课后来探究。

(摘自：武佳佳.探究影响酶活性的条件[EB/OL].[2008-07-14].
http://2008.cersp.com/article/browse/3134364.jspx.)

活 动

1. 仔细研读上面这个案例"探究影响酶活性的条件"，小组内评价该案例中教师沟通技能的实施情况。评价标准参照表 4-3。

表 4-3 师范生沟通技能测试标准

专业名称：_____ 学生姓名：_____ 年级：_____

评价内容	评价标准				权重
	优	良	及格	不及格	
课堂交流能够紧扣教学目标					0.20
课堂交流时机把握恰当，注重因势利导					0.15
课堂交流方式灵活多样，凸显学科特色					0.20
课堂交流主体多样，充分体现师生平等					0.15
课堂中教师能够关注全体学生，注重师生、生生互动					0.15
课堂交流气氛活跃、热烈、和谐，交流效果显著					0.15

2. 各小组成员选择一个中学生物知识点，课前准备好所选知识点的沟通技能微格教学教案，时间控制在10分钟左右。

3. 一人扮演"教师"角色，其余扮演"学生"角色。"教师"在教学过程中，充分展现自身的沟通技巧，重点突出师生间的互动和沟通。"学生"角色的小组成员需要对"教师"进行如实评定。

4. 师生及时进行沟通。"教师"扮演者表达自己沟通技能的实施情况，"学生"扮演者表达自己对"教师"沟通技能的建议。指导教师对该交流过程进行组织和指导。

5. 重复步骤3,4。

6. 指导教师对该技能的实施情况进行归纳总结。

4.3 课堂教学组织技能

良好的课堂环境、良好的课堂秩序是课堂教学得以正常进行的重要条件。在教学改革思潮的涌动下,学生主体地位逐步得以确立,学生正以学习主人的身份,以更广阔的知识视野,更灵活的思维方式,更活泼的行为举止参与到教学过程之中。这种情况使得教师的课堂教学组织水平逐步发展,成为影响课堂教学成败的具有决定性意义的因素,使得课堂教学组织技能成为教师必备的基本功。

4.3.1 课堂教学组织技能的概念及其意义

一个具有良好纪律和正常秩序的课堂教学环境并不是自然形成的,它与教师的组织和管理工作密切相关。可惜的是,很多教师只知道管理好纪律、维护好秩序的重要性,而并不知道如何才能使课堂纪律良好、教学秩序正常。不正确的课堂教学组织方式,不仅使教师心力交瘁,而且还浪费了不少教学时间,教学效果自然大打折扣。只要我们采取正确的、科学的、行之有效的方法和措施,就能做好课堂教学的组织工作,创建一个纪律良好、秩序井然的课堂教学环境,不断提升自己的教学水平和教学效果。[①]

课堂教学组织技能是在课堂教学过程中,教师不断组织学生注意、管理纪律、引导学习,建立和谐的教学环境,帮助学生达到预期课堂教学目标的行为方式。

课堂教学组织技能的实施,是使课堂教学得以动态调控,使教学顺利进行的重要保证。它不仅影响到整个课堂教学的效果,而且与学生思想、情感、智力的发展有密切的关系。一个组织方法得当、秩序井然的课堂,学生的注意力集中,教师循循善诱,必然会使课堂教学得到好的效果。

教师的课堂教学组织是课堂活动的"支点",它决定了课堂进行的方向。教师和学生都可以参与课堂教学组织,而其中教师在组织行为中是起主导作用的。组织行为可以占课堂的一段时间,也可能是简单的一两个字,有时也和其他教学行为同时出现。所以课堂教学组织技能贯穿于整个课堂教学活动的始终。

教师的课堂教学组织技能是有序实现课堂教学的保证,它可以及时控制课堂纪律混乱的局面,可以有效调控学生的不良学习行为,把学生引导到正确的学习轨道上来,有利于学生良好学习行为习惯的养成。

教师在课堂教学过程中运用组织技能具有以下教学意义:

(1) 组织和维持学生的注意

中小学生注意的特点是,有意注意逐渐发展,无意注意仍起主要作用,情绪易兴奋,注意力不稳定。为了有效地组织学生的学习,教师必须重视随时唤起学生的注意。正确地组织教学,严格要求学生,对唤起有意注意起着重要作用。它既有利于学生有意注意习惯的养成,也有利于意志薄弱的学生借助外因的影响集中有意注意。因此,教师向学生提出正当合理的要求,建立正常的课堂常规,都有唤起和维护学生注意的作用。

---

① 李耀新. 课堂的组织与管理[M]. 广州:暨南大学出版社,2005:2.

(2) 激发学习兴趣和动机

采用多种教学组织形式是激发学生兴趣,形成学习动机的必要条件。在教学中,教师根据学科特点、知识特点和学生的年龄特点,采用不同的教学组织形式,能够调动学生学习的积极性,使他们兴趣盎然地参与到教学中来。学生的学习兴趣和学习愿望,总是在一定情境中发生的。离开了一定的情境,他们的兴趣和愿望就会成为无源之水、无本之木。

(3) 增强学生的自信心和进取心

在课堂秩序管理方面,采用不同的组织方法对学生的思想、情感等方面会产生不同的影响。当学生出现课堂纪律问题时,是采取叱责罚站、加大作业量等方式给予惩罚,还是分析原因,启发诱导,实事求是、合情合理地进行解决? 这是个值得深思的问题。如果惩罚不当,就会增加他们的失败感、自卑感,挫伤他们的积极性,甚至会对教师、家长产生反感;反之,如能激发学生的积极性,促使其奋发努力,则可以产生积极的效果。

任何学生都有自己的特点和长处。教师在组织课堂教学的时候,对于个别学生既要严格要求、认真管理,又要看到他们的长处,肯定他们的长处,因势利导地进行教育。只有这样,才能逐渐增强他们的自信心和进取心,克服缺点错误,向好的方面转化。

(4) 帮助学生建立良好的行为标准

良好的课堂秩序,要靠师生的共同努力才能建立。中小学生的行为有时并不一定符合学校或社会对他们的要求,这就需要教师在讲清道理的同时,用规章制度所确立的标准来指导他们、教育他们,使他们逐渐懂得什么是好的行为,为什么要有好的行为,形成自觉的行为,养成良好的习惯。帮助学生履行规则,实现自我管理,树立良好的行为标准,是教师在课堂上对学生进行思想教育的一个重要方面,是课堂教学组织的任务之一。

(5) 创造良好的课堂氛围

课堂气氛是整个班级在课堂上情绪和情感状态的表现,只有积极的课堂气氛才符合学生求知欲旺盛的心理特点。师生之间、同学之间的关系融洽和谐,才能促进学生的学习和思维的发展。从教育的角度来看,良好的课堂气氛,是一种具有感染力的、催人向上的教育情境,使学生受到感化和熏陶,产生感情上的共鸣;从教学的角度来看,生动活泼的课堂气氛,会使学生的大脑皮层处于兴奋状态,易于全身心地投入学习,更好地构建知识,并且能够使所学知识掌握牢固、记忆长久。

4.3.2 课堂教学组织技能的构成要素

课堂教学组织技能是一种综合性的技能,除了其他多种技能的构成要素均对其有影响外,它本身还受提出要求、安排程序、指导引导、鼓励纠正和总结等几个要素的直接影响。教师必须深刻领会这些要素的含义和作用,熟练对这些要素的组合技巧。

1. 提出要求

提出要求的作用一方面在于维持课堂秩序,一方面在于不断集中学生的注意力,使学生了解每个教学环节和教学步骤的意义,推动课堂教学过程顺利发展。因此,提出要求并不是简单地告诉学生该干什么,而是扼要地对学生说明应该进行什么活动,为什么要进行这种活动,怎样进行这种活动,以及在时间和纪律等方面的要求。提出要求,除了要在课的起始向学生提出总体说明外,更重要的是要在各个教学环节之间或各个知识点的转换处作出交代。

2. 安排程序

在提出要求以后,有时还需要进一步向学生说明进行某项活动的详细程序,以便使学生大体上遵循相同的步骤去完成同一项任务,在同样的时间内达到一个共同的目标。

在组织学生观察、讨论、自学、练习和游戏时,都需要教师事先设计好操作程序并对学生加以说明。讲解和说明这些程序时可以在提出要求后即作出整体说明,或在学生活动过程中逐步进行解释,也可以两方面兼顾。

3. 指导和引导

在学生活动过程中,还需要教师在提出要求和安排程序的基础上,进一步进行指导和引导。指导,是侧重于对学生操作方法和动作方式的肯定或矫正,可以保证学生及时了解该怎样行动,从而训练基本技能。因此,指导多用于观察、自学、练习等方面。引导,是侧重于对学生思维的启迪和注意力的转移,可以保证学生的思路通畅和教学过程的连续。因此,引导多用于听讲、观察、讨论等方面。

指导的对象包括全体学生和个别学生。例如,在学生练习之前,教师可以对全体学生提出要求和指导完成某项任务的具体方法;在学生练习过程中,教师要加强巡视,对基础薄弱学生进行重点指导。引导的对象包括全体学生、部分学生和个别学生。例如结合导入,把全体学生的注意力引向一个共同目标;在讨论过程中,对各个小组的学生进行有针对性的不同引导;结合提问,对个别学生进行引导等。

4. 鼓励和纠正

鼓励和纠正是教师对学生活动效果的一种反馈,是对学生期望心理的一种回应。及时的鼓励和纠正,一方面可以强化对课堂教学的组织,另一方面可以维持学生的主动性和积极性。鼓励和纠正的时机非常重要,需要在学生活动产生了一定效果之后进行。过早的鼓励或纠正,容易使学生自足或自卑,反而削弱了积极性和进取心。过迟的鼓励或纠正,又可能使学生的期望值落空,导致注意力的转移。鼓励和纠正应该密切结合,尽量避免单一的鼓励或纠正。鼓励和纠正都要有即时性和迅捷性,因此除了运用语言以外,以眼和手示意也很有效。

5. 总结

总结是对学生活动情况和取得效果的全面评述,是对教学信息的进一步强化。通过总结,可以使学生从整体上和更高层次上巩固所学习的内容。因此,总结是课堂教学组织的不可缺少的一个要素。总结除了在全课的结尾进行外,还应在各个知识点的承转处作适当安排。总结应该简明扼要,内容应包括两方面:一是对本课内容的结构化综述;二是对学生活动状况,如态度、纪律、成绩与不足等问题的评价。

4.3.3 课堂教学组织技能的应用原则与要点

1. 明确目的,教书育人

教书育人是课堂教学组织的重要任务。通过课堂教学组织的作用,使学生明确学习目的,热爱科学知识,形成良好的行为习惯。在各科教学中,都渗透着大量的德育因素,在传授科学知识的同时对学生进行思想教育,最有吸引力和说服力。在教学中教师严谨的治学态度,精湛的教学艺术,高度的责任感,对学生都有言传身教、潜移默化的作用。这些不仅会影响到学生的学习态度,而且会影响到他们的纪律行为。

2. 了解学生，尊重学生

每个学生都有自己的兴趣、爱好和个性特点。在课堂上，教师只有了解学生才能根据每个学生的不同特点，用不同的方法进行教育和管理。如对于不善于控制自己的学生，要多督促与指导，帮助他们学会管理自己；对于身体欠佳或有思想情绪的学生，要采取提醒、鼓励的方法。在对学生进行管理的时候，要尊重他们的人格，坚持正面教育，以表扬为主，激发积极因素，克服消极因素。因此，有经验的教师发现学生注意力不集中时，不是斥责、挖苦讽刺，而是通过多种方式给予暗示或引导。即使对个别学生，也不在课堂上当着全班同学的面斥责他。一般是课上冷处理，课下解决问题。

3. 重视集体，形成风气

舆论是公正的、有威力的。良好的课堂风气一旦形成，可使学生在集体中得到熏染和教育。先进班级有一种特别的气氛，这种气氛就像雨后田野上的春风，清新、温暖、沁人心脾、令人振奋。那些不守纪律的孩子一走进那个教室，就情不自禁地有所顾忌和收敛，时间久了，就被教育和熏陶过来了。

集体的精神世界和个人的精神世界是相互影响的。每个人从集体中汲取有益的东西，从集体中得到关心和帮助，在集体的推动下不断进步。每个人丰富多彩的精神世界，又使得集体生动活泼，显示出无限生机。

4. 灵活应变，因势利导

教育机制是指教师对学生活动的敏感性，以及能对学生所发生的意外情况快速地做出反应，及时采取恰当措施。主要体现在机敏的应变能力，能因势利导，把不利于课堂的学生行为引导到有益学习或集体活动方面来，恰到好处地处理个别学生问题；或根据实际情况，灵活地运用多种教育形式和方法，有针对性地对学生进行教育。

5. 不焦不躁，沉着冷静

遇事不焦不躁是教师的一种心理品质。它是以对学生的热爱、尊重与理解，及高度的责任感为基础的。只有这样，教师才能公正地对待每一个学生，尊重和维护学生的自尊心，耐心地引导他们进行学习。也只有这样，才能在遇到意外情况时，沉着冷静，不为一时的感情所冲动。处理问题时，随时意识到自己对社会、对学生所承担的责任，考虑自己行为的后果。从教育的根本利益和目的出发，处理好所面临的各种复杂问题。[①]

4.3.4 课堂教学组织技能的主要策略

常用的、有效的组织教学的策略有以下几种：

1. 用目光环视组织教学

教学实践证明，教师富有表现力的眼睛，往往胜过生动的语言。慌乱中的、走神的学生，一旦看到教师注意自己了，也就迅速平静下来了。用目光环视全班，使每个学生都在自己的目光注视之下"一览无余"，常常可以收到"此时无声胜有声"的效果，达到组织教学的目的，以保证课堂教学的顺利进行。

---

① 孟宪恺. 微格教学基本教程[M]. 北京：北京师范大学出版社，1992：144.

2. 用情感组织教学

古人说"感人心者，莫先乎情"。当代教学论指出，教学过程是师生之间情感交流、心理互换的过程。通过情感的传递去影响学生，也能达到很好的组织教学的目的。当学生因困倦无精打采时，教师的饱满精神会使他们受到感染而提起精神；当学生慌乱、注意力不集中时，教师的平静、专注，会使他们受到影响而集中注意力；教师进入意境，感情充沛地讲授，会唤起学生感情上的共鸣；教师对学生的尊重、信任、热爱，会被学生所觉察并产生一种神奇的力量。因此，教师的情感，在组织教学中有异乎寻常的作用。

3. 用语言艺术组织教学

教师的语言在传授知识、启迪智慧、培养能力方面的作用，在专题2中已多有阐述，这里不再赘述。但从组织教学的角度来看，教师的语言艺术同样起着举足轻重的作用。课堂教学中，教师可运用语调、语速的变化，富有感染力、鼓动性、幽默感的语言吸引学生，使学生集中注意力，认真听讲。因此，用语言艺术组织教学，是教师进行课堂教学的重要技能。

4. 运用注意规律组织教学

课堂教学中，教师还要善于运用学生的有意注意和无意注意的相互转化规律来组织教学。如教师发现学生听课注意力不十分集中时，可以加重语气强调"同学们，这个问题很重要，请大家注意听讲"。这样全班学生就会集中注意，主动地与教师配合，用顽强的意志来完成学习任务。但如果只凭有意注意，时间持续过久，脑细胞就会产生抑制现象。因此，教师还要善于将有意注意转化为无意注意，使教学活动成为有趣的事，让学生乐而不倦。但是，如果只凭无意注意，又不能很好地完成教学任务，因为无意注意不能持久，它往往随着特殊刺激的减弱而消失。因此，使两种注意巧妙结合，交错有致，才能成功地组织教学。

5. 用激疑法组织教学

教师根据教学的内容和目的，有计划地向学生提出问题，并引导学生进行积极思考。问则疑，疑则思。教师通过一个个相互联系的问题，布障设疑，激起学生的疑问，通过释疑使问题步步深入，使学生产生"山重水复疑无路，柳暗花明又一村"之感，进一步激发他们强烈的求知欲望，从而收到良好的组织教学的效果。

课堂教学组织的技能还体现在教师对课堂教学中各种偶发事件能否迅速而妥善做出处理的教学机智上。这需要教师不断学习，积累经验，逐步形成行之有效，并具有自己独特风格的课堂教学组织的技能体系。

4.3.5 课堂教学组织技能的实施

组织好课堂教学，是提高教学质量的关键所在，是对教师的基本要求。如何组织好课堂教学，是摆在每一位教师面前的一个非常严峻、绝不可轻视的问题。

1. 充分认识组织课堂教学的重大意义

课堂教学是教师向学生传授知识的主渠道，组织好课堂教学，抓好课堂纪律，是提高教学质量的重要方面，是教风好坏的直接体现，它关系到学生的进步，关系到教师本人的威信，也关系到学校的声誉。教师应该首先认识到严格组织好课堂教学的重要性，从而下决心组织好课堂教学。

2. 自身具备丰富的专业知识

俗话说:"打铁先要自身硬"、"要想给学生一碗水,你自己至少应有一桶水"。作为一名教师,必须具备丰富的专业知识。当然,除了具备自身已有的专业知识以外,还要不断增长新的知识。

3. 精心设计课堂教学环节,创设宽松和谐的课堂氛围

课堂教学是艺术园地,这一园地应该百花齐放。评价一堂课好坏的标准,不应当是这节课多热闹,讲的内容有多少。一节课好坏的主要标准,只能看学生是否在进行积极思维,教师的讲解与学生的思维之间是否有一根看不见的线紧紧维系着。一堂课是否讲得生动、成功,重要的不在教材,也不在学生,而在教师。教师倘若把教学环节设计得合情、合理,那么任何内容,讲给任何学生,都会产生吸引人的效果。

4. 在课堂教学过程中,掌握并运用有效的教学方法

要想组织好课堂教学,在其自身具备丰富的专业知识的前提下,还要有传授给学生知识的教学本领。如果一个教师有一肚子的知识学问,但他讲不出来,那么他就无法组织好课堂教学,也算不上是一名合格教师。同样是课堂,有的教师视为畏途,有的教师视为乐园。同样的内容,一位教师讲,学生学得兴趣盎然,忽而眉飞色舞,忽而屏息凝神,觉得上课是一种享受。换一位教师讲,学生学得索然无味,忽而闭目瞌睡,忽而惊觉欠身,上课简直成了受罪。这就说明教学方法在课堂教学中也是一个关键所在。教师能否把自己所要教的教学内容,顺理成章地传授给学生,学生是否能够轻松愉快地接受、吸收、消化教师所教的内容,这就取决于这位教师是否已经掌握并且能够恰当合理地运用很好的教学方法。可见,掌握并合理运用恰当的教学方法,也是组织好课堂教学的一个重要因素,所以大家在这方面也要下大工夫。

总之,组织好课堂教学既是一种要求,同时又是一种能力。这种能力的取得和提高,需要通过教学实践的磨炼。①

 案例

基因的表达
富阳市富阳中学 茅鑫红

在高中生物教学内容中,学生要学习和探索的是一个微观的世界。对于微观的世界,人类缺乏直接感知的经验。特别是遗传这一章中,学生无法通过实验获得第一手的感观材料,所以也就无法获得感性认识,更难以上升到理性认识。

在教学中,教师可以通过多媒体动画,也可以通过比喻等手法使抽象问题具体化。比喻是教学语言中的重要修辞方法,贴切形象的比喻可以降低对感知事物的理解难度。

在"基因的表达"教学过程中,很多教师采用多媒体动画来表现"基因的表达"这一抽象的过程。但是,在本人的教学实践中发现,动画有一个无法解决的问题,就是动画一闪而过,往往在学生脑中不留下任何痕迹。所以,在"基因的表达"一节的教学处理中,本人更多地使用徒手画图,结合形象的比喻,使抽象问题形象化。

---

① 王惠燕. 如何组织课堂教学[J]. 科学教育,2009(15):79.

在具体实施过程中,首先通过一个破译电码的小游戏,引申到遗传信息的破译上来。在激发学生的学习兴趣的同时,又降低了学生理解"基因的表达"的难度。在具体学习到翻译这一过程的时候,同样,教师把遗传密码的翻译过程比喻为破译莫尔斯电码的过程,化抽象为形象。

教学实录如下:

1. 布置预习作业

在上课之前,教师布置预习作业。(预习作业见下面的文本)

一、探索　你能破译这些密码吗?

1. 右边表中是早期拍电报时所使用的莫尔斯电码(Morse code)。请用它来破译下面这段信息。其中每个字母之间都用斜杆号隔开。

・——／・・・・／・——・／・／・——・／
・／——／・——／・——・／・／
———／・—・／・—／／・・

A	・—	N	—・
B	—・・・	O	———
C	—・—・	P	・——・
D	—・・	Q	——・—
E	・	R	・—・
F	・・—・	S	・・・
G	——・	T	—
H	・・・・	U	・・—
I	・・	V	・・・—
J	・———	W	・——
K	—・—	X	—・・—
L	・—・・	Y	—・——
M	——	Z	——・・

2. 以上这段文字是一个问题。请回答这个问题,并把答案翻译成莫尔斯电码。

3. 和同桌交换密码,然后破译出他(或她)的答案。

二、实践　你能破译这些遗传信息吗?

1. 请在学习了基因的表达这一节后,把上图基因碱基排序中所含的遗传信息破译出来。(用氨基酸的排序表示)

```
ATGCAATACGGGCAGTTGCTGTAA
TACGTTATGCCCGTCAACGACATT
```
模板链

2. 通过实践,你对密码子表应该有所熟悉。请对密码子表进行分析、归纳,写下你从密码子表中所获得的信息。

在预习作业中,设置了两部分内容。第一是探索部分,在上课前要求学生完成。目的1是激发学生兴趣的同时,引申到基因的表达。目的2是在具体讲到翻译过程的时候,以莫尔斯电码打比方,所以需要再次用到电码表。第二是实践部分,要求学生在学习了转录和翻译两个过程后完成。

2. 课堂教学

片段1:导入

师:美国人莫尔斯是电报的发明人。他创造了莫尔斯电码。同学们有没有把莫尔斯电码破译出来?这段电码代表的信息是什么?

生:where are genes located? 中文意思是:基因位于哪里?

（破译电码的小游戏，以谜语的形式出现，涉及生物知识和英语知识，这样很好地激发了学生探索的欲望。学生通过努力，得到正确答案，获得很大的成就感。）

师：基因位于哪里？

生：DNA。

师：基因位于 DNA 上，是具有遗传效应的 DNA 片段。一个 DNA 含有多个基因。比如：在果蝇的一个 DNA 上，存在多个基因。每一个基因都决定一种生物性状。比如白眼基因决定果蝇的眼睛颜色是白色的。

师：基因与基因结构上的不同体现在哪里？

生：碱基排列顺序不同。

师：不同的碱基排列顺序决定生物不同的性状。所以，基因上的碱基排列顺序就代表着遗传信息。

我们可以看到预习作业上画有一个基因片段，这个基因决定着什么样的生物性状呢？这就是我们这节课所要探究的主要内容。

（从破译电码的小游戏，自然地引申到基因控制生物的性状上来。学生的学习积极性被调动起来了。）

片段2：学习翻译过程

师：翻译是以信使 RNA 为模板，合成具有一定氨基酸顺序的蛋白质的过程。

合成蛋白质的场所是哪里？

生：细胞质中的核糖体。

师：信使 RNA 结合在核糖体上面后，就要翻译成蛋白质了。你们知道 AUGCAA 能翻译成怎样的蛋白质吗？

生：不知道。

（翻译成什么呢？到底怎样翻译呢？学生充满了迷惑。）

师：那你们知道···／－－·／－·－翻译成什么吗？

生：SPY。

师：这串莫尔斯电码有几个密码？

生：三个。

（以莫尔斯电码做类比，生动有趣，同时降低理解难度。）

师：同理，这 mRNA 上的碱基也差不多，信使 RNA 上决定一个氨基酸的 3 个相邻的碱基，叫做密码子。

师：请问，老师黑板上画了几个密码子？

生：2个（也有可能答4个，老师就说明密码子的不重叠性和不间断性）

师：这三个密码翻译成什么？和破译莫尔斯电码一样，我们需要一张密码表。书本的 15 页。让我们都来做一回 SPY，把它翻译出来吧。

（由于有破译莫尔斯电码作铺垫，学生非常容易就理解了翻译的过程。学生查阅密码表，熟悉翻译过程。）

片段3：完成预习作业中的实践活动：破译遗传信息。

师：通过上面的探索过程，相信大家已经学会怎样破译基因所含的遗传信息了。现在请同学们完成预习作业中的第二部分：破译遗传信息。

$$\overline{\begin{array}{c} ATGCAATACGGGCAGTTGCTGTAA \\ TACGTTATGCCCGTCAACGACATT \end{array}}$$

模板链

（学生进行实践活动。）

生：根据"基因→mRNA→蛋白质"这条主线。这段遗传信息所决定的氨基酸序列是：
甲硫氨酸—谷氨酰胺—酪氨酸—甘氨酸—谷氨酰胺—亮氨酸—亮氨酸

（这样处理保证整节课的完整性，因为在课的开始，提出了问题："这个基因决定着什么样的生物性状呢？这就是我们这节课所要探究的主要内容。"所以，在课临近结束时，让学生完成实践，学生获得成就感。而且，通过实践，使学生回顾了这节课新知识的主线条：基因→mRNA→蛋白质；从知识回顾中还获得了新知识，那就是在实践中发现的：多种密码子可以决定同一种氨基酸及终止子的意义等。）

（摘自：茅鑫红. 抽象问题形象化——《基因的表达》案例[EB/OL]. (2005-06-01). http://zxsw.fyjy.net/notice.php?id=4862.）

 **活 动**

修订课堂教学组织技能评价标准

在小组内由一名学生扮演"教师"，其他学生扮演"学生"，"教师"和"学生"根据课堂教学组织技能的评价标准对"教师"的扮演者进行评价（可参考表4-4）。

表4-4 师范生教学能力测试标准之课堂教学组织技能

评价内容	评价标准				权重
	优	良	及格	不及格	
1. 教学结构组织合理，教学时间分配科学					0.15
2. 合理安排教学环节，张弛相间、节奏分明					0.15
3. 教学环节过渡自然，衔接紧密，符合学生认知水平					0.15
4. 高效组织教学活动，学生参与积极主动					0.15
5. 富于教学智慧，恰当处理突发事件					0.10
6. 及时洞察学生行为和心理，营造和谐课堂教学气氛					0.15
7. 关注全体学生，注重情感交流					0.15

1. 请阅读师范生教学能力测试标准之课堂教学组织技能，并根据本小组在教学技能训练中的情况对每个成员进行评价。

2. 小组成员讨论被评价为"优秀"和"一般"的教学案例,分析各自的特点并提出改进建议。

_____

3. 讨论该测试标准是否恰当?有没有什么不足之处?

_____

_____

4.4 学习指导技能

著名教育家陶行知先生说过:"先生的责任不在教学,而在教学生学。"随着教学改革的深入、素质教育的实施以及新课程理念的实施,学生在学习过程中的主体地位日益受到重视,教师在教学中的主要任务不只是如何教,还要考虑如何指导、引导和促进学生学会学习。因此,教师需要具备一定的学习指导技能,能够懂得如何根据学生的学习特点来组织教学,教会学生掌握一定的学习方法,激发学生由被动接受学习转向主动学习。

4.4.1 学习指导技能的概念及其意义

1. 学习指导技能的概念

学习指导,广义上包括学习观、元认知、学习态度、学习方式、学习动机、学科学习规律和方法的指导;狭义的概念则特指学习方法的指导。而教师的"学习指导技能"侧重于课堂教学中对学生学习动机、过程、方法和学习活动形式的指导。

学习指导,简而言之,就是教会学生学习。具体而言,就是教师在教学过程中,控制、创造、引导影响学生的内部因素和外部因素,引导学生按照学习的过程和规律,采用科学的学习方法来学习,从而形成良好的学习素质,以利于现在和今后的学习与发展。

学习指导技能是指在课堂教学中,教师以学生学习的心理过程为依据,为学生的自主学习等创设有利环境,对学生的学习动机、过程、方法进行指导和引导,从而促进学生发展的教学行为方式。

教师在课堂教学中对学生进行学习指导,主要是对课堂教学活动和课堂情境进行恰当的调节和引导,以便更好地完成教育和教学工作。这种指导既可以在教学过程中实施,还可以用来协调课堂中的人际关系、课堂纪律和某些偶发事件的处理。教师对于学生课堂学习指导能力的强与弱,直接影响到学生的学习效果和教师教学任务的完成。

2. 学习指导技能的意义

(1) 教学中教师角色的再定位

在新课程理念的指导下,教师不能只是知识的传播者,而要成为学习者、指导者、研究者。教师是学生学习过程的指导者,他不仅要使学生积极地参与学习,而且要使他们学会学习,成为学习的主体,这是教师工作的重要职责。在学生学习的过程中,教师不能包办代替,要激发学生学习的积极性和主动性,实现由学生适应教师的教到教师适应学生的学的观念转变。教师要研究学生学习的心理发展规律,研究学生怎样改进学习方法,指导学生的学法,引导学生探究,总结学习规律。例如,在人教版课标教材选修教材教学时,很多内容都是比较前沿的,教师原有知识并不能满足教学,应该从各种渠道获取新的生物科学知识,并且钻研教学方法。

(2) 教学中学生角色的再定位

学生的成长主要依附于其自身的情境体验、思维水平、意志品质等内因,教师的作用是外因。教师既不能代替学生的成长,也不能违背学生成长的规律来促进学生成长。优秀的教师应该能够创造适合学生发挥潜能的条件,用动态的、发展的眼光看待学生,分析每个学生的个性特征,指导他们将其潜能充分发挥出来;把学生的差异作为一种资源来利用,通过教育使每一个学生都能得到发展;将学生看做是知识的主动建构者,在教学中充分调动学生的主观能动性,让学生能够主动建构自己的知识体系。

例如,某个高中高一生物组开展研究性学习活动,教师需要指导学生完成课题"探究生物膜的选择透过性"。某教师首先将课题目标"用一枚生鸡蛋作为单细胞模型,观察各种物质是怎样进出细胞的"告诉学生,接着给学生介绍完成这个项目需要做哪些准备工作,例如要把一枚生鸡蛋依次浸入食醋、水、食用色素、盐水和自己选择的一种液体中,然后观察它所发生的变化,并记录每天测量的鸡蛋的周长,并把得到的数据绘制成图表等。最后试着解释鸡蛋发生变化的原因。学生在教师的指导下,通过自己的观察、探讨得出了结论,这个结论保护了孩子的科学质疑精神和探索精神。[1]

(3) 教师的教与学生的学协调发展

"以教师为主导,以学生为主体",做到教与学互动、教学相长,教与学和谐发展已经成为教育改革的主流。教师的教法决定着学生的学习方法,学生的学习方法有赖于教师的教法,不转变教师的教法,学生的学习方法就很难改变,学生在学习中的主体作用也难于得到发挥。因此,教师应该以学生的学习方法为基础来设计自身的教法,即做到依学而教,以教促学,为学生更科学地学习而教。

学生主体地位的体现源于学生的自身体验,为了让学生能够获得成功的体验,最有效的途径是教师对他们进行卓有成效的指导,用符合认知规律的科学方法指导学生的学习,使每一个学生真正成为学习的主体。例如,新课程要求学生全面发展,体现学生自主探究学习,那么教师的教学方法也要随之改变,教师的教要与学生的学相协调。教师在进行教学设计的时候就要注重学生活动的设计以及教师在活动中指导的设计。

(4) 实现学生的可持续发展

伴随《普通高中生物课程标准(实验)》的全面实施,生物教师更注重学生学习策略的运用,给学生提供知识平台,即以学生发展为中心,一切以有利于学生主动发展为出发点。努力摆脱传统教学方法的束缚,树立全新教学理念,曾经有句话"教师就像一根蜡烛,照亮了别人,燃烧了自己",其实教师的人生价值,不仅在于燃烧自己,更在于点燃学生的心智,更在于培养学生多种能力,促进学生的可持续发展。

我国《学记》中早已提到,"故君子之教喻也,导而弗牵,强而弗抑,开而弗达。导而弗牵则和,

---

[1] 林明霞. 高一生物研究性学习活动指导案例[EB/OL]. (2008-02-29)[2009-06-23]. http://60.28.209.218/UserLog/UserLogComment.aspx? UserlogID=69841.

强而弗抑则易,开而弗达则思。和易以思,可谓善喻矣。"陶行知先生也曾说过:"我以为好的先生不是教书,不是教学生,乃是教学生学。"可见,教学中教师应该最大限度地调动学生学习的积极性和主动性,激活学生的思维,帮助学生掌握学习的方法,培养学生的学习能力,为学生发挥自己的聪明才智提供指导,使他们掌握学习方法,为他们的终身学习打下基础。

4.4.2 学习指导的主要类型

1. 观察指导

观察指导是教师指导学生通过对自然环境、社会现象、实验过程及各种教学媒体的观察、主动感知和积极思维,在一定情境中帮助学生养成良好观察能力的教学行为方式。苏霍姆林斯基曾说过:如果说,复习是学习之母,那么观察就是思考记忆之母。一个观察力好的学生绝不会是学业成绩落后或文理不通的学生。

2. 倾听指导

倾听指导是教师在教学中引导学生专注发言对象,积极思考语言内容,掌握听的策略,指导学生通过听提高学习质量的教学行为方式。

3. 阅读指导

阅读指导是教师在教学中培养学生的阅读能力的教学行为方式。美国未来学家阿尔文·托夫斯说过:"未来的文盲不再是不识字的人,而是没有学会怎样学习的人。"[①]在课堂教学中,认真进行阅读指导,培养学生良好的阅读习惯,提高学生的阅读能力,不仅有利于学生亲身感受书本知识的熏陶,掌握更多的知识,更是有效培养学生学会学习能力的手段。

4. 思维指导

思维是学生掌握知识、技能的核心活动。在培养学生思维能力的活动中,教师的责任是通过运用教学方法,通过活动对学生进行思维策略的指导,促进他们的思维能力的提高和发展,形成良好的思维品质。但是,学生能否积极思维还要依靠学生主动学习,产生学习的愿望和求知欲,以及教师是否实施了有效的指导。

5. 讨论指导

通过讨论,学生不仅学习了相关的知识,而且能把自己的思维过程表达出来,有利于对自己的思维过程进行监控,在吸取别人意见的同时能够增加思维的灵活性,并发展分析和综合的能力。讨论使学生成为知识的共同创造者,有助于他们养成合作学习的习惯。因此,教师要指导学生如何进行小组讨论。

6. 练习指导

练习指导是教师指导学生在分析问题和解决问题的过程中,巩固学习成果,帮助学生运用所学知识解决问题或进行基本技能训练,培养学生形成解决问题能力和实践能力的教学行为方式。练习指导具有以下作用:① 通过练习可以及时检查学习的效果,为教学提供反馈,促进教法和学法的不断调整;② 培养学生运用知识分析问题和解决问题的能力;③ 在练习中能充分发挥学生的主体性作用和潜能,激发创造精神。

---

① 陈勇.自主性因素分析与外语自主学习能力培养[J].考试周刊,2009(32):86.

4.4.3 学习指导技能的应用原则

学习指导技能的应用原则是指在实施学习指导的过程中,教师必须遵循的基本要求。教师要对学生进行有效的学习指导,必须不断学习现代的教育理念,更新教育观念,掌握新的教学方法,以此作为指导的基础。对学生进行指导时,教师应当遵循以下原则:

1. 学习指导与学科教学相协调原则

学习指导旨在提高学习效率和教学质量,加速学生的全面发展和个性发展,为培养适应社会和升学双重需要的人才打好基础,所以把学习指导寓于学科教学之中是实施学习指导的主题。另一方面,也只有切实把学习指导寓于学科教学之中,才是符合教育规律和人的发展规律的学科教学,才是与培养目标和教学目的保持一致的学科教学。

2. 渗透与明晰相结合原则

在确立"学习指导与学科教学相协调原则"之基础上,学习指导主要靠渗透的方式来实施。要将学习指导渗透于制订计划、课前预习、课堂学习、课后复习、独立作业、学习总结、课外学习等各个学习环节之中,渗透于每个环节的具体操作之中,渗透于每一个章节、每一堂课、每一个步骤的教学之中,渗透于每一个教学行为之中。教师通过渗透的方式进行学习指导时,不可忽略明晰的方式。比如,为使学生深刻理解概念,可采取明晰的指导策略,通过概念的形成、确定分类、变式、对比、具体化、系统化等,来达到学习指导的目的。渗透与明晰有机结合,才是学习指导实施的最有效原则。

3. 集体指导与个别指导相结合原则

就其指导方式而言,"学习指导与学科教学相协调原则"又决定了必须以集体指导为主。但个别指导切不可放松,学习有困难的学生,除了具有知识基础比较差、掌握知识不牢固等缺陷外,更为突出的是学习方法不当、目的不明确、兴趣不高、态度不端正、习惯不良、自信心不足,等等。所有这一切正是学习指导所要解决的课题。而对优秀生,如何进一步提高其学习效率,提高自学能力和创造性能力,也属学习指导范围之列。因此,集体指导与个别指导相结合,正是面向全体学生,大面积提高教学质量,保证学习指导实施效果的重要原则。

4. 指导与实践相结合原则

教师有目的、有计划地实施指导,把有关学习方面的知识蕴涵于各门学科的知识传授之中,这对学生学会学习来说,还只是外在条件。要有效地实现学习指导的目标,根本在于学生自身的实践——内化和创新。学生只有按教师指导的内容和要求去尝试,把科学的方法内化为自己的学习实践,并且不断地扬长避短,总结经验,形成具有自己特点的学习风格,才能真正体现教师指导的作用,从而达到指导的目的。

5. 全面指导与重点指导相结合原则

学习指导的实施,既要全面考虑学习诸多方面的因素,如认知与非认知,理性与非理性,稳定与不稳定,客观与主观等,又要有所侧重,实施"重点战略"。这里的"重点",既包括普遍存在的一般重点,比如学习方法问题,又包括特殊的重点,主要是依据学习的实际情况而定,比如学习动机、学习兴趣问题,动机的激发和兴趣的培养将成为重点指导的内容。

案例分析

"减数分裂"教学设计
——人教版新课标高中《生物》必修2第2章第1节

教学内容	教师行为	学生行为	设计意图
导入	以科学史导入新课 ① 1883年，比利时胚胎学家发现马蛔虫精子和卵细胞各自只有体细胞染色体数目的一半。 ② 1890年德国细胞学家确认精子和卵细胞形成要经过减数分裂。 ③ 1891年德国动物学家发现染色体配对及其分离的减数分裂过程。 那么德国动物学家发现的减数分裂过程究竟是怎样的过程呢？今天咱们就来探究。	倾听科学史。	吸引学生注意力。
以精子为例介绍减数分裂过程	衔接：其实很多进行两性生殖的动植物都要进行减数分裂，今天咱们就以哺乳动物的精子形成为例来研究减数分裂。 【自主阅读】 组织学生阅读，思考问题： ① 精子是在哪产生的？ ② 原始的生殖细胞是什么细胞？ 衔接：那么减数分裂是怎样分的呢？ 【学生模拟活动】 请同学们在有丝分裂基础之上，凭借自己的想象力和理解，先用橡皮泥模拟染色体，猜测减数分裂的过程，并抽两组展示。 衔接：这些猜测是否是科学的呢？接下来咱们就来研究减数分裂的过程。 【减数分裂详细过程】 先看一次完整的减数分裂动画。 1. 减数分裂前的间期 学生先观察教学课件，再总结间期的特点。 教师点拨：减数分裂间期，精原细胞开始进行染色体复制成为初级精母细胞。（注意：每个染色体有两个姐妹染色单体） 2. 减数第一次分裂 学生先观察教学课件，再总结减数第一次分裂的特点，重点利用教具来介绍联会和四分体。 3. 减数第二次分裂 重点讲解减数第二次分离后期，着丝点分裂及染色体数目变化。 比较精子和精原细胞染色体数目。 【减数分裂过程再现】 学习减数分裂过程之后重新观看多媒体动画。	学生自主学习，思考回答问题。 学生利用橡皮泥来猜测减数分裂的过程。 观察多媒体课件并思考问题，学生总结特点。 观察教师所利用的教具，使抽象的事物具体化。	提高学生的自主学习能力。 引导学生观察，引发学生思考，对减数分裂有整体和详细的认识。 利用用废旧电线制作的染色质和染色体教具，使联会和四分体更加形象化，并且以废旧电池为切入点，可以渗透可持续发展教育。

续表

教学内容	教师行为	学生行为	设计意图
学生活动	学生分组活动,利用自制教具,模拟减数分裂过程中染色体行为变化。	学生小组合作活动,模拟整个过程。	调动学生积极性,提高学生的协作意识、动手能力,使学生对染色体行为变化有更深刻的印象。
课堂小结	对整节课进行总结和归纳。	对本节内容形成知识网络。	使学生能够系统掌握知识,巩固新知识。

[案例分析]

"减数分裂"是高中生物教学中较难的学习内容,案例中教师化难为易,在指导学生自主学习的基础上,教师通过多媒体课件的展示,将抽象化的知识具体化。教学过程中,教师引导学生利用橡皮泥来猜测减数分裂的过程,学生通过切身实践来学习减数分裂的过程。教师利用教具使抽象的事物具体化,有效地指导学生将难点顺利化解。

4.4.4 学习指导技能的实施

学习指导技能是以建构主义学习理论和多元智能理论为指导,以现代信息技术为依托,从为学生的意义建构创造有利的环境条件出发,为促进学生的学习而设定的。学习指导技能与生物课堂教学实际紧密联系,这给生物教师提出了新的要求,生物教师应该做到以下几点:

① 拥有现代的教育观念,在生物课堂教学中做到以学生为主体,培养学生的创新意识和实践能力。重视学习问题的研究,发挥学生的主体性,践行现代教育的核心理念。

② 能对学生的学习状况进行科学的诊断,及时、准确地把握学生学习的成效及其原因。并能针对造成这一成效的原因确定对学生的学习进行指导的策略,将所确定的指导策略及时、富有成效地付诸实施。

③ 创设民主和谐的环境,充分利用一切可利用的资源,为学生创造有利于学习的情境。在利用资源的过程中指导学生形成获取信息、加工信息、利用信息的能力,充分调动学习的主动性,充分发挥他们的潜能,使他们在学习中学会学习。

④ 加强元认知的指导,通过对学生进行元认知知识、元认知体验和元认知监控学习的指导,以及具体学习活动的指导,使学生认识自己的学习方式和思维方式,加强学习的自我反思能力、自我监控能力和自我调节能力,从而改进学习方法,提高学习效率。

案例分析

非生物因素对生物的影响

"我们都知道这样的常识:'鱼儿离不开水,花儿离不开阳光'。你们知道这是为什么吗?"

一学生回答:"鱼儿离开水一段时间后就会死亡;没有阳光,植物生长就很难,也就不容易开花结果。"

"对,生物的生存是依赖于一定环境的,环境的变化会对生物产生这样或那样的影响。"

在上面的开头语中,我们开始了第二节"环境对生物的影响——非生物因素对生物的影响"一节课的教学。

按照备课的设计思路,这节课分两大板块进行。首先让学生在自学、小组交流讨论、小结的基础上了解探究的一般过程,二是在课堂上设计出非生物因素(光)对生物(鼠妇)生活的影响的探究方案,以便在下一节课上进行具体的操作。

第一板块的内容在10分钟内顺利地完成了,接下来我们开始了第二板块内容的学习。我在重点强调了实施计划中注意变量的控制和设计对照实验后,学生以小组为单位开始了探究方案的设计。我便开始巡视指导。

这时,有一个小组的同学举起了手。"你有什么疑问?"我快步走到这个小组同学身边。

"老师,我们可以不做这个探究实验吗?"

"为什么?"我心中充满了疑惑,这似乎是在课堂上不曾发生的事。

"我们刚才讨论想探究其他问题来说明非生物因素对生物的影响。"

"提出一个问题往往比解决一个问题更重要。探究的目的不就是要训练学生发现并提出问题吗?"我心中一阵窃喜,但没有急于表态。

"请把你们想要探究的问题说给其他同学听听,看看是否可行。"

"夏天,我把吃完的冰糕扔在了地上,不一会儿发现在冰糕棒上聚集了很多小蚂蚁。我猜想是冰糕棒上的甜味吸引了蚂蚁。因此我们想探究甜食对蚂蚁生活的影响。"这个同学发表完自己的想法后坐下了。

"同学们,你们认为他想探究的问题能否说明非生物因素对生物的影响?"

同学纷纷举手表达自己的观点。可能是受刚才那位同学的启发,又有几个小组的同学提出了自己想要探究的问题。

"老师,可不可以探究和书本上不一样的问题?"从几个同学的表情上我已经感觉到他们是那么迫切而焦急地等待着我肯定的回答。

"同学们,我允许你们对探究的问题和方法有不同的选择,但我有两个要求:一是要提出有探究价值的问题;二是探究过程的设计中要注意体现出如何控制变量、如何设计对照实验。"

接下来,同学们以小组为单位开始了学习。

因为给学生创设了自主的空间,给学生更多的自主权和选择权,学生潜力得到了充分发挥。学生在课题的探究中涌现出很多奇思妙想,用科学创新的精神去学习、探索成了这节课上学生最大的乐趣。

临近下课前,一个个有创意的探究方案呈现在我面前,如"土壤的潮湿程度对蚯蚓的生活有影响吗""甜食对蚂蚁生活区域的影响"、"藻类植物释放出氧对小鱼儿生存的影响"。学生们展开思维的翅膀,设计出了许多有价值的探究问题,并认真而详细地制订了探究计划。本班10个小组有6个小组探究的是"光对鼠妇生活的影响",有4个小组探究了自定的主题。

后来在下一节探究实验课上,我明显地感觉到学生准备得是那样的充分,实验观察是那样的仔细而认真,探究报告写得近乎完美。

(摘自:汪忠.生物学课堂教学技能训练[M].上海:华东师范大学出版社,2008:131-134.)

[案例分析]

案例中学生成为学习的主体：他们有自主学习和讨论的时间，在学习中感受到乐趣；他们能独立思考，思维活跃；他们讨论交流热烈，互相启发；他们分析解决问题的能力不断得到提高等。当有的学生提出"老师，我们可以不做这个探究实验吗"的问题时，教师开始充满疑惑，但当了解到学生想用其他探究问题来说明非生物因素对生物的影响时，教师说："同学们，我允许你们对探究的问题和方法有不同的选择，但我有两个要求：一是要提出有探究价值的问题；二是探究过程的设计中要注意体现出如何控制变量、如何设计对照实验。"这是在对学生具体实施学习方式的指导。而这都是教师构建起一个民主的轻松愉快的课堂气氛的结果。

活动

学习指导技能的教学实施

在一组（5~8人）受训者中，一人扮演"教师"角色，其余扮演"学生"角色，与指导教师组成微型课堂，创设"真实"的中学生物课堂教学情境，并对教学实训过程进行现场实况录像。每一位受训者轮流扮演"学生"和"教师"。小组内其他成员需要对该组受训者进行评价。评价标准可参照表4-5。

表4-5 师范生学习指导技能测试标准

专业名称：＿＿＿＿＿＿＿ 学生姓名：＿＿＿＿＿＿＿ 年级：＿＿＿＿＿＿＿

评价内容	评价标准				权重
	优	良	及格	不及格	
能通过指导学生阅读、练习等活动，创设生物教学情境。					0.20
了解学生思维活动和认知能力，循序渐进地给予督促和鼓励。					0.20
充分注意学生个性和个体差异，科学合理地指导学习兴趣小组的建设，并给予技术指导和支持。					0.20
耐心倾听学生，及时回应学生"卡壳"问题，掌握正确的学习方法和学习策略。					0.20
注重激发学生兴趣，适时对学生进行情感教育。					0.20

1. 根据学习指导技能的应用原则，选择一个中学生物知识点并对其进行教学设计，编写一份大约15分钟的微格教案。

2. 以小组为单位，各小组成员根据自己编写的教案进行微格教学。小组内根据师范生学习指导技能测试标准（表4-5）当堂记录和反馈。

3. 小组内讨论，学习指导技能对中学生物教师提出的要求有哪些？

4.5 思维训练技能

4.5.1 思维训练技能的概念和意义

时代的发展对人的创造能力提出越来越高的要求,现代科技发展使世界各国都面临着智力竞赛的迫切任务,促使一些心理学家和思维学家对思维训练进行研究。传统教育把思维能力看做是传授知识的自然积累,但是学习知识和培养能力是相辅相成的,又是有区别的。

思维是认识活动的高级形式,只有通过思维才能认识事物的本质属性和内在规律性,使认识由感性上升到理性,构成一定的理论体系。爱因斯坦强调说:"教育必须重视培养学生具备会思考、探索问题的本领。人们解决世上的所有问题都是用大脑的思维能力和智慧,而不是照搬书本。"他还说:"教师的责任应该是把学生培养成具有独立行动和独立思考能力的人。"因此,对学生进行思维训练是生物教师的使命,在生物教学中开展思维训练和智慧开发是生物教育的重要课题。

1. 思维训练技能的概念

思维训练是教师有计划有目的地为增强学生思维能力,提高学生思维品质所进行的训练。而思维训练技能则是教师对学生进行思维策略、思维品质、思维心理等的训练,指导学生掌握思维方法和策略,提高思维能力的一类教学行为。

思维训练的机理是:人脑总体神经元减去用于躯体功能部分后,尚有数量很大的待开发的神经元,具有巨大潜力;天赋遗传素质仅提供思维和智力发展的可能性,大脑对于思维的先天性影响较之后天教育训练的影响要小得多。

2. 思维训练技能的意义

在思维训练中由于提倡的是开放式教学,所有问题均没有标准答案,因此教师不再是传统教学中知识的灌输者,而是学生学习的指导者、促进者和帮助者。这不仅是对传统教学方式的挑战,同时也使学生的学习充满了挑战和探究的乐趣,在探究中主动转变学习方式——从被动接受知识向主动获取知识、质疑知识甚至创造知识转化。通过思维训练,可以促进学生养成良好的思维习惯;引导学生构建合理的认知结构,培养学生良好的思维品质;激发学生进行科学思维的兴趣;促进学生间人际沟通,利于积极思维,开发学生智慧。这不仅有助于培养学生实事求是的科学态度和敢于创新的探索精神,而且对发展学生的思维能力、提升学生的创造潜力都有不可估量的作用。

4.5.2 思维训练技能的构成要素

思维训练离不开思维认知过程,即学习者从接收某一对象信息作为认知课题到把握对象本质的过程。思维训练技能的要素主要有以下几点:

1. 创设情境、诱导思维意识

环境是思维训练的外部条件,对思维的发生和发展有制约和调控作用。学生的思维有受制于环境的一面,也有改变环境发挥主观能动性的一面。课堂教学的人文环境是利于思维的氛围,即民主、合作、愉快、和谐的学习气氛,这对于发挥学生思维积极性、产生灵感和发挥创造力十分有利。

思维意识是思维的起点,智慧即是高明的意识的行为表现。因此,教师在对学生进行思维训练时要注意思维意识的培养。教师要帮助学生克服思维定式,培养思维的灵活性,鼓励学生尽量采用多种思路、多种思维方式去考虑问题,学会多比较、多提问,以便克服惯性思维的影响,发展自己的创造性思维。

在思维训练的过程中,教师必须考虑给定的思维材料的信息性质——这是开展思维教学的关键点。当代教育家布鲁纳说:"学习的最好刺激,乃是对所学材料的兴趣。"第斯多惠说:"教育的艺术不在于传授本领,而在于激励、唤醒和鼓舞。"好奇心是人遇到外界新奇事物刺激引起注意、操作等行为的内在心理动力。在思维教学中,学生的兴趣和爱好越强烈,思维的启动力越大。

某教师在进行"病毒的控制和利用"的教学时,大胆引用社会上的各种热点。课堂伊始,先来一段新闻:"近日来,土耳其国内的禽流感形势日益严峻:迄今为止,已经有三名染病少年死亡,其中至少两人被确认感染了 H5N1 型禽流感病毒,还有两名分别为 5 岁和 8 岁的儿童也被发现感染同类型病毒。此外,疑似感染禽流感病毒的患者已经达 50 多人,正在接受治疗或调查。听了这条新闻,你有何感想?"有的学生很快问道"禽流感到底是怎么回事呢?由什么引起的啊?它是怎么传染给人的呢?又怎么使人致死呢?"等问题,教师顺理成章地引出"它由病毒所致,想知道为什么就让我们共同研究病毒吧"。于是学生兴趣盎然地投入到生物科学知识的学习理解中,而且思维活跃,学习效率极高。[①]

2. 引导预测和假设

预测和假设是人们开始认识事物的重要思维活动。它是解题活动开始前对学习结果进行预测以及探索解决问题的有效工具,这是教师指导学生养成解决问题之前要先思考的习惯。敢于预测和假设是严谨的逻辑思维和创造性思维的表现,这是教师指导学法,培养学生探究能力的重要环节。

预测和假设为科学研究提供了一个前进的方向,是制订实验方案的依据。猜想与假设没有固定的模式,需要探究者发挥高度的创造性,灵活运用各种思维方法。假设的形成过程主要是通过类比或归纳推理来进行的,其发展过程主要是通过演绎推理来进行的,而它的验证过程主要是以实践证明为主,逻辑证明为辅。假设的思维方式可以是逻辑的概念、范畴、判断、推断、推理和证明,也可以是非逻辑的直觉、灵感、想象、移植和猜测等创造性的思维活动。教师在引导学生进行预测和假设过程中可以充分调动起学生的思维。

例如,在"降低化学反应活化能的酶"的实验中,教师可以引导学生推测实验现象。具体实验如表 4-6 所示。

表 4-6 "降低化学反应活化能的酶"实验表格

标号	1	2	3	4
	2 mL 过氧化氢	2 mL 过氧化氢	2 mL 过氧化氢	2 mL 过氧化氢
		90℃	2 滴 $FeCl_3$	2 滴过氧化氢酶
预测实验现象				

3. 指导思维步骤和程序

思维要有序,不能胡思乱想,程序思维是人脑对客观事物进行反映的有序化的集合。程序思维是将问题分成许多小的指令,系统排列起来,以便于思维。程序思维有利于提高分析能力。教学中,教师根据教材和学生实际巧妙设计思维程序,能收到事半功倍的效果。

[①] 小温. 生物教学中新课的导入[EB/OL]. (2007-03-13). http://fnwmf.blog.163.com/blog/static/14834530200721334325343/.

思维步骤和程序可由学生依据认知经验自己设定,如果学生自己不能解决,可以由教师进行掌握程序的教学。在思维训练中,教师要注意引导学生进行发散思维,排除定式思维的干扰,以利于创造性思维能力的发挥。例如,在"酶"的特性教学中,以实验分析的形式开展探究性学习,引导学生主动参与探究过程、勤于动手和动脑,培养学生分析和解决问题的能力、口头表达能力、创新和实践能力。教师在教学中纠正错误观点,引导发动学生提取信息、进行质疑、分析现象并得出结论。在此过程中,学生思维得到充分的发挥。

4. 启发联想和想象

联想和想象是人们进行思维的重要能力,没有联想和想象,思维就不能进行。比如逻辑思考,就要靠联想建立起各个概念之间的联系,然后进行逻辑推理,推理的结果是建立某种事物的形象,这要由想象完成。

想象具有跳跃性、多维性、突发性、情感性等特点,善于创造想象才能提高创造能力。教师要启发学生运用形象思维解决问题的直观性、形象性,提高学生的实践能力与创新能力。例如,在"物质跨膜运输方式"这部分内容,教师可以引导学生联想和想象,可以把自由扩散类比为人从高处直接跳到下面,协助扩散联想为人骑车从高处滑下,主动运输可以联想为人骑车从低处向高处骑,将其中的车子比喻为载体。

5. 启迪思维策略

思维训练的关键是教学生会思维,运用提问启发学习者积极思维是指导思维的重要手段。美国学者 Roben J. Sternberg 在《思维教学》一书中,曾谈到三种教学策略:以讲课为基础的照本宣科策略,以事实为基础的问答策略和以思维为基础的问答策略。它们对培养学生的思维能力各有不同的教学效果。例如,在"酶"的概念教学中,以材料分析的形式,创设情境,通过学生的自主讨论,了解生物科学事实和科学研究过程,学习科学家研究科学的思维,经过学生的思维活动正确理解和把握概念的实质,教师在其中加以点拨引导。

6. 提供监控平台

监控是思维技能训练的重要环节。思维技能的掌握和某些思维经验、知识、方法及学习情感的提升效果如何,要经过验证、检验。检验有思维题检验、问卷检验、实验验证等多种形式。教师必须为学生提供反思监控的平台,指导学生自己反思、监控自身的思维,这是高水平思维教学的重要环节。[①]

4.5.3 思维训练的主要类型

辨认思维训练类型

1. 下面是教学中教师使用的一些思维训练题目,将它们制作成卡片。

卡片 1:有一个富翁住在城里,他给远方的两个儿子传话说:"你们两个人每人骑一匹马从规定的地点一起出发,谁的马最后到城里,我的财富就传给谁。"

---

① 孟宪凯.教学技能有效训练——微格教学[M].北京:北京出版社,2007:199-202.

两个儿子骑上马,慢吞吞地出发了,他俩都怕走快了输掉比赛。这下两个人可遭了罪,不但人困马乏,而且谁都不愿往前走,他俩陷入了困境。这时一个聪明人给这两个儿子出了一个主意,这两个人听了非常高兴,立刻骑马飞快向前跑去。你能猜到这个聪明人给出的是什么主意吗?

　　卡片2:有一个人从河里穿过,竟然鞋子不曾湿,这是为什么?

　　卡片3:请思考,一根铁丝都能用来做什么?

　　卡片4:请看这个圆点".",你想象它像什么,说得越多越好。

　　卡片5:你熟悉走迷宫吧,这里是一个迷宫图(见图4-3),请你从入口进入,比一比,看谁走出迷宫用时最少。

　　2. 小组内各成员随机抽取卡片,然后思考卡片中的思维训练题,并说出该思维训练题主要是哪种类型的思维训练。

图4-3　迷宫图

_____

　　3. 小组内各成员就各自卡片的内容进行交流讨论,共同探讨思维训练的类型,并及时记录下小组的讨论结果。

_____

(改编自:孟宪凯.教学技能有效训练——微格教学[M].北京:北京出版社,2007:197-198.)

依据教学实践经验,课堂教学的思维技能训练可以归纳为以下类型:

1. **思维能力训练**

人的思维能力主要有逻辑思维能力、形象思维能力和创新思维能力。具体而言:① 掌握思维原料的能力,如知识、概念的,形象原料的观察、认知等能力;② 掌握思维工具的能力,如思维方式、策略等;③ 创新思维能力,包括思维发散、灵感多发等。课堂教学中对学生进行训练的思维能力主要有观察、比较、记忆、联想、想象、分析、概括、聚合、发散、决策、创新等。

2. **思维心理训练**

思维心理主要是指注意力、好奇心、兴趣、情感、意识、意志等。有的学生缺乏自信心,害怕当众讲话,这就需要进行心理调节,教师可以指导学生做深呼吸,调节紧张的心理反应。有的学生有畏难情绪,缺乏钻研精神,总认为自己完成不了,教师此时应给予学生更多的鼓励和支持,帮助学生树立起自信心。

3. **思维方法训练**

科学的思维方法就是辩证的思维方法,既要遵守形式逻辑所阐明的规律,条理清晰,前后连贯地去思考问题,又要有辩证的观点,从事物的相互联系、相互制约、发展运动、对立统一中看问题。在思维实践中,创造性运用各种思维方法,如收敛、发散、纵横、顺逆、静态、动态、线性、网状、立体、多维、换位等思维方法。

4. **思维品质训练**

思维品质是个体思维活动中表现出来的个性差异,发展和培养思维品质是发展和培养思维能力的主要途径。思维品质的好坏直接影响思维能力的高低,教师在思维训练过程中,必须注重对学生思维品质的培养。

4.5.4 思维训练的运用策略

教师对学生有意识地进行思维训练，可以运用以下教学策略：

1. 挖掘思维训练材料

思维训练首先就是对思维技能的训练，因此教师在思维训练前必须知道思维技能是什么，大体上有哪些，每次训练主要训练什么技能。这就需要教师做好发掘教材内和教材外的思维训练因素的教学工作。

2. 有效应用思维训练题

在思维训练中，思维道理和思维技能可以用口头传授的方式进行，但主要的还是通过思维训练题来帮助学生理解思维道理和学会思维技能。所以教师必须掌握足够的思维训练题。在生物教学中，思维训练题可以是生物内容的相关题目，也可以借助于专业的思维训练题。

3. 及时检测评价思维能力和思维品质

进行思维训练如果没有思维测试，没有量化标准，既不知道接受训练对象的起点水平，也不知道经过思维训练后学生的思维水平有多大提高，思维训练就无法作出定量的评价。所以，拟订思维测试评价题同样是教师进行思维技能训练的一项重要工作。

4. 训练适度原则

适度是指事物保持其质和量的限度，是质和量的统一，任何事物都是质和量的统一体，认识事物的度才能准确认识事物的质，才能在实践中掌握适度的原则。如果思维训练不适度，例如采用题海战术或无限量加大作业量，常会引起反向作用，使学生思维钝化，甚至厌恶学习，这些方法并不是优化思维的方法。因此，思维技能训练的关键在于训练的质量和训练方式的适度。

5. 教师在思维训练中的角色是导训

思维训练的最佳成果是学生学会自己教自己，即实现自训。教师的角色是引导启发，即进行导训。思维训练的最终目标是实现教师的导训到学生的自训。导训如果不能引起学生的自训，思维训练的成效就不能巩固，更不可能发展。学生在将来的人生道路中，主要靠自己进行自训，使之成为自己思维品质的一项重要内容。所以，培养学生自训的好习惯对学生提高思维能力和终身发展是极为有意义的。

4.5.5 思维训练技能的实施

从思维训练技能的实施来说，思维训练的设计应该从以下几个方面来进行：

1. 创设富有思考性的课堂环境

如果教师不能为培养学生的思考力提供适宜的课堂学习环境，学生是很难自动地改善他们的思维的。富有思考性的课堂环境有两个标志性的特征：一是能为学生参与富有意义的思维活动提供机会；二是让学生鼓起勇气参与到这样的活动中来。可以通过两种方法来进行：一是提供富有思考性的问题；二是激励学生思考问题。

2. 动机激发

动机是驱使人们活动的一种内在动因或力量，包括个人的意图、愿望、心理的冲动或企图达到的目标等。心理学的有关研究表明，具有掌握目标定向动机的学生会以积极的态度对待学习任务，有意识地监控自我对学习材料的理解和掌握程度。因此，教师要利用多种方式创设新颖、有趣、能营造学习内容与学生求知心理间"不协调"的问题情境来激发学生的学习动机，唤起学生的有意注意，这是学生能否进行积极主动思维的前提。

3. 方法训练

方法是人们借以解决问题的程序或具体步骤。根据斯腾伯格的智力三元理论,方法训练通常分为三大类:分析性思维训练、创造性思维训练和实用性思维训练。其训练步骤包括六个环节:确定问题,选择程序,信息表征,形成策略,监控与反思,拓展与迁移。

4. 品质培养

思维品质是智力活动中特别是思维活动中智力和能力特点在个体身上的体现。它反映了一个人思维能力的强弱,是判断和确定一个人智力水平高低的重要标志。因此,培养学生具备良好的思维品质是发展学生智力和能力的突破口。思维品质的成分和表现形式很多,一般包括五个方面,即深刻性、敏捷性、灵活性、批判性和独创性。通过系统科学的思维训练,可以使学生思维的流畅性、深刻性、敏捷性、灵活性和批判性得到全面提升,创造性、系统性、综合性和协调性有显著的改善,思维效率和思维水平大大提高。

案例

生物的变异

【环节1】自主学习

要求:利用10~15分钟时间,请阅读课本87~89页并完成以下自学模块。

一、自学模块(一)变异的现象与概念(阅读课本88页及彩图)

在我们周围,可以看到哪些现象是变异现象?什么是变异现象?举例说明变异现象是普遍存在的生命现象,是生物界绚丽多姿的根本原因。

二、自学模块(二)变异的原因、类型及意义(阅读课本88页及彩图)

1. 在我们观察到的变异中,有些是由于外界环境的影响产生的。在我们刚才提出的变异现象中,哪些是属于这一类?

举例:同一品种的小麦种在不同的田里,小麦的麦穗有大穗、小穗,产生大穗、小穗的原因可能是什么?你如何证明这些差异是由于环境影响造成的?将大穗和小穗上的种子收获后分别种到田里,它们的后代会如何?

结论:

2. 什么因素引起的变异可以传递给后代?

举例:一个孩子是单眼皮。但是,他的父母是双眼皮,这种变异是怎样产生的?这种变异是否可以传递给后代呢?

结论:

根据以上变异的原因,我们将变异分为两类:_____变异和_____变异。

3. (阅读课本88页第一自然段)变异对生物个体有利、还是不利?

高秆小麦变异为矮秆小麦,绿色玉米苗变异为白化苗,这都是变异,它们对生物个体的生存有什么影响?

根据_____,我们还可以把变异分为两类:有利变异和不利变异。

4. 变异在生物进化上有何意义?

三、自学模块(三)遗传变异在实践中的应用

【环节2】小组交流讨论

> 1. 请同学们分析两个例子。
> (1) 某对色觉正常的夫妇生了一个色盲的儿子。
> (2) 某兄弟二人,哥哥长期在室外工作,弟弟长期在室内工作。哥哥与弟弟相比脸色较黑。哪一种变异可以遗传？为什么？是否由环境影响引起的变异都是不能遗传的变异？
> 2. 比较遗传和变异两个概念有什么共同点,有什么差异？
> ※为什么说变异是在遗传的基础上的变异？这种说法是否有根据？
> 【环节3】组间交流,班内展示,点拨
> 【环节4】课堂小结
>
> (摘自：佚名.生物的变异[EB/OL].[2009-05-16].http://blog.163.com/sdsgwxx/.)

1. 分析上述案例,小组讨论在该案例中的思维训练体现了哪些思维训练的方法？

   _____

   _____

2. 小组内讨论各自的看法,并总结出思维训练过程中应遵循的标准。

   _____

   _____

对照"表4-7 思维训练评价内容与标准",我们可以看出案例"生物的变异",抓住了学生好奇、好胜、好强、积极踊跃表现的心理,采用分组研究、讨论和体验有关生物变异的基础知识来进行教学。不仅充分调动了学生学习生物的积极性,同时也培养了学生获取信息和处理信息的能力,以及语言表达的能力。通过师生互动灵活地调节教学过程,教学重点、难点在学生们积极主动的学习中,得到了解决。

表4-7 思维训练评价内容与标准

评价内容	评价标准				权重
	优	良	及格	不及格	
1. 创设有利于学生思维开拓的平等、民主的教学情境					0.2
2. 设置的问题能极大调动学生学习的积极性					0.1
3. 能引导学生积极开展思考设置的问题					0.1
4. 在学生思考过程中能适时为学生提供合适的帮助					0.2
5. 提供的训练方法适合学生的思维发展水平					0.1
6. 思维训练中能提供较好的反思与监控					0.2
7. 思维训练与知识教学能很好地结合					0.1

4.6 提供学习支架技能

为了实施有效的课堂教学,教师在教学过程中必须考虑从多方面为学生的学习提供支持。学习支架便是其中非常重要的一个方面,甚至可以说,学习支架是教师现代教学技能最充分、最集中的体现。教师为了使所有的学生都能够得到发展,就需要根据学生的实际情况,创设恰当的教学条件,这个教学条件实际上就是为学生提供各种合适的学习支架。

4.6.1 学习支架的概念及其作用

"支架"(scaffold)原是建筑行业的术语,又译做"脚手架",是建筑楼房时施予的暂时性支持,当楼房建好后,这种支持就撤掉了。根据这个建筑隐喻,伍德(Wood, Bruner & Ross, 1976)最先借用了这个术语来描述同行、成人或有成就的人在另外一个人的学习过程中所施予的有效支持。普利斯里(Pressly, Hogan, Wharton-McDonald, Mistretta, Ettenberger, 1996)等人为"支架"所下的定义是:根据学生的需要为他们提供帮助,并在他们能力增长时撤去帮助。

学习支架就是指维果茨基社会文化学说中的脚手架[①],是指学生学习时,教师所提供的各种形式的支持和指导。维果茨基的"最近发展区"理论,为教师如何以助学者的身份参与学习提供了指导,也对"学习支架"提出了意义明确的需求说明。维果茨基将学生的实际发展水平与潜在发展水平相交叠的区域称为"最近发展区"。学生的实际发展水平是指学生独立解决问题的能力;学生的潜在发展水平是指在教师(或成人)的指导下或是与更有能力的同伴合作时,能够解决问题的能力。这个发展区存在于学生已知与未知、能够胜任和不能胜任之间,是学生需要"学习支架"才能够完成任务的区域。学习支架的作用就在于帮助学生顺利穿越"最近发展区"以获得更进一步的发展。通过支架的帮助,管理学习的任务逐渐由教师转移给学生自己(学习过程被内化),最后撤去支架(如图4-4所示)。

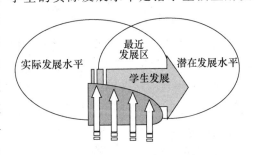

图 4-4 学生最近发展区与学习支架

教师提供的学习支架是为了给学生的学习提供帮助和支持。在教学中,学习支架可以是范例、问题、建议、向导、图表,甚至是教师的解释、对话、板书等。教师能否在教学过程中为学生设计并适时提供有效的、合适的学习支架以组合成强有力的支持系统来提高教学效果是至关重要的。

---

① 脚手架(scaffolding),最早是由美国著名的心理学家和教育学家布鲁纳从建筑行业借用的一个术语,用来说明在教育活动中,儿童可以凭借由父母、教师、同伴以及他人提供的辅助物完成原本自己无法独立完成的任务。一旦儿童能独立完成某种任务,这种辅助物就像建筑竣工后的脚手架,会被逐渐撤离。这些由社会、学校和家庭提供给儿童,用来促进儿童心理发展的各种辅助物,就被称为脚手架。

教师在教学过程中给学生提供合适的学习支架,有以下几个方面的作用:① 学习支架能展示学习情境的复杂性和真实性的形态,从而,学生能切身体验丰富的教学过程。离开了学习支架,一味强调真实情境的学习是不现实、低效率的。② 学习支架让学生经历了一些更为有经验的学习者(如教师)所经历的思维过程,有助于学生对于知识,特别是隐性知识的体悟与理解。学生通过内化支架,可以获得独立完成任务的技能。③ 保证学生在不能独立完成任务时获得成功,提高学生先前的能力水平,帮助他们认识到潜在的发展空间。④ 对学生日后的独立学习起到潜移默化的引导作用,使他们在必要的时候,可以通过各种途径寻找或构建支架来支持自己的学习。[①]

4.6.2 学习支架的类型

在课堂教学中,教师给学生提供的学习支架主要包括以下类型:

1. 范例支架

在初级阶段,范例更多地起一种模仿的作用。模仿阶段的范例要与学生的实际相关,与学生实际尝试的主题的性质、结构等相一致,往往涵纳了特定主题学习中最重要的探究步骤或最典型的成果形式,让学生在模仿范例的过程中逐步达到最终目标。教学中以"范例"为榜样引导学生学习,让学生在一个个典型的"范例"引导和驱动下展开教学活动,引导学生从简单到复杂、从被动到主动完成一系列的"任务",达到教学目标。例如,在制作生物临时装片的时候,教师提供的就是范例支架,教师给出范例,学生便模仿这个范例,制作各种临时装片。

2. 网络指导支架

目前互联网上有大量的教学资料、图文信息,同时网络信息还具有查阅迅速的特点。教师在课堂或课后,利用专题学习网站(或资料库)为学生提供有效的学习资源。在学习方式上,教师还可以利用网络建立适合网络的学习支架,引导学生自主学习。例如,在"细胞的多样性和统一性"这节课上,教师可以在网上搜索各种常见的细胞图片,也可以给学生提供一些有用的网站,供学生自主学习。

3. 材料支架

教学中教师经常会选择一些最新的资料作为教学的补充,有用信息的筛选是教师的一个重要任务。此外,面对丰富、及时、有效的资源,如何把有用的资料呈现给学生,使这些资料成为学生学习的支架是一个重要的问题。例如,为了学生能够更好地理解所学内容,必要的练习是很重要的,教师可以给学生选择一些典型的练习题,以利于学生巩固知识。

---

① 闫寒冰.信息化教学的学习支架研究[J].中国电化教育,2003(11):19.

案例分析

教学中教师经常会选择一些最新的资料作为教学的补充,如何有效利用这些资料呢?

"三聚氰胺",有一个貌似美妙的别名"蛋白精",曾在网络广告中频频大摇大摆地出现,公然标榜"能提高产品蛋白含量"。在"毒奶粉"事件中,这个白色的小晶体"大显威风",那它到底有什么厉害之处呢?

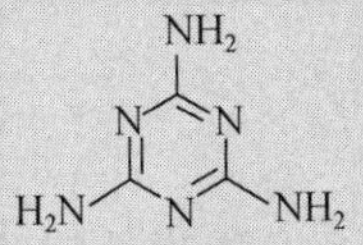

图4-5 "三聚氰胺"化学结构式

三聚氰胺为纯白色单斜棱晶体,无味,溶于热水,微溶于冷水。蛋白质主要由氨基酸组成,含氮量一般不超过30%,而三聚氰胺的分子式含氮量达到66%,其化学结构式见图4-5。由于蛋白质定量检测成本较高,国内大部分奶制品企业通过"凯氏定氮法"测出含氮量来估算蛋白质含量,因此,添加三聚氰胺会使得食品的蛋白质测试含量偏高,而且它作为一种白色结晶粉末,无味,掺杂后不易被发现。以某合格奶粉蛋白质含量为18%计算,含氮量为2.88%。而三聚氰胺含氮量为66%,是奶粉的23倍,而价格却大大低于真实蛋白原料,真是一本万利。然而动物长期摄入三聚氰胺会造成生殖、泌尿系统的损害,膀胱、肾部结石,并可进一步诱发膀胱癌。

[案例分析]

有用信息的筛选是教师的一个重要任务。此外,面对丰富、及时、有效的资源,如何把有用的资料呈现给学生,使这些资料成为学生学习的支架是一个重要的问题。作为一名教师,如何筛选有用信息?上述材料与我们的生物课堂有何关系,那又如何将上述材料应用到生物课堂教学中呢?

以下是一些教师提出的问题:

教师A:三聚氰胺是怎样提高产品蛋白含量的呢?

教师B:三聚氰胺最终诱发膀胱癌,是不是诱发了基因突变呢?

教师C:三聚氰胺对泌尿系统中的肾脏产生了损害,请利用你学过的肾脏的作用机理,猜想三聚氰胺是如何对肾脏产生损害的?

(本案例由珠海一中郭宏勋老师提供)

4. 问题支架

问题是学习过程中最为常见的支架,有经验的教师常会在学生的学习过程中自然地、适时地提供此类支架。教师在教学中,预期学生可能遇到的困难,以问题的形式给学生提供支架,使问题成为促进学生学习思维的最有效的工具。

其他类型的支架还有建议、指南、向导、图形、解释、对话、合作等。

 **案例**

"生物体结构层次"教学片段

师:到现在为止,动物体、植物体的结构我们学完了,大家回忆它们之间有什么联系呢?我们归纳一下好吗?

> （经过师生的共同努力，形成了一个网络化的知识图，见图 4-6） 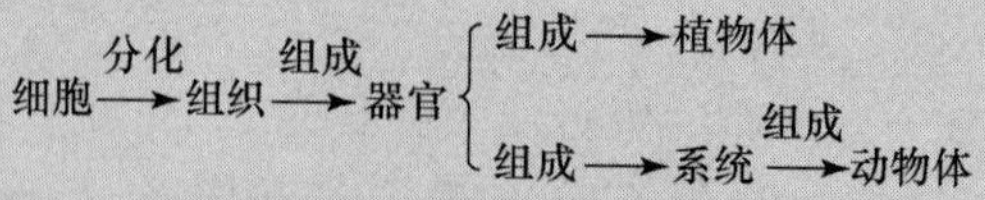
>
> 细胞 —分化→ 组织 —组成→ 器官 —组成→ 植物体
> 器官 —组成→ 系统 —组成→ 动物体
>
> **图 4-6　生物体结构层次图解**
>
> 师：生物体的知识都在这个图上了。同学们学了新知识后，要及时归纳，使知识串联起来。
>
> （摘自：关文信，王立彬，范青岩. 新课程理念与初中生物课堂教学实施[M]. 北京：首都师范大学出版社，2003：40.）

4.6.3　学习支架的设计原则

学习支架的设计主要有两个步骤：首先，计划如何将学生从已知引导到对新信息的深层理解；其次，在实施过程中为学生的每一个学习步骤提供帮助。良好的学习支架能帮助学习者将知识内化直至掌握，从而达到预期的教学效果。在设计学习支架时需把握以下几个原则：

(1) 适时性原则：与学习资源所能为学生提供的支持相比，学习支架具有更高的适时性，要在学生恰需帮助时提供适合的支架。

(2) 动态性原则：学生的最近发展区随着学习的发展而发展，是动态变化的，学习支架也要随之调整。

(3) 个性化原则：不同水平的学生需要不同程度的学习支架。一般来说，任务的难度越大，支架提供得越多。

(4) 引导性原则：学习支架在于引导学生，而不是给出答案或替代学生完成。

(5) 多元性原则：所谓"多元"，主要是指支架角色的多元，支架并不是只能由教师给出，同学、家长、专家，甚至学生自己都可以提供支架。很多计算机软件也都纳嵌了支架的功能。

(6) 渐退性原则：当学习者能够承担更多的责任时，支架就要逐渐移走，给学生更多的意义建构空间。

4.6.4　学习支架的实施

学习支架的实施过程主要包括以下几个环节：

(1) 搭学习支架

围绕当前学习主题，按"最近发展区"的要求建立概念框架。如巩固学生练习的习题以"问题"为中心，以"方法"为中介，以"答案"为结果搭建学习支架。根据教师和学生双方对问题、方法、答案已知和未知的情况，构建由易到难的练习。

(2) 创造情境

在教学过程中，学习支架搭成之后，把静止的平面教案变成立体的课堂活动，需要把握好活动情境的创造。在教学实践中，我们遵循针对性、趣味性、创造性的创设原则，通过设置悬念，实例引发等方法，创造一个适合学生进行独立探索的民主、开放的环境。

(3)独立探索

进入问题情境之后,就让学生独立探索。在活动设计时,教师应该充分估计到学生有可能遇到的障碍,做好适当的铺垫;在活动进行时,教师应该注意观察,倾听并收集有关信息,进行适当的引导;对活动中学生表现出来的创造性要及时给予表扬和鼓励;当活动发展下去不再有进展时,教师应立即结束活动并进行总结。

(4)协作学习

独立探索结束时,教师组织小组协商、讨论。教师应事先建立一些基本的小组合作的规则,比如小组内应该有一定的分工,每一位学生都要被指定担任一种特定的角色,如领导者、激励者、记录者、检查者等,而且应该轮流担任,实现小组角色的互换,增进学生与学生互动的有效性。

(5)效果评价

学生完成了认知阶段之后,就对他们的学习效果进行评价。评价的方式包括:教师对学生的评价、学生的自我评价、学习小组对个人的评价。内容包括:① 自主学习能力;② 对小组协作学习所作出的贡献;③ 是否完成对所学知识的意义建构。

案例分析

"减数分裂"探究式教学片段

本教学设计引入探究性学习理念,对"减数分裂"这一教学难题重新设计,在教学中收到了良好的效果。

1. 由果推因感知整体

提出科学事实:1883年,比利时学者比耐登(E. van Beneden)在研究马蛔虫受精作用时观察到,精子和卵细胞中含有数目相同的染色体,这些染色体通过受精作用传给子代。

作出假设:生殖细胞中的染色体数目是体细胞中的一半。构思假设的思维过程是:假若生殖细胞中的染色体数目不是体细胞中的一半,那么生物每繁殖一代,体细胞中的染色体数目就会增加一倍。

搜集证据:从19世纪到20世纪初,许多科学家相继观察到,无论动物还是植物的生殖细胞,在形成过程中染色体数目都要减少一半。

顺势呈现1个精原细胞(含有2对同源染色体)最终产生4个精细胞(每个精细胞含2条染色体)的直观图,引导学生推算:染色体是否需要复制?复制几次?细胞分裂几次?然后,演示精子的形成动画过程,以肯定学生的推算并使之初步感知减数分裂的整个过程——染色体复制1次,细胞连续分裂2次。

(评析:教师给学生提供染色体直观图及精子的形成动画过程,帮助学生理解减数分裂中23号染色体的变化过程)

2. 层层推进明理归因

探究1:染色体何时复制?染色体数目何时减半?怎样减半?

演示精原细胞变成初级精母细胞的动画过程,让学生通过观察说出初级精母细胞不同于精原细胞的特点:体积变大;染色质进行了复制。

（评析：教师给学生呈现演示精原细胞变成初级精母细胞的动画过程，帮助学生作出合理的假设。）

假设1：假若复制后的染色体着丝点都排列在赤道板上，那么，着丝点分裂，染色单体分开后，形成的子细胞中的染色体数目能否减半？（如图4-7所示）

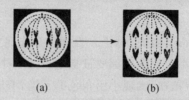

图4-7　复制后着丝点分裂图

假设2：假若复制后的染色体两两配对后，规则地排列在赤道板的两侧，那么，染色体如何变化可使子细胞中的染色体数目减少一半？（如图4-8所示）

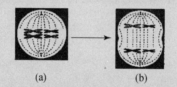

图4-8　染色体联会图

（评析：设计假设1，旨在促使学生运用已习得的有丝分裂知识解释、推断新情境中的问题，使之产生心理困惑，达到欲求不能，欲罢不忍的境地。假设2则让学生充分想象，茅塞顿开，从而领悟子细胞中染色体数目减半的机制，并在与有丝分裂的对比中深刻认识减数第一次分裂染色体行为变化的特殊性。）

探究2：染色体怎样变化，才能两两配对并规则地排列在赤道板的两侧？

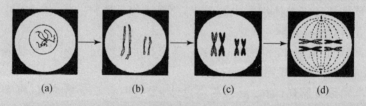

图4-9　染色体联会行为变化图

让学生仔细观察图4-9中配对的两条染色体的大小形态、来源（不同颜色显示）、行为变化等特点。

（评析：学生通过观察染色体联会的变化图，建立同源染色体、联会、四分体等概念。）

为了深化理解同源染色体、联会、四分体这3个重要概念，良好的教学策略是师生相互质疑。首先，学生质疑：为什么在初级精母细胞中的每对同源染色体总是一条来自父方，一条来自母方？教师可溯本求源、释疑解惑：初级精母细胞—精原细胞—受精卵—精子（父方）+卵细胞（母方）。

然后,教师质疑:(1)若图4-9(a)所示细胞进行有丝分裂,可形成多少个四分体?人的初级精母细胞中可形成多少个四分体?(2)从染色体的行为变化分析,你认为次级精母细胞中染色体数目减半的直接原因是什么?根本原因是什么?

(摘自:聂成娟."减数分裂"探究式教学分析与设计[J].生物学教学,2008(8):26-28.)

[案例分析]

问题(1)旨在让学生明确四分体的形成有两个重要前提:染色体复制和同源染色体联会,即:复制—联会—四分体。问题(2)则重在让学生领会同源染色体的行为变化与染色体数目减半之间的关系:同源染色体分离是导致染色体数目减半的直接原因,而同源染色体要实现有规律地分离,必须先通过联会,形成四分体,进而四分体规则地排列在赤道板的两侧。

……

活 动

1. 通过对"'减数分裂'探究式教学片段"的分析,你觉得良好的学习支架应具备哪些特征?

2. 小组内讨论各自的看法,并总结出学习支架在设计过程中应遵循的标准。

在学习支架设计的实施过程中,可运用以下标准(见表4-8)对学习支架的设计进行评价。

表4-8 学习支架评价标准

评价内容	评价标准				权重
	优	良	及格	不及格	
1. 所设置的学习任务与学习目的一致;将大的学习任务转换为小的学习任务。					0.10
2. 所设置的任务是学生不能独立完成的任务;教师提供少量的帮助,学生就能自己完成。					0.15
3. 任务设置结构合理、有层次和条理;引导自然,逻辑关系清晰。					0.15
4. 总能对学生的表现进行鼓励,学生有困难时及时提醒并指导。					0.15
5. 能够引导学生在完成任务的过程中团结协作,师生之间、生生之间能够有效互动。					0.15
6. 支持学生自己完成;针对学生掌握、内化的不同表现依次及时撤去帮助。					0.15
7. 及时对学生表现做出总结归纳,引导学生自我反思及提高。					0.15

4.7 微格教案实例

微格教案——《细胞的能量"通货"——ATP》(人教版必修一)

教学内容 _____ 执教者 __瓦常惠__
训练课题 __建构学习支架__ 导 师 _____

教学目标	生物学的教学目标	知识目标：构建"ATP是细胞生命活动的直接能源物质"这一概念。 能力目标：通过实验探究，提高分析实验、得出结论以构建概念的能力。 情感目标：通过联系生活中萤火虫发光等自然现象，体会科学知识与生活的密切联系。		
	教学技能培训目标	学习支架建构技能		
时间分配	教师行为 (讲授、提问、演示等)	教学技能的类型	学生行为 (参与的活动、预想的回答)	所用的教学媒体
1.5分钟	一、【视频导入】引出细胞内的ATP 上课之前我们先看一段小视频。 [提示]在观看的同时，大家想想，这里面一闪一闪的是什么？ [讲解]视频中一闪一闪的是什么？没错，是夜空下飞舞的萤火虫。 [提问导入]相信大家都有这样的一个疑问：萤火虫是如何发光的？ [相关资料展示]这是萤火虫发光的相关资料，简单地说，萤火虫的尾部发光细胞中有荧光素和荧光素酶，荧光素接受能量后被激活，在荧光素酶的催化作用下被氧气氧化的同时发出荧光。于是我们就看到了萤火虫一闪一闪的发光现象。我们看到荧光素和荧光素酶都是发光细胞的物质，氧气外界存在，那里的能量由谁提供？ [回顾引导]结合我们学过的知识想一想，在细胞内，哪些物质较有可能为萤火虫尾部细胞的发光提供能量？我们首先想到的是？ [讲解]没错，有可能是糖类，因为糖类是细胞生命活动所需要的主要能源物质。 [追加提问]还有可能是？	导入技能 提问技能	观看小视频，轻松进入课堂 充满兴趣 求知欲强 积极思考回答	Flash小动画 PPT 板书

续表

1分钟	[讲解]对,脂肪,因为脂肪是细胞内良好的储能物质。其实,在我们细胞中,还有一种物质也可能为细胞提供能量。就是我们今天要学习的ATP。 [与生活相联系]这是市售的一种药物,名称是ATP,因为其主要成分就是ATP。我们看到它主要用于治疗像进行性肌萎缩等容易缺乏能量供应的疾病,所以,我们可以推断细胞内的ATP确实有可能为细胞提供能量。	讲解技能	带着兴趣了解
5分钟	二、【实验探究】构建"ATP是细胞生命活动的直接能源物质"这一概念 我们现在知道这三种物质都有可能为萤火虫发光提供能量。 [提问]谁才是为萤火虫尾部细胞的发光直接提供能量的呢? [引出实验]我听到有的同学说是ATP,有的同学说是糖类。这些回答都是我们的猜想,生物学是一门实验性的学科,我们只能通过实验去证明。那通过什么样的一个实验可以证明我们各自的猜想呢? [学生分组讨论、设计实验]现在给大家提供的实验材料是:数十只萤火虫的尾部发光器、试管若干支、暗箱一个、葡萄糖溶液、ATP溶液、脂肪溶液以及蒸馏水。将大家按就近原则分为四个小组,以小组的形式,讨论设计出一个探究实验,来探究到底谁才是为萤火虫的发光直接提供能量的。然后我们一起来交流。每个组都发了学案,在实验探究部分,简单地写出你的实验设计思路。然后我们一起来交流。现在开始。 教师适当引导…… [讨论交流设计方案]好,哪个组愿意分享一下自己组的实验设计啊? 根据学生的实验设计展示,教师补充引导。 [教师总结实验探究]好,现在就将这个组处理好的这四支试管放在黑暗中,一段时间后,我们看到了这样的现象,什么现象?	建构学习支架 建构学习支架	大胆猜想 小组合作,讨论出探究实验的设计方案 大胆发言分享自己的讨论成果

续表

	没错,只有在加入了ATP溶液的试管中有荧光出现,其他试管均没有荧光。 [分析讨论]分析我们看到的这个实验现象,能得出什么结论? 非常好,糖类和脂肪不能为萤火虫的尾部发光细胞直接供能,ATP可以。 [推广引导]那萤火虫尾部细胞的发光是一种生命活动,因此我们推广一点,可以说,ATP是细胞生命活动的直接能源物质。 这就是通过我们自己设计的实验探究构建出的概念,ATP是细胞生命活动的直接能源物质。	建构学习支架	学生分析讨论
2分钟	[理解打比方]那怎么去理解直接能源这一概念呢?我们简单地打个比方: 农民不能用养的牛、羊,种的粮食直接去购买其他东西,只能换成了钱之后,才能去购买。ATP就好比是钱,能够直接为细胞供能。我们说钱是市场上流通的货币,因此,我们将ATP形象地比喻为细胞的能量"通货",这就是我们的标题。 [知识总结]那我们现在一起来简单地小结一下,细胞的主要能源物质是?糖类。主要储能物质?脂肪。直接能源物质是?ATP。那最终能源来自哪里?太阳能。初中我们都学过,植物通过光合作用制造有机物转化光能流动于食物链,因此细胞或者说整个生物圈的最终能源来自于太阳能。	建构学习支架 建构学习支架	带着兴趣理解 一起归纳总结
30秒	三、【思考小结】 我们看到糖类和脂肪不能为细胞直接提供能量,而ATP却可以,它甚至被比喻为细胞内的能量"通货",那这是为什么?ATP又是如何直接供能的呢?细胞内ATP的具体利用有哪些?我们下节课一起再来探讨。	结束技能	课后思考
导师意见			

(来自:瓦常惠 青海湟川中学)

实战演练

1. 什么是课堂观察技能？观察技能在课堂教学中的作用是什么？
2. 影响观察和判断的因素有哪些？如何避免产生错误的判断？
3. 如何提高课堂观察技能？尝试记录一位教师的课堂观察，从中找出对提高观察技能有用的经验，并与其他同学分享。
4. 假设一些课堂问题行为或课堂偶发事件，请设计出相应的预防及处理措施。

（1）课堂问题行为
① 个别学生
说话
看小说
坐立不安
向窗外看
向教师发难，提怪问题
睡觉
在课堂上乱画
在前排学生背上贴纸条
学着教师的腔调说话
吹口哨
戴着耳机听收音机
发生争执
不请假走出教室
串座位
将有碍观瞻的东西带进教室
② 部分学生
发困，注意力不集中
小声议论
不听讲，做其他作业
看课外书
东张西望
坐立不安
教师提问，学生不回答

（2）课堂偶发事件
小鸟飞进教室，并且飞不出去
教室外突然锣鼓喧天
学生提出教师未曾考虑过的问题
在黑板上画教师的画像
在黑板上罗列教师的口头语
在讲桌上放赃物
学生大声说教师讲得不对，或某个字写错了
……

学习链接

1. 河北师范大学现代教育技术网：http://wgjx.hebtu.edu.cn/default.aspx
2. 南京师范大学生命科学学院生物学教学论精品课程：http://kc.njnu.edu.cn/swkcl/first.htm
3. 人民教育出版社《课程教材与教法》：http://www.pep.com.cn/rjqk/kcjcjf/200701/200705/t20070528_395811.htm

专题5 实验教学技能

内容提要

生物学是以实验为基础的自然科学,生物学的发展离不开实验。生物实验是生物科学研究的重要方法,正是生物实验的不断发现,人类对生物学才有了一次又一次的进步。本专题主要介绍了生物实验的概念,生物实验的组成要素,生物实验的类型,生物实验的设计与实施,生物实验设计的一般原则,中学生物实验的目的及意义,中学生物实验教学的组织、实施与优化等。

学习目标

◆ 描述生物实验的概念、组成要素、类型;
◆ 能够进行生物实验的设计与实施;
◆ 能灵活运用生物实验设计的一般原则;
◆ 会进行中学生物实验教学的组织、实施与优化。

关键术语

◆ 生物实验　◆ 组成要素　◆ 类型　◆ 设计　◆ 实施　◆ 组织
◆ 中学生物实验教学　◆ 优化

知识地图

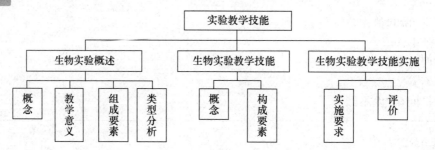

专题序幕

生物实验课本身的特点及其在生物教学中的地位,决定了它在生物教学中的重要作用。但实际教学中,大部分的学校和教师仍太注重教材和书本知识,使生物实验变成了知识的简单验证和再现,学生做实验往往是在现有的、固定的模式下机械化地重复实验,或者是被教师的演示实验取而代之。生物实验课教学若仍固守传统的模式,我们培养的人才便可能知识单薄,思维呆滞,主观能动性和创造性欠缺,难以适应社会的发展。掌握生物实验课教学技能和实施技能是每位生物教师必须完成的任务。[①]

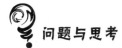

1. 你是如何理解中学生物实验的?
2. 作为中学生物教师或未来的中学生物教师,你将如何在教学工作中对待中学生物实验?

5.1 生物实验概述

达尔文说:"我的成功不管多大,我认为重要的一点是:爱科学,在长期思考任何问题的无限耐心,在观察和实验上的勤奋。"实验的方法先是观察,进而假设,再根据假设而实验。实验的结果与假设不符合,自然是修正假设而重新做实验了。如此重复实验至结论相同,则形成了理论。因此,生物实验是检验生物科学知识真理性的标准。

5.1.1 生物实验的概念

中学生物教学中所做的生物实验统称为教学活动实验,简称为教学实验。教学实验是根据中学生物的教学目的、学生的认知水平和教学条件,有目的、有计划地安排设计一些类似科学实验的模式和程序,在规定的时间内进行实验操作,以达到实验目的的教学实验活动。

北京师范大学版的初中生物教材设计了36个学生活动实验,其中15个观察性实验,4个验证性实验,11个探究性实验,1个设计性活动;教师演示实验10个;建议活动15个。

新高中生物教材(如河北版)共设实验31个,含模拟实验8个、调查7个、探究7个、构建模型4个,其种类、数量的丰富度是全日制普通高级中学教科书(人教版,2003版)教材无法比拟的(实验12个、研究性课题6个、实验5个)。其中大部分为新增实验,如观察DNA、RNA在细胞中的分布;人眼视网膜盲点的检查;动物对适宜温度的行为选择;性引诱剂诱杀昆虫实验等。普通高中课程标准实验教科书2004版的生物教材的实验数量大大增加,但简单易行,趣味横生。

《全日制义务教育生物课程标准(实验稿)》在教学建议中明确指出:"实验教学既是一类探究活动,也是生物教学的基本形式之一。课程标准的内容标准部分列举的一些活动建议中,相当部分就是实验。""学校应逐步完善生物实验室的建设、仪器设备和用具的配置,保证实验教学经费的投入。生物教师也应创造条件,就地取材,因陋就简地开设好生物学实验"。

---

① 崔鸿,郑晓惠.新理念生物教学论[M].北京:北京大学出版社,2009:186.

生物实验是指根据实验目的,实验者运用实验仪器、设备及装置等物质手段,在人为的、特定的实验条件下,通过实验观察和测量获得各种生物科学事实的一种科学研究方法。

从静态角度看,生物实验的要素有实验者、实施手段(包括实验、装置以及科学方法)和实验对象;从动态角度看,生物实验则是由实验的准备、实验的实施和实验的结束等阶段相连构成的。

5.1.2 生物实验的教学意义

新课程要求通过生物实验教学,让学生在获取或巩固科学知识的过程中,理解、掌握和运用观察与实验手段处理问题的基本程序和基本技能;培养学生的观察能力、思维能力和实践操作能力,让学生学会认识未知事物的科学方法,包括现代生物技术的应用;培养学生敢于质疑和探索生命现象及其运动发展规律的品质,培养学生严谨、求实的学习态度和良好的学习习惯,树立不懈的求索精神;激发学生的学习兴趣和学习动机,培养学生的创新精神和创新能力;培养学生的社会意识和合作精神,提高学生的综合素质和形成科学的价值观。

由此可见,中学生物实验教学具有重要的意义:第一,生物实验能帮助学生加深对知识的理解与记忆,并有可能在实验的过程中发现新知;第二,生物实验能丰富人的感性认知;第三,实验是手脑并用的实践活动,是培养学生观察能力最直接、最有效的途径,能够使学生较为容易地抓住事物的本质,分析问题的因果关系,找出解决问题的根本方法和措施;第四,实验能培养学生的小组团队精神;第五,生物实验是检验生物科学知识真理性的依据之一;第六,生物实验是生物理论运用于生产实践的桥梁和中介,生物实验是生物科学研究的根本途径和方法。

5.1.3 生物实验的组成要素

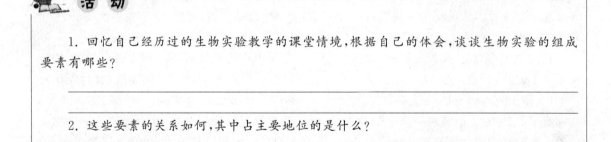

1. 回忆自己经历过的生物实验教学的课堂情境,根据自己的体会,谈谈生物实验的组成要素有哪些?

2. 这些要素的关系如何,其中占主要地位的是什么?

从认识论的角度分析,生物实验应包括实验者、实验研究对象和实验手段三个要素。

1. 实验者

实验者是整个生物实验的认识主体,是实验过程中最积极、最活跃的因素。从生物实验各个环节的设计,对实验对象、环境、条件的控制,以及实验过程中的具体运作和探索活动直至得出结论,都应体现认识主体的主观能动性。生物实验能否获得预期的效果,能否成功,不仅取决于实验者生物科学理论知识的水平和思维能力,也取决于实验者运用实验手段进行实验操作的技术水平,以及从实验过程中获取信息的能力。[①]

在生物实验的教学中,学生是进行实验操作的认识主体,通过生物实验,学生在信息的获取、实践操作、思维及创造等方面的能力得到培养和提高,因此教师应在实验教学中充分发挥实验主体的主动性、能动性。

2. 实验研究对象

生物实验的研究对象是生命及其各种形式的运动、变化及发展。生命是宇宙中的物质从原始星云经过物理演化和化学演化,进化而来的最高级、最复杂的物质形态,其运动、变化及发展也是自然界中最高级、最复杂的运动形式,具有客观性、可控性、主动性和复杂性的特点。[②]

3. 实验手段

生物实验的手段主要包括实验工具、仪器、设备等物质手段。实验工具包括解剖盘、移液管、注射器、捕虫网等;实验仪器包括显微镜、离心机、灭菌锅、天平、烧杯、量筒等;实验设备包括恒温培养箱、电子显微镜、PCR仪等。

生物实验手段具有一定的特性:第一,实验者与实验对象的中介为实验手段;第二,实验者控制和纯化研究对象及其环境主要是通过实验手段来实现。

案例

生物学实验的产生和发展

(1) 古代生物学实验

从某种意义上讲,生物学是和人类及其实践活动一起诞生的,生物学实验也是源于人类的各种实践和尝试。人类真正有意识地认识生物,是从原始社会人的采集和狩猎开始的。没有原始人的各种实践和尝试,今天的"实验"也就成为无源之水、无本之木。

进入文明社会以后,人们开始有目的地对各种生物的形态、习性进行探索。传说在大约公元前2000年的中国夏代,人们就已经知道酿酒了,有文字记载的是公元前1500年的殷代,人们用曲蘖制酒。酿酒业可以说是古人比较系统地进行"生物学实验"操作的典型代表。公元前1000年,中国的《诗经》就有了大量关于动、植物知识的记载,都是人们对自然观察的描述。

关于杂交实验的最早记载,是公元121年我国东汉时期的许慎所著《说文》中提到的"蠃,驴父马母者也;駃騠,马父蠃子也"。大约公元前600年,古希腊生理学家阿尔克迈翁即对人和动物的尸体进行了解剖。被西方称为"生物学始祖"和"动物学之父"的古希腊哲学家、动物学家亚里士多德(前384—前322)曾对540种动物进行了分类,对其中50多种动物进行了活体解剖观察,并做了详细记录。在我国古代就曾有神农尝百草,"一日而遇七十毒"的传说。古人为了认识自然现象而自觉地通过简陋的手段专门进行一些观察和比较,可以看做是科学实验的先驱。

---

① 俞如旺.生物微格教学[M].厦门:厦门大学出版社,2007:205-206.
② 俞如旺.生物微格教学[M].厦门:厦门大学出版社,2007:206.

(2) 近代生物学实验

生物学实验在走向科学的道路上经历了艰难和曲折。维萨里、塞尔维特等作为科学实验倡导者的先驱,为探索生命的本质而献身,而他们最初的探索,还是没有完全摆脱以"考察事实"为主的解剖实验。真正开创以科学研究为主的生物学实验的是英国生理学家、医生威廉·哈维(William Harvey,1578—1657),他应用了正确的研究方法——在观察事实的基础上提出假设,并通过实验来证实假设。血液循环的发现,标志着建立在实验基础上的实验生理学的建立。哈维之后,生物学实验开始在生理学、微生物学、细胞学、遗传学等领域迅速发展起来,同时也推动了这些领域的发展。

(3) 现代生物学实验

19世纪末,自然科学开始了全面的、革命性的发展,生物学实验也进入了现代发展的阶段,现代生物学实验的内容更为深入和广泛,设备、方法和手段更为完善和先进。1895年,德国物理学家伦琴(W. K. Rontgen,1845—1923)发现"X射线"。1951年,英国生物物理学家威尔金斯(M. Wilkins,1916—)将X射线衍射技术应用到对DNA结构的研究中,获得了突破性进展。美国遗传学家沃森(J. Watson,1928—)和英国物理学家克里克(F. H. Crick,1916—)在此基础上于1953年提出了DNA双螺旋结构的分子模型。20世纪60年代的激光技术、超速离心机、层析技术、电泳技术等应用到生物学领域中,促进了现代生物学实验的发展。电子显微镜、扫描隧道电子显微镜的使用对生物超显微结构有了更深入的认识。20世纪70年代在分子生物学基础上发展起来的现代生物技术——生物工程的产生和发展,标志着现代生物学实验已经摆脱了传统模式,而直接将生命科学的理论和发现应用于生产实践的探索。电子计算机的应用使生物学实验的周期大大缩短,而且使实验的准确度大大提高。数学模型广泛应用到高级神经活动的生理学、遗传学、生态学的研究中是现代生物学实验革命的另一个标志。

(摘自:陈继贞,张祥沛,曹道平.生物学实验教学研究[M].北京:科学出版社,2004:2-4.)

5.1.4 生物实验的类型分析

中学生物实验可以从多个角度来分类:从操作对象看,主要分教师实验和学生实验;从功能上分为概念形成实验、验证理论实验、探索实验等;从形式上分为个体实验和小组实验;从时间上分为课堂实验和课外实验;从实验内容来看,可分为形态学实验、生物分类学实验、解剖学实验、生理学实验、生物化学实验、微生物学实验、遗传学实验和生态学实验;从生物实验的教学方式看,可分为演示实验、学生实验和课外实验。另外,生物实验还可按照学科性质、生物教学等方面的不同分为不同的类型(见表5-1),各种不同形式的实验对发展学生的能力各有侧重。

 资料阅读

生物科学属于自然科学的范畴,生物实验是生物科学研究的重要方法。根据不同的依据,生物实验可以划分为不同的类型,一般来说,有以下几种常见分类。

表 5-1　生物实验的类型

依据	类型
学科性质	形态学实验、解剖学实验、生理学实验、生态学实验、分类学实验、遗传学实验和生物技术实验
生物教学	演示实验、学生实验和学生课外实验
实验的精确性和实验所处的环境	实验室实验和自然实验
实验的教学目的	验证性实验和探究性实验
实验中量与质的关系	定性实验和定量实验
实验在科学认识中的作用	对照实验、模拟实验、中间实验

问题与思考

1. 你熟悉的生物实验按照上述分类依据，各属于什么实验？
2. 中学生物实验中常见的类型有哪些？

目前，中学最常采用的生物实验教学的分类方式是从教学的角度来分，主要分为探究性实验、验证性实验、模拟性实验、演示性实验、设计性实验等。下面就以此种分类所划分的实验类型来具体探讨。

1. 探究性实验

探究性实验是指探究实验对象的未知属性的实验。在教学中学生的探究性实验多数为"再发现"实验，即学生积极主动地获取生物科学知识、领悟科学研究方法而进行的各种活动（如探究影响鼠妇分布的环境因素，探究酸雨对小麦种子萌发的影响等）。

探究性实验的特点就是对研究对象不了解，或不完全了解，全凭实验者去"摸索"和"尝试"，所以探究性实验也称"试验"。生物科学史的很多重大发现和理论的建立，都是通过长期的探究性实验才得以发现的。例如，绿色植物的光合作用是由众多的生物学家和化学家在经历了大约 300 年的探索后才逐渐被认识。①

资料阅读

材料 1　探究影响鼠妇分布的环境因素

［实验目的］探究哪些环境因素影响鼠妇的分布。

［材料器具］培养皿、吸水纸、纸板等。

［方法步骤］

1. 学生分成若干组，每组在课前观察鼠妇的生活环境，捕捉鼠妇若干个（注意：不能破坏学校或社区的草坪或花坛等）。针对鼠妇的生活环境提出问题。

2. 通过交流自己是在什么地方捕捉到鼠妇的，对影响鼠妇分布的主要环境因素作出假设。

---

① 俞如旺.生物微格教学[M].厦门：厦门大学出版社,2007：208.

3. 利用教师提供的器具和实验室可利用的其他器具,设计一个实验方案用以验证自己的假设。

4. 根据自己的实验设计,进行实验。观察并记录鼠妇在一定时间内的活动变化。

5. 各组交流实验数据。分析小组和全班的数据,讨论实验数据是否支持假设。

6. 讨论"环境中的阳光、温度、水分等因素对于鼠妇的分布有什么影响"问题后,交流并撰写探究报告。

活动完成后将鼠妇放回大自然中。

材料2 是警戒色还是拟态

美国哈佛大学有一个动物学教授,向来以才思敏捷著称。有一次,他去一所中学拜访一位老同学。他的同学是这所中学的一个生物教师,正在给学生们讲动物的警戒色和拟态问题。同学告诉他,这个问题讲了几十分钟,可有的学生还是不清楚,怎么办呢?动物学教授听后向同学要了一只捕虫网,然后走了出去,一会儿捉来一只蟾蜍、几只蜻蜓、野蜂和盗虻。

教授拿细线吊一只蜻蜓,晃动逗引,结果被蟾蜍吃掉了。拿细线吊一只长着野蜂色斑的盗虻逗引,也被蟾蜍吃掉了。拿细线吊一只野蜂逗引,当蟾蜍刚要吞下去时,被野蜂狠狠地蜇了一下而吐了出来。后来,再用野蜂逗引,蟾蜍不吃了,用盗虻逗引也不吃了,而用蜻蜓逗引仍然照吃不误,这样野蜂的黄斑就成了警戒色,盗虻身上具有的类似野蜂曲色斑则称之为拟态。

(摘自:陈继珍,张祥沛,曹道平.生物学实验教学研究[M].北京:科学出版社,2004:24.)

2. 验证性实验

验证某一个理论是否正确,是指对研究对象有了一定的了解,并形成了一定的认识或提出了某种假说后,为验证这种认识或假说是否正确而进行的实验。因此,验证性实验是把研究对象引向深入的重要环节。验证性实验有两种:一种是实验者验证自己提出的某种设想或假说;另一种是对别人提出的某种理论、假说或成果的验证。如巴斯德于1865年提出了"细菌致病学说",由于没有实验的证明,这始终是一个有争议性的理论,直到1880年,科赫通过"细菌感染"的实验才证明了巴斯德的"细菌致病学说"。[①]

中学生物中有许多验证性实验,这类实验重点是理解实验原理,掌握实验步骤,解释实验结果产生的原因。如验证人体呼出的气体中二氧化碳的含量增多的实验、验证植物光合作用产生淀粉的实验等。

实际上,在生物学研究的过程中,探究性实验和验证性实验往往是不可分割的。验证性实验的结论也并非都是已知的,假设本身就不是结论,而是一种预期。在对研究对象的探究过程中,对未知的研究目标,必然要提出假设或猜想,并做出预期,只有通过验证性实验来证明假设的正确与否,才能得出科学的结论。虽然探究性实验是带有尝试性的,但仍然有一定的目标和方向,只不过验证性实验的目标更具体。

---

① 俞如旺.生物微格教学[M].厦门:厦门大学出版社,2007:208-209.

案例

材料1　验证活细胞吸收物质的选择性

1. 目的要求

观察种子中胚的染色特点,认识细胞吸收物质的选择性。

2. 材料用具

玉米籽粒、红墨水、镊子、刀片、培养皿、烧杯、酒精灯

3. 方法步骤

(1) 将玉米籽粒放在20~25℃的温水中浸泡35小时。

(2) 取4粒已经泡涨的籽粒,将其中2粒在沸水中煮5分钟后,冷却,作为对照的实验材料。

(3) 分别取煮过和未煮过的玉米籽粒放在培养皿中,用刀片沿胚的中线纵向切开籽粒,用稀释20倍的红墨水染色。2分钟后,倒去红墨水,用水冲洗籽粒数次,直到冲洗液无色为止。

(4) 观察籽粒中胚的颜色。

[案例分析]

本案例是浙江科学技术出版社出版的《普通高中课程标准实验教科书生物(必修1)分子与细胞》中的一个典型的验证性实验,目的在于通过实验验证活细胞吸收物质具有选择性这个假设,再引入细胞膜有选择透过性相关知识的学习。学生通过亲身实验和体验,不仅让学生容易理解知识,更有利于形成严谨的科学态度。

材料2　验证生长素是果实发育所必需的因素

为了验证生长素的这一作用,法国植物学教授翟·皮赤做了这样一个实验:选三枚未成熟的草莓果,一枚摘除外壳上的全部小籽;另一枚留下很窄的一圈小籽;第三枚摘除全部小籽后,涂抹上一定浓度的人造植物生长素。

结果是:第一枚停止生长;第二枚只有有籽的那部分继续生长;第三枚生长正常。这是为什么呢?原因便是我们所熟知的:雌蕊授粉以后,在胚发育成种子的过程中,发育着的种子里产成了大量的生长素,这些生长素能够促进子房发育成果实。如果雌蕊授粉以后,在子房成果实的早期,除去发育着的种子,果实就会由于缺乏生长素而停止发育,甚至引起果实早期脱落。如果在没有授粉的雌蕊柱头上涂上一定浓度的生长素溶液,子房照样能发育成果实,但是由于没有经过受精,所以果实里不长种子。

3. 模拟性实验

模拟性实验是指在科学研究中,由于受客观条件的限制,不允许或不能对研究对象进行直接实验,为了取得对研究对象的认识,可通过模拟的方法,选定研究对象的替代物(即模型)的实际情况,对替代物进行实验。例如,在中学生物实验中,也有一些是模拟性实验,如性状分离比的模拟实验、制作DNA双螺旋结构模型、自然选择等课外模拟实验等。

在模拟实验中,这种实际存在的研究对象叫做"原型",相应的模型装置叫做"模型"。模型包括图像模型、逻辑模型、数学模型、实物模型等。生物实验中多用实物模型。作为实物模型应具备以下几个特点:① 与原型有相似关系,即在结构或功能上是相似的;② 能被人的感官直接感知;③ 可用做实验对象。实物模型又可分为自然模型和人造模型。

案例分析

细胞大小与物质运输的关系

1. 材料用具

琼脂、淀粉、塑料餐刀、一次性手套、毫米尺、吸收纸、碘液、烧杯、有机玻璃水槽、玻璃板、玻璃棒、水和电炉等。

2. 方法步骤

(1) 琼脂块的制备

① 先把淀粉4 g放在烧杯里,用50 mL水调成糊状后,再倒入150 mL水搅拌,放在电炉上加热、煮沸后加入琼脂。用玻璃棒不停搅拌,待琼脂完全溶解后再加入水直至1000 mL。

② 取3个水槽,编号,将热琼脂分别倒入3个水槽中,琼脂厚度分别为1 cm、2 cm和3 cm,冷却后移至玻璃板上备用。

(2) 用毫米尺测量后,在3块玻璃板上用塑料餐刀分别切取边长为1 cm、2 cm、3 cm的正方体琼脂块。

(3) 将3块琼脂块放在烧杯内,加入碘液,将琼脂块淹没、浸泡15分钟,用塑料勺不时翻动琼脂块。

(4) 戴上手套,用塑料勺将琼脂块从碘液中取出,用吸水纸将其吸干,然后用塑料刀把琼脂块从中间切成两半。

(5) 观察切面,用毫米尺测量每一块琼脂块上碘扩散的深度,记录结果并计算,并填写如下表格(见表5-2)。

表5-2 琼脂块上碘扩散的深度的测量结果

边长	琼脂块体积	变色的琼脂层厚度	未变色的琼脂层厚度
1 cm			
2 cm			
3 cm			

[案例分析]

本案例是对人教版《普通高中课程标准实验教科书生物必修1分子与细胞》中一个模拟实验的改进,由于细胞太小,高中生物实验中不易操作,用琼脂块模拟细胞,进而模拟细胞大小与物质运输的关系,这便将抽象的过程直观化,帮助学生理解。

(摘自:杨运春."细胞大小与物质运输的关系"模拟实验的改进[J].生物学通报,2005(9):29.)

4. 演示性实验

活 动

1. 通过查阅文献资料,总结出生物教师在演示性实验教学过程中常用的几种方法,并试着用简单表达形式画出这些方法的教学过程。

_____
_____
_____

2. 思考如果你是一名生物教师,你更擅长于哪种演示性实验教学方法?

_____
_____
_____

生物教学中,教师在传授知识时,常常要演示实验给学生看,这是好的教学方法之一。它不仅能迅速帮助学生理解知识,同时也有加强直接识记的作用。目前演示性实验所采用的方法主要有以下几种:

(1) 演绎法

以教师自述和实验为主。教师在开始讲每一段题目时,先提出结论,然后一边演示实验一边进行说明,最后由实验证明开始时指出的结论是正确的。这种类型的演示性实验可以概括为以下几个步骤:总课题→局部结论→演示实验证明→局部结论→演示实验证明→全部结论(特殊)→一般结论(一般)。

案例分析

"种子的成分"演绎法实验

教师讲授"种子的成分"时,首先向学生说明:"种子是由许多成分组成的,其中之一就是水,下面我做一个实验加以证明。"接着,教师把干燥的小麦种子放在试管中,摇动数次,使学生听到种子撞击管壁的声音,并没有看到种子贴在管壁上的现象,以便说明种子的表面并没有水,里面也是干的(不是刚收获的麦粒)。接着把试管倾斜地在酒精灯上慢慢加热,不久,试管上部的管壁里就开始出现水珠。然后停止加热,向学生指出:"水从种子里蒸发出来,在上部冷的管壁上已凝成水珠。这个现象证明水是种子的成分之一。"接着,教师再指出:"种子的成分中还有无机物,下面再做一个实验进行证明……"

[案例分析]

该案例教师先提结论,然后用实验进行证明,一直到把种子全部成分讲完为止,最后指出不仅小麦种子如此,一切种子都有这些成分,不过含量的多少不同而已。这个案例就充分展示了演示性实验采用演绎法进行教学的基本过程。

(2) 教师自述归纳法

演示中以教师自述为主,间以谈话。上课时教师说明总课题后,不提任何结论便开始进行实验,在实验进行中教师用语言引导学生观察主要的现象,实验完成后,再用已看到的现象做出相应的结论。必要时,再做第二个实验,得出结论。最后由一些结论得出总的结论。该方法可以概括为下列简明表式:总课题→演示实验→结论→演示实验→结论→全部结论→一般结论。

案例分析

"种子的成分"教师自述归纳法实验

在"种子的成分"一课,上课时教师先指出学习"种子成分"的意义,接着指出:"为了知道种子有哪些成分,现在我们以小麦种子为例做一些实验……"接着,教师做水分、无机物(矿物质)、有机物(淀粉、蛋白质、脂肪)等实验。每个实验之前,不说明将会产生什么结果,学生在期待中观察分析后,教师再说出结论。最后再把小麦种子成分的结论(特殊的、个别的)推广到所有种子中(一般的、普遍的)。

[案例分析]

该案例中采用了与上述不同的演示方法处理同一教学内容。教师上课时先说明总课题后,不给出任何结论便开始进行实验,在实验进行中用语言引导学生观察主要的现象,并做出相应的结论。多次尝试,最后由个别结论得出一般结论。

(3) 师生对话归纳法

演示中以学生与教师对话为主,穿插教师讲述,这种方法与教师自述归纳法的主要区别是:① 在实验中教师用语言引导全体学生观察或提出有关的疑问;② 结论不由教师去做,而让学生自己去说。这种方法可以概括为以下几个步骤:总课题→演示实验→结论→演示实验→结论→全部结论→一般结论。例如,教师在讲授"神经系统的机能和构造"时,教师只向学生说明了神经组织的基本特性是产生兴奋和传导兴奋及其原理。讲授完毕后,演示了下列实验:把一块被酒精浸湿的棉花,放在神经上,用电流刺激神经时,肌肉就不收缩了;再用电流刺激棉花与肌肉之间的神经时,肌肉又收缩了。实验完毕后,教师问学生:"为什么前一次刺激神经时肌肉不收缩,后一次刺激时,肌肉就收缩了呢?"以便学生明确,兴奋虽然能够沿神经传导,但是不能通过受伤害的地方传导。[1]

5. 设计性实验

由于生物学科自身的特点决定了生物教学的目标是培养学生的动手能力和实验能力,开展设计性实验是实现此目标的重要途径之一。完整的设计性实验主要包括以下内容:

(1) 实验题目。要求设计的实验课题。

---

[1] 中小学继续教育网络课程:http://www.jswl.cn/course/B1015/chapter_5/shiyan/shiyan3-1.htm.

(2) 原理假设。源于已知的生物基本原理或对未知现象的一种假定性解释。

(3) 器材选择。选择所需的实验材料、药品、试剂、用具等。

(4) 实验步骤。包括实验的顺序、实验现象的观察记录、实验数据的收集整理等。

(5) 结果预测。预测实验的结果,如果实验结果与假设相符,则证明假设成立;否则,则说明假设不成立。

实验设计和操作的过程

1. 明确实验目的和原理。如探索禽流感病毒的遗传物质是蛋白质还是RNA,则首先应该明确实验原理是遗传物质能控制生物的遗传性状。

2. 明确实验类型,即明确所做实验是验证性实验还是探索性实验。验证性实验具有明确的结果,而探索性实验的现象和结果是未知的或不确定的,因此应针对各种可能性分别加以考虑和分析,得出相关结论。

3. 确定实验变量、反应变量以及影响本实验的无关变量。变量可以从实验题目中获得启示给予确定。一般来说,影响实验的无关变量主要有温度、pH、所用植物的生长状况、饥饿处理的环境等。这些无关变量中任何一种因素的不恰当处理都会影响实验结果的准确性和真实性,因此实验中必须严格控制无关变量。

4. 确定实验观察的对象以及具体的实验指标或检测指标。如验证加酶洗衣粉对血渍的除污能力,宜以污渍完全消失的时间长短作为测量指标,而不宜以单位时间内污渍的消退程度作为测量指标,当然实验观察对象是血渍。

5. 构思实验步骤,注意实验操作顺序的合理安排。

实验步骤设计的一般规律如下:

(1) 取材、分组、编号。实验材料包括实验中用到的各种动植物和器具。实验材料的取舍应遵循单一变量因子原则,分组编号应遵循随机性原则。

(2) 相同处理和不同处理。根据实验变量设置对照,注意除实验变量不同外,其他因素都应相同且适宜。

(3) 进一步的相同处理。其他因素相同且适宜的继续。

(4) 检测、观察、统计、比较。找出具体的观察和记录对象,观察、记录、比较实验数据和现象。如果实验现象是隐蔽的,必须找出具体的检测方法,以显现实验结果,便于观察。

6. 记录实验现象,处理实验数据,分析实验结果,得出实验结论。

(摘自:范洪明.高中生物实验设计初探[J].四川文理学院学报,2007(6):166-167.)

5.2 生物实验教学技能

你喜欢哪种教学方式?

课堂1:李老师正在讲生理卫生课,当提到吸烟有害人类健康时,他通过PPT向学生展示了一系列吸烟者肺的图片来讲解……

课堂2:王老师正在讲生理卫生课,当提到吸烟有害人类健康时,他进行了这样一个简单的实验:

a. 首先用充满空气的瓶子充当肺。

b. 用棉花包住一支香烟底部(香烟尽可能多地暴露在空气中),塞住容器口。

c. 点燃香烟;同时模仿肺的呼吸挤压瓶子,以此来模仿人类吸烟,并重复多次。

d. 快速移开棉花和香烟,将昆虫放入瓶中,让它在那里待一会儿。

e. 观察昆虫发生了什么变化。

实验完后,教师提问:从这个实验中你发现吸烟对人类的健康有害吗?学生积极回答……

1. 这两节课的内容都是关于吸烟有害人类健康。说出这两个老师讲课分别采用的方式。

2. 你喜欢哪一种教学方式?它的特点是什么?

3. 对于教师而言,谈谈开展该类型的教学需要哪些技能。

(课堂2中的活动改编自:乔治·C.洛比尔.中学科学活动设计与示范[M].戴儒光,等译.北京:华夏出版社,2003:281.)

5.2.1 生物实验教学技能的概念

生物实验是生物教学的重要组成部分,与生物实验着重于探索发现和理论检验的特征不同,生物教学中的实验是以培养和训练学生的科学素养为目的的。因此,生物教学中的实验是教师或学生根据一定的实验学习目的,运用一定的生物实验仪器、设备和装置,在控制实验条件下进行的认识科学现象,获取生物实验事实,探究事物性质或者运动规律,理解生物科学的变化特点、转化关系等的实践性学习活动。

生物实验教学技能是教师围绕一定的教学目的开展有效实验教学所具备的基本素质和技能。生物实验是人类认识自然的重要方法和手段,为此,生物实验教学技能是生物教师的主要岗位技能之一。它对生物课程实验的有条不紊地开展和实验目标的达成起着重要的基石作用。

 案例

初中生物课连续实验的好材料——小麦种子

生物课是中学生接触的第一门以实验为中心的自然科学课。在努力完成教学大纲的要求，激发学生学习生物课的兴趣，拓宽学生知识视野，培养学生实验能力的同时，以小麦种子为实验材料，尝试了开展连续性实验教学。在教学实践中，深切地感受到了用小麦种子做连续实验的乐趣和益处。

从种子公司购买新鲜的小麦种子，寿命在 2 年左右，连续做以下实验。

1. 探究种子的成分。取干燥的小麦种子，用不同的方法测定小麦种子里所含有的无机物（水分、无机盐等）和有机物（淀粉、脂肪）。

2. 分辨小麦种子中胚和胚乳。切下小麦种子的胚，配合双子叶植物种子结构观察，认识小麦种子的胚里有一片子叶。

3. 观察种子萌发的外界条件。在做前两项实验的同时，取若干粒干燥的小麦种子（约 400～500 粒）均匀地摆放在四个培养皿内，分别放在常温、纱布湿润；常温、干燥；常温、水浸没；冰箱冷藏（−4～−7 ℃）、纱布湿润环境中。2～3 天后：

3.1 根据种子萌发情况，分析种子萌发时所需要的外界条件（水分、空气和适宜的温度）。

3.2 测定种子的发芽率。

3.3 认识胚芽鞘和刚刚由胚根发育的幼根根尖（特别是黄白色的根冠）。

3.4 3～7 天后，当小麦苗的第一片真叶长到 5～7 cm 高时，将萌发的小麦种子冲洗干净，分别咀嚼几粒萌发的小麦种子和干燥的小麦种子，立刻会感觉到萌发的小麦种子有很明显的甜味，干燥的小麦种子没有甜味，有干淀粉的味道。

3.5 酵母菌的培养。将上面用于观察种子萌发外界条件，放在常温、水浸没培养皿中的小麦种子分装在试管内，继续培养。若室温在 15～20 ℃左右，1～2 周后在试管口闻到略有酒味时，取一滴培养液，在显微镜下可观察到大量的酵母菌和正在进行出芽生殖的酵母菌。

4. 分装小麦种子，留作"根的形态"一课的观察材料。将已经萌发的小麦种子用脱脂棉轻轻地分株包裹，分别置入若干个盛有清水的试管里，每天向试管口内滴入清水，保持棉花球的湿润。

4.1 将部分试管分别置于光下和黑暗两个环境中，作考察叶色与光照关系的对照实验。待进行"绿叶在光下制造淀粉"实验时作辅助说明。

4.2 观察根毛。用肉眼和放大镜，对着光线可清晰地看到试管内浸在清水中小麦种子的幼根白色"绒毛"区域，即小麦的根毛。同时，辨认根冠、分生区、伸长区和成熟区。

4.3 练习制作根毛和根尖结构的临时切片。用显微镜观察并与根毛和根尖永久切片对照。

4.4 画墨线，观察根尖的生长部位。在观察根毛的同时，教给学生用黑墨水笔在自己挑选的刚刚萌发的小幼根上画出相等距离的墨线，由于有棉花球包裹，让幼根在试管内（不要接

触着清水)继续生长。等到下次实验课时观察墨线是否仍然保持着相等的距离,分析墨线之间距离增大的原因。

4.5 观察植物生活需要无机盐。每个实验桌的学生,选取上面实验用的任意两个装有萌发的小麦种子的试管,分别换上肥沃土壤浸出液和蒸馏水。大约两周后,观察两棵幼苗的长势和颜色的变化。

4.6 观察根系。与菜豆的根系对比,分辨直根系和须根系。

5. 观察叶片的形态和结构。

5.1 用肉眼和放大镜观察小麦叶的外形和平行叶脉。

5.2 观察叶片的结构。制作小麦叶片横切面的临时切片(强调小麦叶片是等面叶,无栅栏组织和海绵组织明显的分化)。

5.3 观察小麦叶肉组织中的叶绿体。将小麦叶片用刀片轻轻快速纵剖开或快速撕开(一定带一点叶肉),用显微镜(先低倍后高倍)观察带叶肉的部分,可见到清晰的叶绿体(这个实验也可用于高中生物实验)。

5.4 观察小麦叶表皮上的气孔。制作小麦叶上表皮临时装片,认识表皮细胞和气孔保卫细胞等。

6. 探究叶绿素的形成与光照关系的实验。将前面放在暗处的小麦苗移到光下,几天后,叶片的颜色由嫩绿变成深绿,叶片由细弱变得粗壮。

7. 叶进行呼吸作用的实验。

7.1 将用清水、沙土或锯末培养萌发的小麦苗,用比其培养容器大一些的器具盖严小麦苗,移到暗处。第二天,揭开器具一角,将燃烧的蜡烛放进去,蜡烛马上熄灭了,表明麦苗吸收了容器内的氧。

7.2 当用烧杯(或培养皿)内的清水(或土壤浸出液)培养的小麦苗长到6~8 cm高时,用一个不漏气的塑料袋将烧杯(或培养皿)口罩住,扎紧袋口,在塑料袋的一角,连上一只玻璃导管,用吸耳球向袋内充入空气,使塑料袋鼓起来,然后封闭管口,将麦苗装置移到黑暗处。第二天,将塑料袋上的导管通入盛有澄清石灰水的管中,挤压塑料袋,一会儿,澄清的石灰水变得浑浊了。实验证明,小麦苗呼吸释放出了二氧化碳。

8. 小麦叶蒸腾作用实验。用一个干燥的不漏气的透明塑料袋,套在萌发的小麦苗上,或将小麦苗慢慢送入三角烧瓶内,用铁架台固定三角烧瓶的高度,三角烧瓶口用棉花轻轻塞住。将实验装置放在温暖、阳光充足的地方。第二天或第三天后,就可以看到塑料袋或三角烧瓶内壁上有许多水珠。

9. 种植小麦。将小麦苗移栽到肥沃土壤中,观察小麦植株的生长情况。

10. 制作小麦植物标本。

(摘自:沈雁.初中生物课连续实验的好材料——小麦种子[EB/OL].(2006-12-01). http://bio.cersp.com/Channel04/syjx/200612/1156.html.有删改。)

5.2.2 生物实验教学技能的构成要素

生物教师必须具备良好的生物实验教学技能,这不仅是职业本身的需要,也是培养学生生物实验素养的需要。从我国基础科学教育的实际情况来看,生物教师应具备的实验教学技能主要包括以下方面:

1. 实验准备技能

实验准备工作是实验教学目标达成的首要保证,教师的实验准备技能水平与实验教学的进程安排和实验教学质量密切相关。这类技能主要包括以下几方面:

(1) 精心进行实验教学设计。教学设计是教师在上课前对教学内容的一个计划,是教师上课的思路和过程。它是对教材的再度开发,是教师的创造性活动的设计,它既依赖于教材又突破教材的束缚。为此,精心进行实验教学设计是上好生物实验课程的必要条件之一。大致包括:透彻、清晰地分析实验中学生的需要、实验教学内容及学习者现状;明确实验教学原理和重难点;设计实验方法和流程;设计板书等。

(2) 实验准备符合实验类型。不同类型的实验对所用的器材、试剂的要求不同,准备实验时要区别对待。如准备演示实验要选用专为演示实验用的大型仪器,以便使全班学生都能观察到实验现象和教师操作,增强实验的直观效果。而学生实验可选用一些小型或微型仪器。这样既可节约试剂用量,减少开支,又方便学生取用。定量实验比定性实验对仪器的精度、试剂纯度的要求高,准备定量实验时要选用精确度高的仪器、纯度高的试剂,配制溶液浓度要严格。而大多数定性实验则可选用纯度稍低、价格相对便宜的试剂和一些精确度不高的仪器。

(3) 考虑周到,实验材料放置有序。实验材料、仪器准备充分,摆放整齐有序,整齐美观;注意某些生化试剂的安全性;准备好垃圾桶和废液缸等。这样有利于培养学生良好的实验习惯和严谨的工作作风,并使学生受到美的熏陶。特别是摆放在演示台或实验桌上的器材用品,应进行简单的分类,同类摆放在一起,前低后高面向学生。这样便于教师指导学生认识仪器,并方便取用,使实验教学有条不紊地进行。

2. 演示和指导学生实验的技能

演示和指导学生实验是生物教师必须具备的职业技能和教学基本功。因此,生物教师必须清楚应当掌握哪些演示实验的基本技能和要求。概括起来,这类技能的构成主要包括以下三个方面:

(1) 提出观察问题的技能。具体包括:提出要观察的现象和思考的问题是什么,尤其是观察的要点是什么,从什么样的现象可以思考什么样的问题,或者什么样的问题可能产生什么样的现象。让学生建立实验事实、现象与所解决问题之间的联系是生物教师在演示实验开始前要特别强调的方面。例如观察洋葱表皮细胞的实验,演示的目的是让学生在观察中认识细胞壁、细胞膜、细胞质、细胞核和液泡。观察前教师就应强调因细胞膜紧贴在细胞壁内壁上而不易辨认,有些细胞核也不太清楚,要调好光圈,要适当控制光线强弱,使学生按照教师提出的目的、要求去观察。

(2) 展示和表达演示实验内容的技能。这要求教师能说明演示实验所需要的仪器、工具物品和操作方法,以及观察现象时必须注意的事项及要求。

(3) 示范实验基本操作的技能。教师要能演示生物课程要求的各种生物实验,并能够边演示边强调实验中的操作规范和观察要点。这就要求生物教师要掌握过硬的示范演示技能,能运用突出实验现象和效果的技术手段。如演示有颜色变化的实验需要有较强的背景反差;演示稍纵即逝和不易观察的现象时,可采用投影的方式,或者利用多媒体辅助手段,以提高观察的有效性。

指导学生在实验室进行实验,更需要教师在提出实验问题、实验目的的基础上,指导好学生对实验方案的设计,尤其是对实验方法、实验条件控制等的设计,并要做好示范性演示,让学生清楚要观察、测量、调控的对象,需要获取什么数据,记录什么内容,以及出现意外情况怎样处置等。这就要求生物教师不仅能演示实验,而且还要求在演示和指导学生实验的过程中能启发学生进行积极的观察和思考,激发学生的探究兴趣,并通过演示和指导实验,使学生学习和掌握生物实验的基本技能。

3. 运用科学工具和技术的技能

运用科学工具和技术探究解决实验问题也是生物教师必备的专业技能之一。在生物实验教学中,运用科学工具和技术的技能主要包括以下几类:

(1) 器具使用技能:生物实验中经常用到光学显微镜、放大镜、解剖刀、灭菌锅、恒温箱、滴管等各种仪器、器皿和器具。

(2) 实验材料获取技能:动物的饲养、植物的栽培和微生物的培养技能。条件好的学校可以建立生物园地、饲养房、池塘等。

(3) 实验材料的处理技能:装片、涂片、徒手切片的技能;固定、染色的技能;植物标本的压制、浸泡,花、果实、种子的解剖技能;动物标本的浸泡、剥制技能,蚯蚓、蝗虫、鲫鱼、家兔、青蛙、家鸽等动物的解剖技能。

(4) 药品试剂的配制使用技能:包括酸碱指示剂、75%乙醇、福尔马林、盐酸、龙胆紫等各种试剂和溶液的配制以及使用技能。

4. 实验教学评价和交流的技能

生物教师在实验教学中经常要对学生实验学习和探究的情况进行评价,因而还必须具备较强的实验教学评价的技能。由于实验教学的特殊性,其评价的出发点和具体内容与课堂教学评价有所不同。从教师教学技能的角度看,实验教学评价应包括以下几个基本方面:① 对所要解决的实验问题的理解;② 实验方案设计的科学性与合理性,实验方法和途径选择的有效性;③ 实验准备的质量;④ 实验中控制变量与条件所采取的方式和策略;⑤ 实验操作和观察实验现象、记录实验数据的准确性;⑥ 实验报告与结论的正确性;⑦ 实验中的合作与交流情况。

总之,实验的评价应当重全员参与、重过程、重应用、重体验、重实效、重学生对实验方法和技能的掌握,重学生的实验能力是否获得提高。

活 动

设计"植物细胞的吸水和失水"实验教学

"植物细胞的吸水和失水"是人教版高中生物第一册《分子与细胞》第四章第一节的教学内容。

步骤1:请查阅相关材料确定实验教学的目标和重难点。

_____
_____
_____

步骤2：分析进行实验所需要用到的器材。

步骤3：思考实验教学的流程，进行教学设计。

步骤4：进行预实验，并思考教学中需要注意的细节问题。

步骤5：以小组为单位进行教学试讲和评价。

5. 实验研究的技能

生物教师还必须具备改进实验和探索新实验方法的技能，即在研究生物教材中实验的基础上，改进或创新实验方法，如叶绿体色素的提取和分离、检测生物组织中的还原糖、脂肪和蛋白质等，这样可以丰富课堂教学，提高生物实验教学的质量。

此外，利用现代教育技术手段的技能、开发和利用实验教学资源的技能也都是生物教师应当具备的实验教学基本技能，生物教师应当在教学的实践中不断地充实和提高自己的实验教学技能。

5.3　生物实验教学技能的实施

 活　动

假设你是一个刚踏上工作岗位的生物教师，马上就要开始上实验课了，课题是"影响酶活性的条件"，此节课的目的是向学生演示做实验的基本方法。课堂的组织方式是教师首先展示某一种因素对酶活性的影响，然后以小组为单位，分别探究其他条件对酶活性的影响。

1. 分析在进行演示实验时，教师需要做哪些准备？

2. 谈谈在演示实验过程中，教师应当注意哪些问题，强调哪些重点？

3. 想想在进行学生实验时，教师又要做些什么？

5.3.1 生物实验教学技能的实施要求

生物实验教学既是一个学习与理解的过程,也是一个科学探究的过程。因此,运用实验教学技能组织和实施实验教学,需要充分体现出不同类型实验教学的特征,把培养和提高学生的生物实验素养作为重要的出发点。

1. 演示实验教学的要求

演示实验是实验教学的主要形式,由于这种实验教学的形式主要运用在课堂教学过程中,因而要求生物教师要特别注意与课程内容教学的协调和配合,并要求生物教师在演示实验的过程中注意以下几方面的技能要求:

(1) 做好充分准备,确保演示实验成功。这要求教师要做好实验的准备和预试工作,尤其是精心选择合适的仪器装置、实验药品、材料等,并亲自动手做好准备实验,通过预试找出实验成败的关键,以准确控制实验条件和演示时间。

(2) 注重演示实验的示范性。教师应在演示实验过程中注意向学生示范规范化的实验基本操作,同时也要以示范性操作来纠正学生实验中存在的问题,向学生展示良好的实验习惯和严谨的科学作风。

(3) 增强演示实验的直观效果。教师应设法提高演示实验的可见度。例如,仪器装置应放置在易于观察的高度,刻度鲜明。某些有颜色变化的实验应在充足的光线下演示,并采用反差较大的背景衬托,或者使用投影仪放大。还可以让学生上台观察,或将装置在教室内传看一遍等。

(4) 善于启发讲解,引导学生思维。在演示实验中,教师应边演示、边讲解、边提问、边板书或板画,引导学生把观察到的实验现象同已有的生物知识和经验联系起来,启发他们比较分析所获得的实验事实(包括现象、数据),以形成对生物概念、理论和规律的认识。

(5) 充分保证实验的安全。教师应树立"安全第一"的思想,做到万无一失。对于污染较大的实验可采用微型实验来演示,而且要严格遵守操作规程和方法,以确保实验安全。

(6) 装置力求简单,操作尽量快速。一般演示时间控制在几分钟内较适宜,费时太长的演示实验应加以改进或替换。

此外,在演示实验的过程中,生物教师还应当注意分析学习问题与演示实验之间的联系,鼓励学生讨论,并在讨论的基础上说明演示实验的内容和观察、记录要点;同时还应当注意提示关键现象、说明操作要点和规范要求。演示后也需要加强讨论,要求学生描述实验现象。总之,要使演示实验体现出启发性,不能边演示、边告诉学生答案,要让实验发挥出激发学生兴趣、培养科学的思考和探究能力的作用。

2. 学生实验指导的要求

学生在实验室中进行的实验是在教师指导下独立进行的实验学习活动。因此,生物教师在指导学生实验的过程中要注意以下几方面的技能要求:

(1) 认真做好实验课前的准备工作。这要求教师首先要做好实验的预试,掌握实验成败的关键,估计学生独立实验时可能出现的困难和问题。同时,还要要求学生认真预习所做实验,理解清楚实验的目的和要求,弄清实验原理,了解实验操作步骤和方法。对于实验习题则要要求学生自己设计实验方案,做扼要的预习笔记或写实验预习报告。这对学生独立完成实验,避免"照方抓药"有重要的作用。

（2）加强实验课中的组织和指导。实验开始时教师要向学生讲明实验操作与安全方面的注意事项，检查学生预习的情况，并在讲解过程中进行讨论或操作示范。对实验习题，则应检查实验设计方案，修改指导，使之切实可行。在学生操作阶段，教师要进行巡视，注意指导学生进行正确规范的操作和细心观察实验现象、记录实验数据。同时也要启发学生积极思考并解决实验中出现的疑难问题，帮助解决学生在实验中存在的困难并纠正出现的错误。如学生操作中出现困难，宜让学生重做，教师给予及时指导，而不能包办代替。对某些危险操作，教师应令行禁止，讲明道理，给出正确的操作示范。

（3）重视实验报告、交流和评价。实验结束后，教师要让学生进行实验报告与总结，适时进行实验效果的评比，注意评价学生实验操作中的问题，指出正确的方式和结果。同时，也要对学生的实验习惯和实验中的科学态度进行小结，并要求学生实验完毕后整理实验用品、洗涤仪器、做好整洁工作，最后布置实验作业，严格要求学生做好实验报告。

案例1 "制作临时装片"实验的教学设计

要求全班学生模仿教师示范操作，按以下顺序进行实验：第一步：擦净载玻片和盖玻片。要求学生用左手的拇指和食指拿着玻片的边缘，不能触及片面，用右手拿着纱布将其轻轻擦净；第二步：滴水。要求学生用吸管吸水，并在载玻片中央滴上一滴清水，要控制水滴大小适中；第三步：取材。要求学生用镊子撕取一小块洋葱鳞叶的表皮，剪切整齐，用解剖针平展在载玻片的水滴中；第四步：盖好盖玻片。要求学生用镊子夹起盖玻片，并斜贴在载玻片上水滴的边缘，然后慢慢盖在洋葱表皮上，使盖玻片没有气泡；第五步：整理装片。指导学生排除盖玻片下的气泡，并用吸水纸从盖玻片的一侧吸去多余的水分；第六步：在做好临时装片后，指导学生进行简单染色和在低倍镜下观察。

案例2 "解剖小白鼠"实验的教学设计

先将小白鼠用蘸有乙醚的棉花麻醉1~2分钟，然后迅速用大头针钉住四肢掌部，固定在蜡盘上。整个解剖观察实验分四个阶段完成：

第一阶段：观察外形特征，剪开腹部皮肤和肌肉，打开腹腔，观察腹腔的内脏器官及自然位置；

第二阶段：打开胸腔观察心、肺等器官；

第三阶段：观察小白鼠的消化系统、排泄系统和生殖系统各部分结构；

第四阶段：让学生打开头颅，观察脑的各个部分。

1. 仔细研读上面两个实验教学案例，思考案例中教师是如何组织实验的？

_____

2. 比较两个案例中教师指导学生实验的方式有没有不同的地方，小组内交流，综合讨论结果。

_____

介绍国外一个探究式教学案例

1. 探究问题的形成

在前面的几周中,Ms. Good 的三年级的学生已经学习了一些有关生物和非生物以及植物和动物的知识。她首先用 K-W-L 表(早已知道——想知道——又学到了)了解到学生已经知道:植物是生物;植物是生物链的一部分;植物需要水、阳光和空气;植物会生长和变化;人吃植物;有些植物有花;有些植物有毒;学生们还知道植物和动物是如何生长和变化的。通过 K-W-L 表,她还了解到学生们想知道:植物没有阳光能生长吗?水浇得越多植物会长得越大吗?植物没有土壤能生长吗?植物没有水能生长吗?除了水以外,植物能用其他液体生长吗?

然后,Ms. Good 和学生们讨论了研究每个问题的可能性,并投票决定了一个问题作为全班的研究课题,即:除了水以外,植物能用其他液体生长吗?根据安全、易得、时间因素,学生们决定用五种液体:盐水、自来水、苏打水、肥料和牛奶。

2. 设计实验

后来的一段时间,Ms. Good 和同学们花了两节课讨论了控制量和变量。Ms. Good 问了一系列的问题,比如:怎么能知道植物的生长或死亡是由于我们做的事而引起的呢?是否有其他的因素会改变植物的生长呢?我们怎么样控制这些因素呢?你怎么能确定植物受到的处理是同样的?你如何记录和展示你的结果给别人?学生们提出了许多建议,比如:用健康的植物;植物得到同样的阳光;植物生长在同等量的土壤中;植物必须是同等大小;植物得到同样量的液体,必须测量用了多少液体并记录下来;植物之间应该靠得近;转动植物使它们受光均匀;每天观察植物并记录所看到的;记录植物的叶子数量;在开始和结束时用数码相机照相;给植物标记以免搞混。Ms. Good 把每个学生的回答都记在黑板上并加以讨论。

3. 材料和实验

五棵健壮的锦紫苏植物(同种,大小同等);尺子;栽培土;五个一次性塑料容器(500毫升一个),分别装盐水、牛奶、苏打水、水和肥料。学生们决定用汤勺每天早给每棵植物浇 15 毫升(两勺)液体,在周五浇 30 毫升(4 勺),因为周六周日不上学。通过抽签决定每组使用什么液体。每组讨论并预测自己的实验结果,并把预测记在小纸片上并贴在实验盆上。所有植物放在同一个窗台上以接受同量光线。

4. 收集数据

每组每个人每天都测量植物的高度,包括起始高度,并记录在由 Ms. Good 根据学生的主意设计的表格中,每个学生都要保留一份数据。除用"健康、快死了或已死"来描述植物的总体状况外,还要记录叶子颜色、大小等。学生们还给植物拍照,并标记是哪种液体哪一天的观察。

5. 结果和解释

实验的第三天,浇盐水的植物已死,浇牛奶的植物在第六天时快死了。一周后,浇苏打水的植物快死了,而浇水和肥料水的植物在继续生长,植物分别高 1.25 厘米和 2.5 厘米。因此,学生们得出结论:当用水或含有肥料的水以外的液体浇灌时,植物将不能生长。分析数据后,全班讨论了可能的原因。自来水组认为：他们的植物能生存是因为植物获得了基本的条件：阳光和水分。肥料组认为：他们的植物生长良好是因为植物不仅获得了基本的条件，而且从肥料中得到了额外的营养。牛奶组得出结论：植物不像人一样，需要牛奶才能生长健壮。Ms. Good解释：苏打水可能含有会伤害植物的物质。然后，她和学生们又讨论了怎样进一步用更多的植物和液体做实验以验证获得的结果。

6. 交流和评价

每组制作了一块展板，展示他们的研究结果，包括：数码照片和图表，不要求做书面报告，但要求每组做口头报告。Ms. Good用打分表评估展板和口头报告，小组成员用打分表对本组的合作能力进行打分，学生们有关研究的记事日记也是评价的依据。

最后，学生们决定继续照看存活下来的植物，他们想要测试一个新的预测：浇肥料水的植物以后仍然会比浇自来水的生长好。

(摘自：王平. 介绍国外一个探究式教学案例[EB/OL]. (2007-07-13).
http://se.risechina.org/bksc/jxsj/200707/1050_2.html.)

5.3.2 生物实验教学技能的评价

生物实验教学技能评价是教师教学评价的一个重要组成部分，评价教师的实验教学技能，促进教师实验教学技能水平不断提高，是全面提高教师实验教学质量的根本保证。因此，建立生物实验教学技能的考核指标体系和考核标准尤为重要。

案例

植物细胞的吸水和失水教学设计

一、教材分析

第1节"物质跨膜运输的实例"包括细胞的吸水和失水、物质跨膜运输的其他实例这两部分内容。作为一个开放的系统，细胞与外界每时每刻都在进行物质交换。

第一课时主要讲细胞如何吸水和失水。通过教师的演示实验以及生活中一些实例的列举，学生可以明白渗透现象出现的原理以及渗透的条件。并且根据已有知识，分析水分进出哺乳动物红细胞的现象，学生能认识到红细胞的细胞膜相当于半透膜，吸水或失水取决于细胞内外的浓度差。而植物细胞因为外有细胞壁，内有中央液泡，其结构与动物细胞有很大不同，它吸水和失水的情况又如何呢？

在第二课时中，教材安排了一项探究活动"探究——植物细胞的吸水和失水"。这项"探究"与以往教材中的实验"观察植物细胞的质壁分离和复原"内容相近，却又有着重要区别。

以往教材中的这项实验，重在知识的验证和实验的操作，因此在"实验原理"中将原生质层和细胞壁的特性、植物细胞在什么条件下吸水、什么条件下失水讲得清清楚楚。

本节的这项探究,则是让学生通过探究活动自主发现原生质层是否相当于一层半透膜,细胞壁对水分进出细胞有没有影响等问题的答案。

二、学情分析

通过第一课时的学习,学生已经掌握动物细胞的吸水和失水是通过细胞膜这一半透膜进行的,也了解了植物细胞中原生质膜的含义。但动物细胞的结构和植物细胞的结构有很大不同,在细胞的吸水和失水问题上,植物细胞与动物细胞应该相近吗?如果相近,植物细胞又有什么与动物细胞的不同之处呢?这就需要探究活动来解决了。这个活动是必修课中的第一个"探究"。

三、教学目标

1. 知识目标:通过探究实验,能理解植物细胞的原生质层相当于一层半透膜;并能说出在什么情况下植物细胞吸水和失水。

2. 能力目标:(1)具有初步的探究能力,会提出问题、作出假设。(2)尝试着设计实验方案。(3)能独立完成植物细胞质壁分离及复原实验。

3. 情感、态度和价值观目标:(1)能对生活中的一些现象大胆提问和假设,具有积极思考、大胆质疑的科学精神。(2)在小组讨论和交流中学会合作学习。

四、教学重点和难点

重点:探究的一般过程和注意事项。

难点:如何提出问题和作出假设。

五、教学方法

探究法,实验法,讨论法

六、教学资源(实验器材)

紫色的洋葱鳞片叶、刀片、镊子、滴管、载玻片、盖玻片、吸水纸、显微镜、质量浓度为 0.3 g/mL 的蔗糖溶液、清水。

七、教学过程

【回忆】请学生描述渗透现象,说出渗透现象出现的两个条件。动物细胞如何吸水和失水?植物细胞的结构和动物细胞有何不同?(学生回答)通过上一节课的学习,已经知道动物细胞要通过细胞膜从外界吸水和失水,植物要生活也必须吸水和失水,那我们通过探究方法研究这个问题。

初中阶段大家已经做过一些探究实验了,如探究光对鼠妇生活的影响,探究酒精对水蚤心率的影响等,谁能回忆起探究都有哪些基本步骤?(学生思考回答,教师补充:提出问题—假设—制订计划—实施计划—处理实验数据—交流与讨论—得出结论。)

人类科学的每一次进步,都始于对未知现象发出的一个个"为什么"的疑问,科学探索最需要的就是勇于质疑的精神。要学会探究,最重要的是学会提出问题。对于植物细胞的吸水,你了解多少?你还想知道些什么?(小组成员讨论,提出自己的疑问并记录在纸上。)

【交流】各组展示自己提出的问题,如:植物细胞会吸水和失水吗?植物细胞的哪些部分相当于半透膜?植物细胞在什么情况下吸水或失水?植物细胞吸水或失水后大小会改变吗?植物细胞持续吸水会像红细胞一样涨破吗?植物细胞吸收冷水较快还是吸收热水较快?等等。全班讨论,选出可行性较高、有价值的问题进一步探究。

经过大家热烈的讨论,我们选出了"原生质层相当于一层半透膜吗?"这个问题进行探究。下面的步骤是——(学生作出假设)

【自学、思考、讨论、交流】教师列出实验器材,学生尝试自己设计实验,每个小组制订一个方案,并与临组交流,每两个小组共同完善一套方案。之后教师安排学生阅读课本上的实验方案。

【实验操作】学生可以按课本上的步骤操作,也可以按小组制订的方案操作,教师指导。

【实验记录】学生观察现象,将结果记录在 P62 表上(注意:表中所指"细胞大小"还包括有细胞壁)。

【交流】小组汇报结果,描述实验现象。教师总结两种现象的名称:质壁分离和质壁分离的复原。

【总结】提问,学生说出结论:实验说明植物细胞的原生质层相当于一层半透膜。并让学生板演,写出吸水和失水的条件。

【进一步思考】(1)为什么选用洋葱鳞片叶外表皮做实验材料?要发生质壁分离现象对植物细胞有什么要求?(2)为什么用蔗糖溶液?如果改进,还可以选择什么溶液?会有什么现象?(3)质壁分离的植物细胞中,原生质和细胞壁之间的物质是什么?(4)植物细胞会由于吸水过多而涨破吗?

(摘自:谭佳金.植物细胞的吸水和失水的教学设计[EB/OL].[2009-07-26].
http://bio.cersp.com/Channel04/syjx/200612/1156.html.)

活 动

评价"植物细胞的吸水和失水教学设计"的教学

步骤一:阅读以上案例,讨论这节课教师教学用到了哪些技能?

步骤二:学生自己根据评价表(可参考表5-3)对本次教学进行评价。

步骤三:小组交流评价内容,并对教学设计进行修改。

步骤四:向全班学生展示你的设计。

表 5-3 生物实验教学技能的评价标准

实验教学技能	评价内容	评价标准				权重
		优	良	及格	不及格	
实验准备	实验材料、仪器准备充分,摆放整齐有序; 注意某些生化试剂的安全性; 准备好垃圾桶和废液缸; 进行多次预实验,探索最佳实验材料、仪器和实验方法,预测实验中可能出现的问题; 透彻、清晰地分析实验中学生的需要、实验教学内容及学习者现状					0.2
实验演示	演示时,教师操作准确、规范; 演示内容符合教学要求; 演示的实验现象直观,有足够的可见度,面向全体学生; 在演示实验过程中,引导学生对实验现象进行有目的的观察; 演示过程确保安全,杜绝伤害事故;演示完成后,及时总结,明确观察结果,引导学生积极思考					0.4
实验指导	指导学生掌握实验原理,明确实验目的、要求和操作程序,并指导学生如何设计实验; 介绍正确使用仪器的方法并做正规操作示范,让学生掌握正规操作要领; 及时发现学生实验操作过程中存在的问题,并进行有效地指导; 操作结束后,引导学生对实验结果进行思考、总结,给予恰当的评价; 指导学生有计划地清点器材,回收仪器,增强学生爱护仪器、爱护公物的思想意识和自觉性					0.4

5.4 微格教案实例

微格教案——DNA 分子的结构

教学内容　　__DNA 分子的结构__　　　　执教者　__朱茜__

训练课题　__实验教学技能训练__　　　　导　师　_____

教学目标	生物学的教学目标	知识目标:概述 DNA 分子结构的主要特点。 能力目标:通过分析模型得出 DNA 分子结构特点;通过分析数据得出碱基互补配对原则;根据 DNA 分子特点尝试构建 DNA 分子模型。 情感态度与价值观目标:参与小组活动,增强合作学习意识;查阅相关科学史资料,认同科学探索的过程充满

续表

			曲折,需要坚持不懈和越挫越勇的精神。	
	教学技能培训目标		掌握模型实验教学技能	
时间分配	教师行为 (讲授、提问、演示等)	教学技能的类型	学生行为 (参与的活动、预想的回答)	所用的教学媒体
1分钟	【导入】 播放短篇: 　　亲子鉴定 讲解: 　　如何比对DNA信息进行亲子鉴定呢?要解决这个问题我们首先就要了解DNA究竟是一种什么样的分子。 　　这节课让我们一起来探究DNA分子的结构。板书标题。	提供感性材料,提高学习动机	观看短片,进入情境	视频
2分钟	【结构特点】 　　1953年4月25日,克里克和沃森在英国杂志《自然》上公开了他们的DNA模型。从此解开了DNA结构之谜。 (1) 回顾与铺垫 过渡: 　　构建模型是很好的分析和认识分子结构的方法。 展示图片: 　　脱氧核苷酸和脱氧核苷酸链模型 提问: 　　如果用不同颜色的球和棍来构建模型,下列图片展示模型是什么结构?	展示图片: (1) 图片的内容与后面教学过程中采用的模型一致,帮助学生熟悉模型。 (2) 图片展示结合动画效果,清晰明了,帮助学生回顾基础知识。	知识回顾,分析得: 图示的模型分别为脱氧核苷酸和脱氧核苷酸链。	图片
5分钟	(2) 分析模型 过渡: 　　利用这些材料构建DNA分子模型是怎样的呢? 展示模型: 　　DNA双螺旋模型 提问: 　　请同学们仔细观察模型,从以下两点分析DNA分子的特点: 　　1. DNA由几条链构成,存在什么位置关系?具有怎样的立体结构? 　　2. DNA内外侧分别由什么物质组成?	根据内容,选择媒体: DNA分子结构比较抽象,因而采用模型教学,直观形象。在教学中要**指导观察**,教给方法。	小组讨论,分析模型,得出结论: 1. DNA由两条链,反向平行盘旋成双螺旋结构。 2. 磷酸和脱氧核糖排列在外侧,构成基本骨架而碱基对排列在内侧。	模型

续表

3分钟	**(3) 资料分析** 过渡： 　　细心的同学会发现 DNA 内侧碱基的配对似乎遵循了一定的规律。那么内侧的碱基究竟如何配对呢？沃森与克里克在构建模型的过程中就遭遇了这个问题，当时一位奥地利的生化学家查哥夫为他们提供一条重要信息。	出示媒体， 把握时机： 在学生熟悉脱氧核苷酸和脱氧核苷酸链模型示意图后，及时展示 DNA 实际模型，引起学生兴趣。	学生可能难以得出"反向平行"这一特点。需要教师引导观察平面模型。	
8分钟	展示材料： 　　表格数据 提问： 　　1949 年，查哥夫分析不同生物的 DNA 样本内各种碱基的百分比。分析数据，你得出了什么结论？根据你的结论，对 DNA 碱基配对原则做出合理推测。 【模型构建】 讲解： 　　通过模型和资料分析，同学们已经掌握了 DNA 分子结构的特点，为了加深认识和理解，下面请同学们自己以一条脱氧核苷酸链为模板构建 DNA 双螺旋模型。四人一小组。注意满足碱基互补配对原则。 提供材料： 　　一条脱氧核苷酸链模型，四种核苷酸模型若干。	适当媒体， 提高参与： 给出表格数据，而非直接结论。让学生通过分析，加深对碱基配对的印象，同时提高学生课堂参与度。 模型构建，直观生动，加深理解	小组讨论，分析数据，得出结论： A 与 T 数目相近，C 与 G 数目相近。 合理推测： A 与 T 配对，C 与 G 配对。 分组合作 构建模型	表格 模型
1分钟	【结束】 (1) 模型评价 根据同学的模型制作给出相应的评价。 (2) 布置作业 查阅资料： [1] 人教版必修二 P47—48 [2] CCTV 高端访问——专访 DNA 双螺旋结构发现者 问题讨论： [1] P48 旁栏中的问题 [2] P49 思考与讨论题 2、3			
导师 意见				

（来自：朱茜　湖北省沙市中学）

实战演练

1. 谈谈重视生物课程实验教学技能培训的重要性。
2. 生物课程实验教学技能的基本类型有哪些?
3. 收集有关论述我国新一轮基础教育课程改革中生物课程改革的资料,通过分析资料,概括新生物课程中对生物实验教学提出的要求,并谈谈你对这些要求的认识。
4. 收集有关生物课程中运用实验培养学生探究能力的案例,分析其中的一个案例,谈谈你如何从中提高你的生物实验教学技能。

学习链接

1. 中国基础教育网:http://www.cbe21.com/
2. 全国中小学教师继续教育网:http://www.teacher.com.cn/
3. 新思考网/中国教育资源服务平台:http://www.cersp.com/

专题6　说课与评课技能

内容提要

新一轮的基础教育课程改革强调利用新的教学理念引领教学。说课、评课是一种在教师中广泛开展的教学活动,有利于促进教师间的相互交流,提高教师的专业素质及教学能力。本章主要讨论了说课、评课的基本程序,包含的内容及应遵循的原则。

学习目标

- ◆ 概述说课、评课的基本内容;
- ◆ 解释说课、评课应遵循的原则及要点;
- ◆ 熟练编写说课稿;
- ◆ 恰当评价某堂课,提出自己的观点。

关键术语

- ◆ 说课　◆ 评课　◆ 类型　◆ 原则　◆ 内容

知识地图

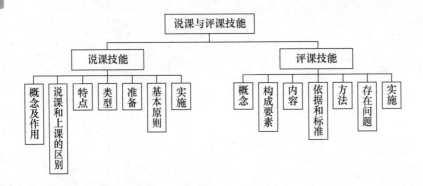

专题序幕

"听—说—评课"促进教师专业发展

"听—说—评课"活动之所以能够起到促进教师专业发展的作用,大致是循着这样的原理:

(1)"听—说—评课"活动直接脱胎于教师的日常教学实践。从理论上讲,"听—说—评课"活动中教师的"展示性实践"(不妨称之为"展课")应该就是教师日常的专业活动链中的一环,它比较真实和直观地反映了教师的实践状态。正因如此,"听—说—评课"活动中对教师专业素质的提升,也就找到了一个比较可靠的基础和出发点,这种专业发展活动的针对性也就相应提高了;也正因为直接脱胎于日常实践,并在日常实践的情境下进行,"听—说—评课"活动的收效也更有可能被教师运用到新的实践中去。

(2)"听—说—评课"活动中除对教师的课堂教学行为进行观察外,听课人员还听取上课教师就自己对教学问题的理解所进行的解释和说明,这样,就提供了可能使教师比较完全地展示自己的平台,从而使听课人员对教师的实践获得比较全面和深入的理解。相应地,"听—说—评课"活动中的"评课",既指向教师的教学行为改进,也指向教师的教育观念更新,更有可能促使教师重构教学理解、重塑教学行为。

(3)"听—说—评课"活动中最有建设性的一环,当属其中的"评课"。既谓之"评",总需有所依据,这些依据可能是某种教育的理论,也可能是某种课程与教学的标准。正是由于根据一定的理想或标准对教师当前的教学行为和教育观念进行评点并提出改进建议,才有可能促使教师在专业上有所"发展"。

(4)从理论上讲,"评课"可令教师反思自己旧有的教育观念和教学行为,并在听课人员的帮助下,获得某种新的认识,知道更多的教学实践备选方案;这些新认识和新方案,可能会促使教师在未来的实践中做出新的尝试,从而实现专业上的更新。

(5)"听—说—评课"活动既是教师日常专业活动中的一环,那么,这个过程就有更大的可能循环持续地进行下去。"听—说—评课"活动既有时间上持续的可能性和可行性,如果在内容上再适当保持一定的连贯性,就更有可能促成教师发生深层而持久的变革。

(摘自:王建军.实践为本的教师专业发展:专题性"听—说—评课"[J].上海教育科研,2004(11):13-17.)

 问题与思考

1. 你觉得说课对教师专业化发展有何帮助?
2. 有人说"评课是一门艺术",你是否赞同这种观点?为什么?

6.1 说课技能

6.1.1 说课的概念及作用

说课是指教师在备课基础上,面对领导、同行或评委,在10~15分钟内,用口头语言讲解具体课题的教学设想及其依据,然后由听者评说,达到互相交流,共同提高的目的的一种教研活动。说课既可以是针对具体课题的,也可以是针对一个观点或一个问题的。它是教师将对教材的理解、教法及学法设计转化为"教学活动"的一种课前预演,说得简单点,说课其实就是说说你是怎么教的,你为什么要这样教。

说课集中、简练地反映教师的教学理念、教学技能和教学风格,充分体现教师的教学水平和教学智慧,把备课、上课、评课有机地结合起来,具有较强的参与性和合作性,能很好地解决教学与研究、实践与理论相脱节的矛盾,是一项源于教学基层、面向教师、服务实践的教育教学活动;它强化教学的理性因素,督促教师学习教育教学理论,更新教育观念,有效地促使教师在教学实践中反思教学行为;它强化教师同行之间的双向交流,使教师备课的隐性内涵显性化,教学系统更加开放,是教学智慧生成与表达的重要手段,是智慧型教师成长的重要途径;它也是督促教师进行业务文化学习和课堂教学研究、提高业务水平的重要途径,还是评估教学水平的有效手段。

6.1.2 说课和上课的区别

"说课"与"上课"既有相同点,又有不同处,其相同点在于二者都是以某一具体的课题为研究对象,其不同处在于:

1. 目的不同

"说课"属于教学研究范畴,是一种课前行为;"上课"属于课堂教学范畴,是一种课堂行为。因此,"上课"的目的是将书本知识转化为学生的知识,进而培养学生的能力,对其进行思想教育,即使学生学会;"说课"的目的则是向听者介绍一节课的教学设想,使听者听懂。

2. 内容不同

"说课"在于说明对课题"怎样教","为什么这样教",原则上是对教案设计的阐述;"上课"是通过现场课堂教学实践来体现教学设计。

3. 对象不同

"说课"的对象是领导、同行或专家、评委;"上课"的对象是学生。

4. 方法不同

"说课"是以教师自己的解说为主;"上课"是教师与学生的双边活动,在教师的指导下,通过观察、讨论、讲述、探究等形式完成。

5. 时间、地点不同

"说课"花费时间较少(不超过20分钟),听课人数和场地不一定严格受限;"上课"用的时间较长(一节课的时间),听课人数和场地严格受限。

6.1.3 说课的特点

1. 说理性

说课要求教师从教材、教法、学法、教学程序四个方面分别阐述,而且特别强调说出每一部分内容的"为什么"。

2. 科学性

教师必须遵循教学原则去设计教学程序,教材的处理、挖掘及传达程度具有科学性、逻辑性和思想性。

3. 高层次性

要学习先进的教改经验和教学方法,学习有关教育理论,充实说课理论依据,特别是对教材的处理、教法的选择、板书的设计、语言的推敲。

4. 预见性

说课者要对所教学生的知识技能、智力水平、学习态度、思想状况、心理特点、非智力因素等方面的差异,进行分析。说课者要说出自己设计提问的关键问题,估计学生如何回答,教师应该怎样处理。

5. 理论性

要求教师说出"做什么"和"怎样做",更要求说清楚"为什么这样做"。这个"为什么这样做",就是"说理",它使得说课十分必然地带上了很强的理论性。

6.1.4 说课的类型

1. 检查性说课

即领导为检查教师的备课情况而让教师说课,此类说课比较灵活,可随时进行。

2. 示范性说课

学校领导、教研人员、骨干教师共同研究,经过充分准备后进行的说课,目的在于为教师树立样板,供其学习。

3. 研究性说课

是为突破某一教学难点,解决教学中某一关键问题、探讨解决方法而进行的说课。此类说课往往和授课结合,课后再深入进行研究,并将研究结果形成书面材料。

4. 评价性说课

通过说课对教师的教学水平给予评价,常用于开展各类竞赛活动和新教师面试。

6.1.5 说课前的准备

1. 知识准备

知识是基础,没有比较丰富的知识,要想说好课是不可能的。所以,说课前首先要做好知识准备。知识准备的内容很多,其中比较重要的是课程标准、教材知识以及其他相关知识。

(1) 熟悉课程标准

生物学科新课程标准,是指导学科教学的纲领,教材是根据其编写的,这一点往往容易被忽略。说课前,教师一定要熟悉新课程标准,掌握标准所规定的教学任务、教学目标以及各年级的教学要求,教学中应遵循的原则,尤其是要根据教学内容分解课程标准所规定的教学目标。离开课程标准的具体要求,说课就会迷失方向。

(2) 钻研教材

熟悉所说教材的编写意图和教学目标,了解知识的承接性和延续性,对知识系统的内在联系要做到心中有数。还要掌握本课在本册书中所处的地位和作用,明确重点、难点。

(3) 涉猎边缘学科的知识

扩展知识视野,具备多学科多层次的知识结构,这样才可以在生物学科这个天地里游刃有余,使说课具有深度和广度。

2. 理论准备

说课的理论因素很浓,教师没有一定的理论水平,是说不好课的。说课一定要在理论指导下去研究教学内容的分析、过程的设计、教学方法的运用。否则说课就没有高度,就是无本之木。因此,教师在说课前要针对教学实际需要,有计划、有步骤地学习教育学、心理学、学科教学法等有关理论。明确教育规律,掌握所教年级学生的生理、心理特点,掌握说本节课所要遵循的教学原则,掌握本学科的主要教学方法及要求。只有这样,教师才能不断提高教育理论修养,为说课打下理论基础。

3. 技术准备

要想说好课,首先明确说课要说什么。关于说课的内容,没有什么固定不变的"框框",通常包括说教材,说教法,说学法,说教学过程四个方面。

(1) 说教材

包括教材分析、教学目标、重点难点分析。

① 教材分析：包括所说的课是哪个年级的哪节课,在教材中所处的地位与作用以及与前后章节的联系,以及教材处理的指导思想和方法等。

以下是一位生物教师对"生物膜的流动镶嵌模型"这节内容的教材分析：

"生物膜的流动镶嵌模型"属于高中生物必修部分第四章第二节的内容。第四章共有三节内容,第一节主要说明细胞膜是选择透过性膜,为什么具有选择透过性。这与膜的结构有关,于是进入第二节内容。而第二节内容又是解释第三节内容"物质跨膜运输的方式"的基础。这三节内容的内在联系是：功能—结构—功能。由此可见,本节"生物膜的流动镶嵌模型"在第四章中起着承上启下的作用,它是架起第一节和第三节的一座桥梁,并体现出了结构决定功能的观点。同时本节内容和前面的第二章中的"化合物"和第三章中的"细胞膜"、"生物膜系统"等内容又有一定的联系。

1. 试结合以上材料,谈谈在进行教材分析时,要考虑哪些方面的内容？

2. 试以"基因在染色体上"这节内容进行教材分析。

② 教学目标：要反映课程标准所确定的教学目标,不仅要符合教材内容和精神,切合学生实际,而且要准确具体。应包括教学的三维目标(知识目标、能力目标、情感态度与价值观目标)、各项教学目标确定的依据、能力培养和思想教育目标的实施途径。

"叶片的结构"的教学目标

说课稿"叶片的结构"中,根据课程标准对知识传授、能力培养、思想教育三者统一以及对教材的分析和对学生的了解,将本节课的教学目的定为以下三大方面。知识目标：识别叶片的结构,说出叶片与光合作用相适应的结构特点;获得栅栏组织、叶肉、叶脉及气孔等基本概念。能力目标：尝试制作叶的徒手切片,用显微镜观察叶片的结构。在观察活动中,学生的基本技能、实践能力和思维能力等方面应得到一定的发展。情感态度与价值观目标：参与制作徒手切片,体验实验活动过程,养成严谨认真的科学品质,并强化安全意识;进一步领会科学探究的一般方法。

活 动

对"叶片的结构"这节内容进行教学目标分析

步骤1:自己根据文中的知识点编写"叶片的结构"这节内容的教学目标分析。

步骤2:将自己写好的教学目标分析与其他同学进行比较,再与上文中的案例进行比较,有何收获?

③ 重点难点分析:从某个角度来说,教学过程实际上是突出重点和突破难点的过程。因此,确立教学重难点成为教学设计的一个关键,也是说课活动必须阐述的一个内容。要确立重点和难点,就必须搞清什么样的知识是重点以及学习过程中的难点是如何形成的。

活 动

对"人体内的气体交换"这节内容进行教学重难点分析

资料:

教学重点:气体交换的原理与过程

分析:呼吸运动解决的是人体外环境与肺泡进行气体交换的问题,而要解决的是肺泡与血液之间和血液与组织细胞之间的气体如何交换问题,无论从知识的完整性来看,还是从能力的培养来看,气体交换的原理与过程应作为本节的重点。

教学难点:扩散作用及气体交换的过程

分析:气体交换的原理是扩散作用,而扩散作用这个物理概念要从生物学的角度教给学生是有一定困难的,加上肺泡里、血液里、组织细胞里的气体都是肉眼看不见摸不着的,让学生理解体内气体交换的微观过程也是有一定困难的。

请你对资料进行分析,其中教学重难点设计是否合理。

(2)说教法

包括本节课所用的方法、手段以及选用这种方法手段的理论依据。具体地说就是怎样组织本节生物课,怎样调动学生的积极性与主动性。如感知新知时,以观察法、演示法、实验法为主;

理解新知时,以谈话法、引导发现法、探究研讨法、讲解法为主;形成技能时,以练习法为主。说课活动中虽然没有学生,看不到师生之间和学生之间的多边活动,但教师必须说明。

活 动

谈谈你对"人体内的气体交换"这节内容的教法设计的认识

"呼吸运动"一节的教法设计:

自学导思法——教师引导下的学生自主探究。

自学导思的方式有利于学生主动学习,激发学生独立思考和创新意识,充分发挥学生的主体作用;同时还培养了学生之间的团结协作精神。

直观教学法——主要利用多媒体现代教学手段。

教材中的肋骨运动的演示实验是平面的,不够形象,很难形成知识的迁移。而媒体动画是立体的、直观的、动静结合的,结合教师的层层引导,启发学生积极思维,逐步将学生的感性认识引导到了理性认识,培养和发展了学生的抽象思维能力。

对于案例中的教法设计,你还有更好的想法吗?

_____

_____

(3) 说学法

关于学法的设计,根据现代教育对受教育者的要求,不仅是学到了什么,更主要的是学会怎样学习。即从学科和教材特点出发,结合学生实际,说如何根据教学内容、围绕教学目标指导学生学习,教给学生什么样的学习方法,培养学生哪些能力,如何促进学生积极思维,怎样激发学生学习兴趣等。

活 动

谈谈你对"人体的呼吸系统"这节内容的学法设计的认识

"人体的呼吸系统"学法设计:

1. 指导观察模型、图片和动画的方法,培养观察能力。

2. 随着教师的设问,学生自学教材,主动思考,小组讨论,培养分析和解决问题的能力。

3. 指导学生发现并掌握知识内在的联系,总结出生物学的"统一"原理;并学会运用这种原理指导以后的学习。

上述的学法设计是否较好地体现了新课程"自主、合作、探究"的理念?你还有更好的学法设计吗?

_____

(4) 说教学过程

说教学过程是说课的重点部分,因为通过这一过程的分析才能看到说课者独具匠心的教学安排,它反映了教师的教学思想、教学个性与风格。也只有通过对教学过程设计的阐述,才能看到其教学安排是否合理、科学,是否具有艺术性。

要把教学过程所设计的基本环节说清楚,但具体内容只需概括介绍,只要听讲人能听清楚"教的是什么"、"怎样教的"就行了,不能像给学生上课那样按照教案讲。

在介绍教学过程时不仅要讲教学内容的安排,还要讲清"为什么这样教"的理论依据(包括课程标准依据、教学法依据、教育学和心理学依据等)。可以列出几个小标题,概括而又突出重点地说出来。根据需要可以说某一章节的全过程,亦可说其中一课时。在具体步骤的设计上,导入新课要新,教学过程要奇、实,教学结尾要巧妙。对于教学的重难点要组织教学高潮,形成教学特色。说课者在此处也要形成说课高潮,可假想深入课堂中,来个声情并茂的朗诵、准确的动作示范,等等。

 活 动

通过前面的学习,我们知道说课通常包括说教材,说教法,说学法,说教学过程四个方面的内容。为了方便记忆,有位教师自制了一个说课的内容结构图,如图6-1所示。

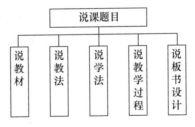

图 6-1 说课的内容结构图

1. 这位老师制作的"说课的内容结构图"包含五部分,是不是有错误?其中的"说板书设计"是否多余?
_____
_____

2. 据此,你觉得实际说课时应注意哪些问题?
_____
_____

6.1.6 "说课"的基本原则

按照现代教学观和方法论,成功的说课必须遵循以下几条原则:

1. 说理精辟,突出理论性

说课不是宣讲教案,不是浓缩课堂教学过程。说课的核心在于说理,在于说清"为什么这样教"。因为没有理论指导的教学实践,只知道做什么,不了解为什么这样做,永远是经验型的教学,只能是高耗低效的。因此,执教者必须认真学习教育教学理论,主动接受教育教学改革的新信息、新成果,并应用到课堂教学之中。

2. 客观再现,具有可操作性

说课的内容必须客观真实、科学合理,不能故弄玄虚、故作精深、生搬硬套一些教育教学理论的专业术语。要真实地反映自己是怎样做的,为什么这样做。哪怕是并非科学、完整的做法和想法,也要如实地说出来,引起听者的思考,通过相互切磋,达成共识,进而完善说者的教学设计。

说课是为课堂教学实践服务的,说课中的一招一式、每一环节都应具有可操作性,如果说课仅仅是为说而说,不能在实际的教学中落实,那就成了纸上谈兵、夸夸其谈的"花架子",使说课流于形式。

3. 不拘形式,富有灵活性

说课可以针对某一节课的内容进行,也可围绕某一单元、某一章节展开;可以同时说出目标的确定、教法的选择、学法的指导、教学程序的全部内容,也可只说其中的一项内容,还可只说某一概念是如何引出的,或某一规律是如何得出的,或某个演示实验是如何设计的,或某一技能是如何使用的,等等。

要做到说主不说次,说大不说小,说精不说粗,说难不说易;要坚持有话则长、无话则短、不拘形式、自由研讨的原则,防止囿于成规的教条式的倾向。同时,在说课中要体现教学设计的特色,展示自身的教学特长。

案例分析

"细胞增殖"说课稿

江门市新会第一中学　廖中富

教学过程分析

流程	内容
新课导入	联系学生已有的知识,创设问题情境——生物体为什么能由小长大?与鼠相比,大象的个体很大,是不是组成大象的细胞体积特别大?通过创设问题情境,激发学生的探究欲望,主动地参与学习过程,从而导入新课——为什么细胞不能够无限长大呢?
讲授新课	引导学生分析制订实验方案,组织学生进行模拟探究实验。在实验过程中,指导学生进行观察:①应该如何切琼脂块才能减少实验误差?②如何判断NaOH的扩散深度并准确测量?根据实验结果,引导学生思考如何计算NaOH扩散的体积与整个琼脂块的体积之比?让学生主动获得知识,并且要使学生学会用联想的方法将模拟实验的结果迁移到细胞。 通过模拟动画逐步展示高等植物有丝分裂时期的动态过程,与此同时,教师还在黑板上进行有关板图。学生在教师的引导下观察图片、板图,思考细胞内所发生的现象,并概述出有丝分裂各时期的主要特点。

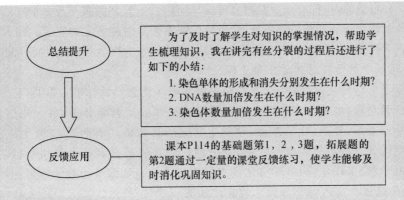

[案例分析]

该教师在对教学过程进行说课中,紧扣教学的要求,设计科学、合理,内容正确,符合学生的认知规律。同时能够抓住教学的关键,突出重点,突破难点。教学的各个环节安排正确、恰当,具有针对性。

 问题与思考

就"细胞增殖"这节内容,你会如何展开说课,如何设计你的教学过程?你觉得上述案例中还有哪些可以改进的地方?如果你是评审老师,对此有何评价?

6.1.7 说课的实施

1. 说清本课内容在本学科教材中所处的地位及其作用

在教学过程中,每一课时教案所包含的内容是不同的,它们在每一学科的知识体系中的地位及其作用也是不同的,有些课时所含的教学内容很重要,与今后授课的内容密切相关,是阶段性的关键点,甚至是本教材的重点内容,起着承上启下的作用。教师如何认识每一课时教案在学科教学中的地位,进而如何对学生进行学习指导至关重要。一些有经验的老教师正是因为他们熟悉了学科知识体系中的要点和关键,并善于抓住这些知识关键点来指导学生,从而达到了事半功倍的教育效果,确保了教学质量。分清每一课时教案内容在学科知识体系中的地位及其作用,说出隐含在教材内容中的智能因素及思想教育和情感因素是青年教师必须下工夫掌握的极其重要的一项基本功。

2. 说清本课内容的重点、难点和要点

每一课时教学内容都有自己的重点、难点和要点,要让学生把握一节课的教学内容,必须突出重点。在教学过程中,每一课时又往往有些知识点学生难以掌握,作为教师,必须从学生的实际出发,把握重点、要点,找出难点,化解难点以达到预期的教学目的。这些都需要"说课"者在说课过程中掌握并说清如何在教学过程中体现。

3. 说清本课的课时结构和目标

掌握课堂教学目标是教师的基本功,在有限的 45 分钟内实现课堂教学目标是很有讲究的,如何突出重点、掌握要点,如何化解难点、巩固知识,如何复习旧课、导入新课,如何演绎示范、归纳总结,如何提问设问、布置练习,都有一个时间合理安排问题。一节好课离不开一个好的课时结构,要使每一课时的各个教育环节均能恰到好处,合理分配课堂教学时间就尤为重要。作为说课者,必须紧紧围绕课堂教学目标,在说课过程中,体现课时结构,反映各个教学环节的时间分配。

4. 说清实施课堂教学目标的方法与手段

在课堂教学目标确定之后,用什么方法和手段实现课堂教学目标极为重要,它要求说课者根据教学要求和所教对象,说清如何运用相应的教学方法来完成教学任务,并运用何种教学手段,来强化教学目标的重点、要点,化解难点,使学生掌握所教知识。俗话说:"教无成法,但教要得法。"这句话说明教学方法不是一成不变的,每一种教学方法都自有其合理性和科学性。在同一课时中,教学方法可以多样化,但教学方法的多样化必须统一和服务于教学效果。

5. 说清教学过程状态的调节与信息的有效传递

教学过程中师生教学状态的调控,与教和学信息的传递、反馈,实质上是一个很重要的,但往往又容易被说课者遗忘的环节。在实际教学中教师的"教"与学生的"学"虽是相互联系的,但有主动和被动、先后快慢之分。有时也许教师讲得快的地方恰恰正是学生一下子不能领悟到的地方;有时学生积极性很高,偏离教学目标,这就需要教师通过信息传递、反馈来适当调控,而教学状态的有机调控必须注意提问、设问、练习等信息传递的精心设计和合理安排。上述这些说课者都要充分说明。

6. 说清对本节教学过程的预先评估

说课虽不是课堂展现,但说课者对说课内容的教学过程也应该有一个预先评估,并将此作为说课的一项内容。预先评估中包括教学过程中可能出现的问题,学生中可能"冒出"的个别代表性的错误,时间控制上的调整,以及补救措施,目标测试的答疑等。

说课者说完课后,其他教师应围绕本课的教学怎样落实素质教育要求,怎样提高课堂教学效益各抒己见、相互交流,使说课者与参与者在理论与实践的结合上得到新的认识、新的提高。说课一定要抓住重点、难点,突出教法的特点,说出与众不同的教学新意。

7. 要把握说课的技能

从说课的技能上看,说课主要靠口头语言来表达。

(1) 突出"说"字

说课不等于备课,不能照教案读;说课不等于讲课,不能视听课对象为学生去说;说课不等于背课,不能按教案只字不漏地背;说课不等于读课,不能拿事先写好的说课稿去读。说课时,要抓住一节课的基本环节去说,说思路、说方法、说过程、说内容、说学生,紧紧围绕一个"说"字,突出说课特点,完成说课进程。

(2) 把握"说"的方法

说课的方法很多,应该因人制宜,因教材施说:可以说物、说理、说实验、说演变、说本质、说事实、说规律、正面说、反面说,但一定要沿着教学法思路这一主线说,以防偏题。

(3) 语气得体,内容不失真

听说课的对象是同行、是评委、是领导,都是成年人,说的语气、称呼要得体。虽然听课者是成年人,但他们会竭力站在学生的角度去听说课,去审视说课者的一字一句、一举一动,包括组织过程、参与过程、教法的采用。因此说课时要真实体现教学设计的理性思路,教学的过程、方法的选择,又要注意说课时的语气、称呼,表情要得体。

(4) 说出特点,说出风格

说课的重点应放在实施教学过程、完成教学任务、反馈信息、提高教学效率上。说课要重理性,讲课注重感性和实践。用极有限的时间完成说课内容不容易,必须做到详略得当、简繁适宜、准确把握说度。说得太详太繁,时间不允许,也没必要;说得过略过简,说不出基本内容,听众无法接受。具体而言,可以把握以下几点:

① 亲切自然,声情并茂。既然是说课,就要求说课者把为什么这么教和指导学生怎样学的科学理论依据等内容"演说"给同行听,而不是简单地"读"给大家听。因此,说课时应尽量脱稿。要精神饱满,充满激情。使听者受到感染,引起共鸣。

② 详略得当,重点突出。说课的时间一般是15分钟左右,因此不能平铺直叙、面面俱到,而要根据大纲的要求和教材的实际,精心选择教学内容中最主要、最本质的东西来说。对有的说课环节可一笔带过,而对"怎样导入新课"、"怎样运用恰当的教学方法来突破教材的重点和难点"等则应浓墨重彩,予以渲染。

③ 表现专长,突出特色。要能够说出对教材、教法有别常规的特殊理解、安排,充分体现出执教者的教学专长,突出教学特色和教学成果。在教材的处理、教法的选用、学法的指导、板书的设计等方面都要有自己的独到之处。

④ 媒体辅助,直观快捷。说课应讲究效率,力争在有限的时间内把教学设计说清楚。因此,有条件的学校,开展说课活动时,要努力使用多种媒体手段,以增强说课效果。

⑤ 把握说课的度。如何把握说课的度呢?首先是因地制宜,灵活选取说法,把课说活,说出该课的特色,把课说得有条有理、有法有效、生动有趣;其次是发挥个人的特长,说出个人的风格。做到了这两点,就把握了说课的度。

案例

"DNA 分子的结构和复制"说课稿

教师说课:

今天我说课的题目是"DNA 分子的结构和复制"。我将从"教学内容分析、教学对象分析、教学的指导思想、教学目标、教学方法、教学过程、板书设计、作业布置、教学效果反馈"这九个方面对该课题进行剖析。

一、教学内容分析

1. 本节内容的地位

DNA 分子的结构和复制是现行人教版《普通高中课程标准实验教科书生物(必修2)遗传与进化》第六章第一节第 2 小节的内容,在教材中属于较难理解的一部分内容,它与前面所学的有关细胞的化学成分和细胞分裂的知识相联系,同时也是学习生物的遗传和变异理论和选修基因工程的基础。这一部分内容几乎每年高考都有所涉及,所以复习好这一节显得很有必要。通过科学有效的复习不但可以理解本节知识点,还可以进一步加深高三学生对其他章节相关知识点的理解和掌握。

2. 重点和难点的确定

内容比较抽象，不容易理解，所以 DNA 分子的结构和 DNA 分子复制的过程、条件和特点不仅是本节课的教学重点，也是教学难点。

3. 课时安排

相比其他章节内容，本小节知识点不多，借助于 DNA 模型和多媒体课件，加之多种有效的教学方法，可以做到一节课就复习完，故安排 1 课时。

二、教学对象分析

1. 所教学生学业成绩不理想。

2. 主要原因：缺乏学习的动力；没有掌握有效的学习方法；欠缺信心。

3. 发展非智力因素是提高成绩的有效途径。

三、教学的指导思想

以"自主探究、综合渗透、合作活动、创新发展"的理念为依据，在完成高三复习课的教学任务过程中，强调学法的指导，并且在课堂上运用"自我效能论"，用发展性评价的手段，激发学生学习的兴趣和学生的潜能，同时促进其自身的可持续发展。"自我效能论"是社会学习理论创始人班杜拉于1977年提出的，所谓自我效能是指人们对自己能否成功地进行某一行为的主观判断，班杜拉认为人类的行为不仅受行为结果的影响，而且受通过人的认知因素形成的对结果的期望的先行因素的影响。

自我效能形成后，会产生极为深刻的影响：① 决定人对活动的选择，以及对活动的坚持性；② 影响人们在困难面前的态度；③ 不仅影响新行为的习得，而且影响已习得行为的表现；④ 影响活动时的情绪。

四、教学目标

1. 情感目标：在课堂上对学生的回答及时给予鼓励性的评价，激发学生学习动力，挖掘学习的潜能。

2. 知识目标：突破重点和难点，解决学习困难，提高复习的效率，大容量、高效率地完成该小节知识的复习。

3. 能力目标：

① 使学生掌握高效率的学习方法进而提高解题能力。如：比较法、类推法、示意图法。

② 培养学生的求异思维、发散思维、逆向思维，以及培养学生自主学习的能力和相互合作的能力。

五、教学方法

1. 传统复习课多数将旧知识进行简单重复呈现，学生的兴趣不大，收效甚微。

本节课将运用模型建构法、课件演示法、探究式复习法等多种教学法，充分调动学生的学习积极性，用科学方法指导学生复习。

2. CAI 辅助教学：使用 PowerPoint 和 Flash 等软件，制作教学课件辅助教学。

六、教学过程

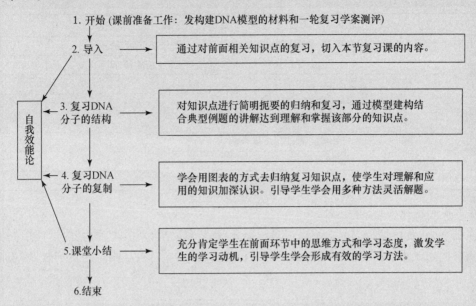

重要知识点节选：
（一）DNA 分子的结构
(1) 分析核苷酸的结构，理解核苷酸、核酸的种类

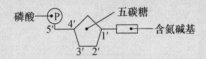

构成核苷酸的五碳糖有两种（RNA 中的是核糖、DNA 中的是脱氧核糖），碱基共 5 种（RNA 有 A、U、G、C 四种，DNA 有 A、T、G、C 四种），所以脱氧核苷酸、核糖核苷酸各 4 种共有 8 种。

(2) DNA 的空间结构——双螺旋结构（表格归纳法）

	主链	侧链
构成方式	相邻的核苷酸以 3′，5′-磷酸二酯键连接成长链。磷酸-脱氧核糖交替排列，两条主链呈反向平行，有规则盘绕成双螺旋。	主链上对应碱基以氢键联结成对，对应碱基之间互补（A＝T，G≡C），碱基对平面之间平行。
位置	双螺旋结构外侧	双螺旋结构内侧
结构特点	①空间构型相对稳定。互补碱基之间的氢键和碱基对之间的相互作用力，对维系空间构型的稳定性起着重要作用；②多样性和特异性。每一条 DNA 分子都有特定的碱基比率和碱基序列，即 DNA 分子的特异性；不同的 DNA 分子之间在碱基比率和碱基序列上存在差异，即 DNA 分子的多样性。	

（二）DNA 分子的复制（表格归纳法）

复制的机理		① 碱基互补配对原则；② 边解旋边复制
复制时期		① 有丝分裂间期；② 减数分裂第一次分裂前间期
复制场所		细胞核（主要），线粒体、叶绿体和细胞质（细胞质基因）
复制条件	模板	亲代 DNA 的两条链；
	原料	4 种脱氧核苷酸；
	能量	ATP；
	酶	DNA 解旋酶、DNA 聚合酶等
DNA 复制的特点		半保留复制
DNA 复制的意义		遗传信息的传递，使本种保持相对稳定和延续

七、板书设计

在板书中，我根据板书的"规范、工整和美观"的要求，结合所复习的内容，设计了提纲式板书。板书注重了重、难点的突出，使学生对知识的结构、层次、重点、难点一目了然，便于记忆和理解。

DNA 的结构和复制

（一）DNA 分子的结构

1. 基本单位——脱氧核苷酸 2. 双螺旋结构的主要特点

（二）DNA 分子的复制

1. 概念 2. 复制的时间 3. 复制的过程 4. 复制的条件 5. 复制的特点 6. 复制的意义

八、作业布置

在作业的布置中，我严格遵循"重质量、轻负担"的指导思想。不搞题海战术，精心设计习题，根据学生的不同层次，主要设计了两种题型：选择题和填空题，并把习题分为基础题和提高题两部分。基础题侧重于考查学生对基本原理和基本概念等基础知识的理解和掌握，主要针对的是中等以下的学生；提高题重点考查学生对知识的综合运用能力，针对的是中等以上的学生。这样做既照顾了整体，又兼顾了部分优秀学生，很好地巩固了课上所复习的知识点。

九、教学效果反馈

1. 学生的自我效能感提高，学习动机也得到了激发。
2. 学生学会运用高效的学习方法，学习了解题的思路。
3. 课堂复习的效率明显提高。
4. 课堂气氛活跃，师生共同探讨知识，学生学习兴趣增强。

以上是我对"DNA 分子的结构和复制"这一节高三复习课的认识和教学过程的设计，欢迎各位同仁多提宝贵意见，使我能够在今后取得更大的进步！谢谢！

（摘自：佚名."DNA 分子的结构和复制"说课稿[EB/OL].(2006-03-10)[2009-09-12].
http://bbs.winupon.com/uploadfile/2006-9/a1b0dnab7d6d7d3b_1145371459.doc.）

对照"表 6-1 说课技能评价内容与标准",可以看出该案例是对如何引导学生对"DNA 分子的结构和复制"这部分内容进行复习与加深。首先针对学习目标,让学生明确本节课内容在高中生物知识体系中的作用,接着指出本节课的重难点,让学生学习有的放矢。在教学策略实施中,由脱氧核苷酸的结构入手,一环套一环地引出 DNA 分子的双螺旋结构。在学生复习了 DNA 分子具体结构之后,再引导学生对 DNA 分子的复制方式进行回忆,这样加深了学生的理解和记忆。在板书设计、教学媒体的选用等各个方面,该教师都能够做到合理取舍,达到最佳教学效果。

表 6-1 说课技能评价内容与标准

评价内容	评价标准				权重
	优	良	及格	不及格	
1. 准确陈述教学设计,教学设计有新意					0.10
2. 学习目标分析准确透彻					0.13
3. 准确陈述教学内容的范围、深度和重难点					0.10
4. 准确描述教学环境					0.13
5. 详细解说教学策略,并且制定的教学策略是面向全体学生,有新意					0.10
6. 详细解说教学策略(教材、教法、学法、教学过程的统一)的实施过程					0.10
7. 准确陈述教学媒体的选择					0.08
8. 准确陈述板书设计,板书设计合理、科学和美观					0.13
9. 详细陈述自我教学评价					0.13

6.2 评课技能

6.2.1 评课的概念

评课也称课堂教学评价,就是听课活动结束之后,对照课堂教学目标,对教师和学生在课堂教学中的活动以及由这些活动所引起的变化进行价值判断。评课是一项在教学、教研工作过程中经常开展的必不可少的活动。苏霍姆林斯基一生坚持每天听两节课,听完课后还要认真地分析、评议。可见,评课具有现实的意义。在实施新课程的今天,其作用显得更加突出。通过评课促进教师间的相互交流、相互学习;促进教师的专业发展。以评促教,通过评课使教师在教学理念、教研能力、教育技能技巧、业务水平等方面不断发展。

6.2.2 评课技能的构成要素

生物教学中的评课就是以一节生物课作为研究的对象,依据一定的指标体系及方法,对教与学两个方面进行科学的评价,从而得出一定结论。它主要由以下五个要素构成:

(1) 评课人

评课人随着课的类型不同而不同。日常课,只有授课人自己;检查课,主要是领导;研究课,还有专家、学者等;公开课,有教师、领导等,人数最多。

(2) 评课对象

评课的对象是一节具体的课(有时候也是几节课),是对课堂中教学状况、过程、结果等,例如课堂的教学目标、学习活动、课堂气氛、教学效果等进行评价。

(3) 评课指标体系

评课指标体系是根据教育测量与评价的理论要求,结合授课的基本内容、教学模式及应该遵循的一般原则,确定评课指标及其权重的集合。评课指标是评课对象内在本质的外在表现,通常分为一级指标(评课项目)和二级指标(评课要点)。二级指标是一级指标的分解。为了使各项指标在总评价中显现出其重要程度,根据不同的评价目的、对象等,对不同的指标赋予不同的比例系数,即为指标加权。

(4) 评课方法

有定性评价和定量评价,以及定性与定量相结合等方法。一般采用融权重与评分为一体、定性与定量相结合的"等级分数制"。

(5) 评课结果

评课是评课者的主观表述,每个人的思维不同,因此评课的结果也会不同。通常评课的结果是用等级、分数、评语等来表述和解释的。

表6-2 生物课堂教学评价表

课题:　　　　　　　任课教师:　　　　　　　日期:

一级指标	二级指标	权重	得分		
			A	B	C
教学目标 10分	① 教学目标符合大纲和学生实际,全面(知识、能力、情感、态度价值)、合理、科学、有效	5	9—10	7—8	5—6
	② 教学目标要明确、具体、易操作、易检测,又要体现活动主题	5			
教学内容 15分	① 教学内容符合教学目标要求	5	A 13—15	B 10—12	C 7—9
	② 教材处理恰当,符合学生生活实际和本地实际	5			
	③ 教学设计能体现学生的自主探究过程	5			
教学过程 40分	① 教学过程体现教学目标要求	5	A 33—40	B 25—32	C 16—24
	② 教学过程呈现民主、平等、和蔼的教学气氛	5			
	③ 教学过程充分体现教师的主导作用和学生的自主探究精神	10			
	④ 教学方法选择恰当、灵活,体现因材施教,发展学生个性	5			
	⑤ 教学手段多样化和现代化,运用得合理有效	5			
	⑥ 教学时间分配合理,环节过渡自然,调控有效	5			
	⑦ 教学特点鲜明,具有创造性	5			
教师基本功 20分	① 语言清晰、简练、准确、生动、节奏适度、富有感情	5	A 17—20	B 13—16	C 9—12
	② 板书工整、规范、脉络清楚、概括性强、布局合理	5			
	③ 教态自然,举止规范,无多余动作	5			
	④ 善于发现学生动态,及时调整教学过程	5			

续表

一级指标	二级指标	权重	得 分		
教学效果 15分	① 学生积极主动参与教学活动,探究情绪高,教学气氛生动活泼	10	A 13—15	B 10—12	C 7—9
	② 达到预期目标,学生的基础知识、基本技能、基本能力和思想意识得到提高,达标测评情况良好	5			
合 计		100			
教学评语及建议					

表 6-2 为某学校制订的"生物课堂教学评价表"。请你观摩一位中学生物教师的课堂教学过程,并按照上述表格对他的教学进行评价,完成评课结果表述。

6.2.3 评课的内容[①]

为了完成评课的指标体系,必须清楚评课的具体内容。

1. 从教学目标上分析

目标是人做事的内在动因,目标越具体明确,做事的自觉性和积极性越高,效率越高;反之亦然。教学目标是教学的出发点和归宿,它的正确制订和达成,是衡量一节课好坏的主要尺度。所以,评课首先要分析教学目标。

首先,从教学目标的制订来看,要看是否全面、具体、适宜。全面指能从知识、能力、思想情感等几个方面来确定;具体指知识目标要有量化要求,能力、情感目标要有明确要求,体现学科特点;适宜指确定的教学目标,能以课程标准为指导,体现学段、年级、单元教材特点,符合学生年龄实际和认识规律,难易适度。

其次,从目标达成来看,要看教学目标是不是明确地体现在每一教学环节中,教学手段是否都紧密地围绕目标,为实现目标服务;要看课堂上是否尽快地接触重点内容,重点内容的教学时间是否得到保证,重点知识和技能是否得到巩固和强化。

2. 从处理教材上分析

评析某教师一节课上得好与坏,不仅要看教学目标的制订和落实,还要看教者对教材的组织和处理;既要看教师知识教授得是否准确、科学,更要注意分析教师在教材处理和教法选择上是否突出了重点,突破了难点,抓住了关键。

3. 从教学程序上分析

教学目标要在教学程序中完成,教学目标能不能实现要看教师教学程序的设计和运作。因此,评课就必须对教学程序做出评析。教学程序评析包括以下几个主要方面:

[①] 金安勇. 谈谈教师如何评课[J]. 学苑教育,2009(2):14-15.

(1) 看教学思路设计

教学思路是教师上课的脉络和主线,它是根据教学内容和学生水平两个方面的实际情况设计出来的。它反映一系列教学措施怎样编排组合,怎样衔接过渡,怎样安排详略,怎样安排讲练等。

教师课堂上的教学思路设计是多种多样的,为此,评课者评教学思路:

一是要看教学思路设计符不符合教学内容实际,符不符合学生实际;

二是要看教学思路的设计是不是有一定的独创性,超凡脱俗,给学生以新鲜的感受;

三是要看教学思路的层次,脉络是不是清晰;

四是要看教师在课堂上教学思路实际运作的效果。

我们平时听课看到有些教师课堂上表现不好,效率低,很大原因在于教学思路不清晰,或教学思路不符合教学内容实际和学生实际等造成的。所以,评课必须注重对教学思路的评析。

(2) 看课堂结构安排

课堂结构是指一节课的教学过程各部分的确立,以及它们之间的联系、顺序和时间分配,也称为教学环节或步骤。教学思路与课堂结构既有区别又有联系,教学思路侧重教材处理,反映教师课堂教学纵向教学脉络;而课堂结构侧重教法设计,反映教学横向的层次和环节。课堂结构的不同,也会产生不同的课堂效果。可见课堂结构设计是十分重要的。通常一节好课的结构安排体现出结构严谨、环环相扣、过渡自然、时间分配合理、密度适中、效率高等特点。

4. 从教学方法和手段上分析

评价教师教学方法、教学手段的选择和运用是评课的又一重要内容。教学方法不是教师孤立单一的活动方式,它包括教师教学活动方式,还包括学生在教师指导下"学"的方式,是"教"的方法与"学"的方法的统一。评价教学方法与手段包括以下几个方面:

(1) 看是不是量体裁衣,优选活用

教学是一种复杂多变的系统工程,不可能有一种固定不变的万能方法。一种好的教学方法总是相对而言的,它总是因课程、因学生、因教师自身特点而相应变化的。也就是说教学方法的选择要量体裁衣,灵活运用。

(2) 看教学方法的多样化

教学方法最忌讳单调呆板,再好的方法天天照搬,也会令人生厌。教学活动的复杂性决定了教学方法的多样化。所以评课既看教师是否能够面向实际,恰当地选择教学方法,同时还要看教师能否在教学方法多样化上下一番工夫,使课堂教学超凡脱俗,常教常新,富有艺术性。

(3) 看教学方法的改革与创新

评价教师的教学方法既要评常规,还要看改革与创新,尤其是评价一些素质好的骨干教师的课。要看课堂上的思维训练的设计,要看创新能力的培养,要看主体活动的发挥,要看新的课堂教学模式的构建,要看教学艺术风格的形成等。

(4) 看现代化教学手段的运用

现代化教学呼唤现代化教学手段。"一支粉笔,一本书,一块黑板,一张嘴"的陈旧单一教学手段应该成为历史。看教师教学方法与手段的运用,还要看教师是否适时、适当运用投影仪、录音机、计算机、电视、电影、电脑等现代化教学手段。

教学的"四个一"现象

当前在教学方法的问题上还存在"四个一"现象,这应该在听课评课中得到解决。这"四个一"是:"一讲到底,满堂灌",不给学生自读、讨论、思考交流时间,教师"讲"、"灌"包打天下;"一练到底,满堂练",由一个极端,走向另一个极端,教师备课找题单,上课甩题单,讲解对答案,怪不得学生说:"不是灌就是串,要不就是满堂练";"一看到底,满堂看",有的教师上课便叫学生看书,没有指导,没有提示,没有具体要求,没有检查,没有反馈,名为"自主自学式",实为"自由放羊式";"一问到底,满堂问",有的教师把"满堂灌"变成了"满堂问",而提的问题,缺少精心设计,提问走形式。

1. 阅读以上资料,观察一位生物教师的上课过程,看看是否存在这些问题。
2. 小组进行角色扮演,同学甲扮演教师,其他同学都进行评课,并讨论各自在评课时还会考虑哪些问题。

5. 从教师教学基本功上分析

教学基本功是教师上好课的一个重要方面,所以评课还要看教师的教学基本功。通常,教师的教学基本功包括以下几个方面的内容:

(1) 看板书

好的板书,首先,设计科学合理,依纲扣本;其次,言简意赅,有艺术性;再次,条理性强,字迹工整美观,板画娴熟。

(2) 看教态

心理学研究表明:人的表达靠55%的面部表情+38%的声音+7%的言词。教师课堂上的教态应该是明朗、快活、庄重,富有感染力;仪表端庄,举止从容,态度热情,热爱学生,师生情感交融。

(3) 看语言

教学也是一种语言的艺术。教师的语言有时关系到一节课的成败。教师的课堂语言,首先,要准确清楚,说普通话,干净简练,生动形象,有启发性;其次,教学语言的语调要高低适宜,快慢适度,抑扬顿挫,富于变化。

(4) 看操作

看教师运用教具,操作投影仪、录音机、微机等熟练程度。

6. 从教学效果上分析

巴班斯基说:"分析一节课,既要分析教学过程和教学方法方面,又要分析教学结果方面。"经济工作要讲效益,课堂教学也要讲效果。看课堂教学效果是评价课堂教学的重要依据。课堂效果评析包括以下几个方面:一是教学效率高,学生思维活跃,气氛热烈;二是学生受益面大,学生在原有基础上都有所进步,教学的三维目标达成;三是有效利用45分钟,学生学得轻松愉快,积极性高,当堂问题当堂解决,学生负担合理。

课堂效果的评析,有时也可以借助于测试手段。即当上完课时,评课者出题对学生的知识掌握情况当场测试,而后通过统计分析来对课堂效果做出评价。

若涉及对多名教师的讲课情况进行评比,那么就需要编制比较科学的问卷或量表。

 资料阅读

评课的形式

评课的形式有很多,我们要根据实际情况确定评课的形式。

(1) 个别面谈式。听课者与执教者面对面地单独交流,更容易进行双向沟通。既可以保护执教者的自尊心,探讨问题也更容易深入。当然,这只限于听课人数只有一两个人的情况下采取。

(2) 小组评议式。人数较多往往采取小组评议的方式进行,特别是学校举行一些展示课、研究课等。程序主要为:一是执教者说课;二是听者评议;三是领导、专家总评。

(3) 书面材料式。评课要受时间、空间、人员、场所等多种因素的影响,有些不便在公共场合交谈的问题可以通过书面传达自己的见解,还可以填写举办者设计的评课表。

(4) 调查问卷式。主要有三种形式:一是学生学习效果调查表;二是听课者对课堂教学情况的评价表;三是教师自评表。这要根据评课者或组织的需要来决定。

(5) 陈述答辩式。先有执教者陈述自己的上课设想、教学思路、教学方法、教学理念、教学特色、教学成败等问题,可有侧重地谈谈。接着就像辩论比赛一样,评课者提问,双方再各自阐述自己的观点,然后进行总结。最后,权威专家点评。

(6) 点名评议式。这种评议方式有点像考试,有评课组织者或负责人采取点名的方式请参加评课者进行现场点评。

(7) 师生评议式。这是体现教学民主的一种评议方式。执教者评议学生学习态度、学习效果、学习方式、合作情况和技能掌握情况等,多肯定积极因素,少批判;学生则主要评议教师上课的精神面貌、自己学的情况,有没有没搞懂的知识等方面。

(8) 专家会诊式。邀请专家对执教者的课进行会诊,更容易帮助青年教师扬长避短,尽快迈上课堂教学的轨道,尽快成长起来。由于专家看问题比较准确、深入,能够有理有据,所以专家会诊更有说服力。

(9) 自我剖析式。这是重要的一环。在听取了别人的评价后,执教者要及时进行反省性的修改、优化,进行二度设计。特别是在反思时要根据自己的不足,探究失误的原因并及时记录,以防止类似问题的出现。

(摘自:周勇,赵宪宇.新课程说课、听课与评课[M].北京:教育科学出版社,2004:85-86.)

6.2.4 评课的依据和标准

 资料阅读

课堂教学评价表

评价项目	评价内容	评　价
教学理念(10分)	1. 正确处理智育与德育的关系	
	2. 面向全体学生,因材施教	
	3. 注意能力培养和智力发展,体现改革和服务思想	
教学内容与过程(30分)	4. 教学目的明确,教学要求适当,符合课程标准和学生实际	
	5. 内容正确,无思想性、科学性错误	
	6. 教学重点把握正确	
	7. 容量适当,密度合理	
	8. 教学过程设计合理,讲课思路清晰,层次清楚,衔接自然	
	9. 面向全体学生,兼顾个体差异,注重学生有效参与	
教学方法(25分)	10. 教学方法选用得当	
	11. 教学手段恰当,善于运用实验、电教等手段进行教学	
教学素质(20分)	12. 教学语言清晰、准确、规范、生动,富有启发性,用普通话讲课,教态亲切自然	
	13. 板书工整、规范,设计合理,脉络清楚,内容精当,重点突出,书写与讲解同步,有条不紊	
	14. 重视教学信息的反馈,及时有效地调控教学	
	15. 适时并正确地使用教具,有熟练的解题和实验操作技能技巧	
教学效果(15分)	16. 学生掌握知识好	
	17. 课堂结构紧凑,教学效率高	
合计总分		
总体评价		

听课者签名:

(摘自:俞如旺.生物微格教学[M].厦门:厦门大学出版社,2007(10):345-346.)

评课是教学、教研工作过程中经常开展的一项活动。评课的类型很多,有同事之间互相学习、共同研讨的评课;有学校领导诊断、检查的评课;有上级专家鉴定或评判的评课,等等。无论评课的主体是谁,评课的标准要相对统一。结合现代教学观,一节好课的依据和标准如下:

1. 教学目的(体现目标意识)

教学目标全面、具体、明确,符合课程标准、教材和学生实际;重点难点的提出与处理得当,抓住了关键,能以简驭繁,所教知识准确;教学目标达成意识强,贯穿教学过程始终。

2. 教学内容(体现主体意识)

教学思路清晰,课堂结构严谨,教学密度合理;面向全体,体现差异,因材施教,全面提高学生素质;传授知识的量和训练能力的度适中,突出重点,抓住关键;给学生创造机会,让他们主动参与,主动发展;体现知识形成过程,结论由学生自悟与发现。

3. 教学方法(体现训练意识)

精讲精练,体现思维训练为重点,落实"双基";教学方法灵活多样,符合教材、学生和教师实际;教学信息多项交流,反馈及时,矫正奏效;从实际出发,运用现代教学手段。

4. 情感教育(体现情感意识)

教学民主,师生平等,课堂气氛融洽和谐,培养创新能力;注重学生动机、兴趣、习惯、信心等非智力因素培养。

5. 教学基本功(体现技能意识)

用普通话教学,语言规范简洁,生动形象;教态亲切、自然、大方、端庄;板书工整、美观、言简意赅,层次清楚;能熟练运用现代化教学手段和媒体技术;应变、调控课堂能力强。

6. 教学效果(体现效率意识)

教学目标达成,教学效果好;学生会学,学习生动,课堂气氛活跃;信息量适度,学生负担合理,短时高效。

7. 教学个性(体现特色意识)

教学有个性特点;教师形成教学风格。

6.2.5 评课的方法

由于评课涉及的内容比较多,为了提高评课效果,一般采取以下的思路与方法:

1. 从听好课入手,记好听课时的第一手材料

通常我们听课做记录有两种形式:一种是实录型,这种形式如同录音机一样,如实地记录课堂教学的全过程。这种记录方式一般不可取,因为听者记得多,想得就少。另一种是选择型,选择某一侧面或某些问题,而选择记录内容的依据是根据听课者的需要,如主讲人的优势所在、课堂特色、存在的问题等。

2. 从记录的材料中,思考评课时应点评的内容

任何一种课,评者都应从教的角度去看待教者的优势、特色、风格、需改进的地方、需商讨的问题。更应从学的角度去看待主体发挥程度、学的效果和学生的可持续学习情况、学生思维的活跃性、学生活动的创造性等。

3. 倾听授课教师的自评,做出对点评内容的取舍

授课教师有刚参加工作不久的新教师,也有经验丰富的老教师,有新秀、有骨干,也有能手、名师,有活跃型、也有内向型,有严肃型、也有可亲型,形形色色,各有差异。作为评课者为了达到评课的目的一定要学会察言观色,学会倾听其自评,从而做出判断,做出点评内容的取舍,切不可一意孤行。因为任何人的点评都是"仁者见仁、智者见智",本来评无定法,评课也无法用条条框框的标准准确量化。只有评课者与教者达成一致,点评内容才能落到实处。

4. 肯定优点为主，兼顾研讨商榷

一般而言，先说优点或是值得学习的地方，再谈需研讨商榷的问题，再把优点加以点评。这种点评开门见山、有针对性，但一定要注意指出问题的数量不要太多，抓住主要矛盾即可。要为教师自身发展而做出真实性的评价，而我们的教育也正是需要这种有别于寻常的他人指导性评价。具体的评课要围绕以下三个方面：一是要看目标确定是否有助于生成；二是要看教学过程是否促进学生发展；三是要看课堂评价是否科学、到位。

6.2.6　当前评课中存在的问题

科学正确的评课能较好发挥应有的功能；反之，不科学的评课会降低其应有的作用。由于受种种因素的影响，目前在评课上，还存在许多不尽如人意的地方，其表现如下：

1. 重听轻评，敷衍了事

一些学校人为规定教师每周的听课节数，教师为了完成任务，只重视听课，而忽视听后的评课与总结，以致评课的作用没有得以发挥，听课也就失去了意义，该评的课没评。另外，即使有的课评了，由于碍于情面，评课也是敷衍了事，走过场。评课大部分是虚假的评议，只唱赞歌，不讲缺点。评议会上，发言人少，评议只有三言两语，评课冷冷清清，没有碰撞出智慧的火花。

2. 平淡肤浅，面面俱到

有的听课者听得不认真，一节课后，也看不出什么问题，笔记上没写出什么，当然也提不出意见和建议；有的评课者虽然提了不少意见，但多半是枝节问题，泛泛而谈，触及不到问题所在。对一节课的评议应该从整体上去分析评价，但绝不是不分轻重、主次，而需要有所侧重。即根据每一次的听课目的、课型以及学科特点突出重点。但实践中有些评课面面俱到，因而泛泛而谈，难以突破重点。

3. 用老眼光看新课堂

上课者观念变了，努力探索新课标，实践新课标，而评价者的思想观念却没有多大转变，还停留在传统的评价观念上，意识中仍然抱定教师中心这一观念，这势必给上课者的改革实践带来消极影响。

4. 只看表面热闹，不重实效

一直以来，很多人认为气氛热烈的课堂是上课成功的标志之一。只要学生"小手高举"的课就认为是一堂好课，没有了解学习的实际效果。这就成了只看表面，不看效果，成了形式主义。

5. 把师生看得过高，脱离实际

在评课过程中，评价者过高估计教师和学生的水平，潜意识认为教师的课堂教学应该是十全十美的，学生的理解应该很到位。如果教师在课堂上出了一点差错，就是一堂失败的课；如果学生回答问题不到位，就是教师引导不得力。其实，许多教师都是第一次接触新课标和新教材，即使领悟了课改的精神，但在具体操作中仍会出现把握不准的情况；而学生自主学习得出的答案也不一定准确、深刻，甚至只是说到问题的皮毛。所以，只要学生的自主学习的精神得到了培养，创新精神得到了发展，就符合新课标的要求。

6. 只重视教师的展示，不重视学生的自主探索

评课时对教师的角色比较看重，认为教师只要自身展示得好，讲得头头是道，引导得当，就是一个好教师，就是一堂好课。而新课标完全转换了教师的角色，教师的主导作用不仅仅是组织课

堂教学,更主要是让学生学会学习,进行自主探究,通过学生自己的感悟深入理解,教师只是以平等的身份参与课堂学习。

7. 只重结果,不重过程

只重结果,不重过程,这是传统教育的显著特点。评课者只关心这节课学生掌握了多少知识,而没有重视这些知识是死记得来的,还是活学得来的;是听来的,还是学来的。新课标所重视的不仅在于学习的结果,而且特别强调学习的过程。

8. 只重视学生自主,不重视教师传授

在新课标强调学生自主、合作、探究、创新学习的前提下,教师非常重视对学生以上精神的培养,却忽视了对知识的传授。评价者也同样产生这样的倾向,只看学生动了多少,抛弃了教师"教"的环节,使得评价不全面。这是从一个极端走向另一个极端。

9. 只重视教学手段,不重视教学实质

信息技术发展迅速,为课堂教学提供了良好的条件。多媒体可以增大课堂容量,增强形象直观性,提高学生的学习兴趣,收到意想不到的效果。但是,在评课过程中,却出现了不用多媒体就不是好课,就不能获奖的现象,把教学手段和教学实质的作用弄颠倒了。

10. 主讲教师回避或沉默

在公开课评课活动中,主讲教师要么回避评课,要么一言不发,"虚心"听取别人意见。这是评课中的一大误区。其产生的根源在于主讲教师对别人评价过分关注而忽视了公开课的其他功效。其实,在评课前可让主讲教师"说课":分析一下教材,讲讲教法、学法,介绍一下教学程序。这既是对主讲教师的一种尊重,也有助于听课者准确透彻地把握一堂公开课,避免评课中的种种误解和盲目性。在评课过程中主讲教师可作简单自我评价,并就其他教师的意见谈谈自己的看法,这有利于听课者了解主讲教师的设计意图。

6.2.7 评课技能的实施

 资料阅读

以下是一位老师对张老师某堂课的评课稿:

张老师上的是《普通高中课程标准实验教科书生物(必修3)稳态与环境》第6章第2节的教学内容。本节课的教学内容是在学习了生态系统的营养结构上进行的,因而在教学时,能积极利用学生已有的知识基础,设计问题情境,培养自主探究精神,引导学生主动建构新知识。在整个教学过程中,坚持以自主探究性学习为主,综合运用讲授、谈话、讨论、多媒体教学等多种方法,调动学生的学习兴趣,发挥学生的主体作用。

一、探究安排合理,注重知识联系

张老师能够通过多媒体教学手段引入,给学生提供相关的资料,创建生动的教学情境,激发和推动学习者的认知活动、实践活动和情感活动,从而更容易理解这部分知识,能加深学生对新知识的掌握。在教学中,从细胞的分化概念入手,结合分化的特点、遗传物质是否改变等层层推进,让学生自主探究,从而形成知识框架,体验成功之感。

二、设计问题情境,培养自主探究

张老师的教学设计思路符合教学内容实际,结合学生现有的认知结构,然后在现有的基础水平上建构新的知识,培养了学生自主探究的兴趣。首先是对上节课的内容进行回顾,"什么是细胞增殖"、"有丝分裂各个时期的特点"、"有丝分裂过程中染色体行为怎样变化"、"有丝分裂的意义是什么"等。从而引出在自然状况下正常生物体细胞进行有丝分裂后遗传物质未有改变但因执行不同的功能而发生细胞形态、结构和功能上的变化。然后再由此引入新课——细胞的分化,再通过学生自主学习和师生的共同探讨来概括细胞分化的特点。

三、科学设计练习,注重能力培养

张老师通过自己设计练习,形成一定的梯度,层层推进,采用启发诱导的方式,来培养学生良好的思维习惯,思考问题、解决问题的能力。一方面既完成了既定的教学目标,使全体学生都能在课堂上掌握好基础知识,另一方面通过不同层次的练习,培养了学生综合运用知识解题的能力,达到了教学目的。

(摘自:吴恩醒.高中生物评课稿[EB/OL].(2009-12-28).
http://blog.sina.com.cn/s/blog_5f27168d0100gxbq.html.)

活 动

1. 观看一段朱正威老师的评课视频,仔细思考:进行评课时,应考虑哪几个方面的因素?

2. 听某位生物教师的某堂课,结合评课要点,试着对这位教师的课进行评价。

实战演练

1. 对"环境对生物的影响"这节内容进行教材分析。
2. 对"心脏"这节内容进行教学重难点分析和教法设计。
3. 对"植物的呼吸作用"这节内容编写完整说课稿。
4. 聆听一位教师的公开课,并进行书面评课记录。

学习链接

1. 豆丁网:http://www.docin.com/p-47909087.html
2. 中国基础教育网:http://www.cbe21.com/subject/biology/index.php
3. 国家基础教育资源网:http://www.cbern.gov.cn/derscn/portal2/SearchAction.do?method=index
4. 生物学科网:http://sw.zxxk.com/Article/0803/34887.shtml

专题7 出卷、阅卷与评卷技能

内容提要

纸笔测验是一类用书面方式作答的评价方法,包括传统的笔试、教学测量、能力测量等多种形式。其中笔试主要是考核知识技能,在新课程的学习评价中仍然具有重要的意义,是纸笔测验的主要形式,许多学校和地方制订的生物学习评价方案中纸笔测验的成绩占总成绩的比重很大。进行笔试的核心任务是命题(出卷)、阅卷和评卷。

学习目标

◆ 会进行中学生物自主命题;
◆ 能够说出评阅试卷的原则;
◆ 学会分析生物试卷和试题。

关键术语

◆ 出卷　◆ 阅卷　◆ 评卷

知识地图

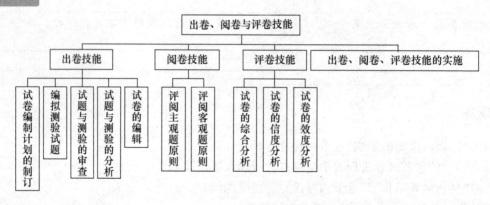

专题序幕

2005 年高考生物命题走向

近些年生物学科高考试题考虑到其学科的特点和发展趋势,在考查考生基本知识和核心内容的同时,也注重对考生能力的考查,充分体现了有助于中学实施素质教育和高校选拔人才的双重功能。

每一年高考是上一年高考的继续,又是进一步的完善和发展。在研究近年生物学科高考的基础上,我们初步认为今后的高考试题:

1. 基础题仍会占相当比例

在2005年生物高考中预计基础题仍然会占30%左右,涉及的知识点是教材的主干知识,以考查基础知识、基本概念和基本原理,知识点分布会比较广。

2. 以代谢、遗传、调节、生态为重点

新陈代谢在教材中占的比重约10%,与其他章节联系紧密,实验多,联系生产生活实践方面多,因此在考卷中通常占比例很大。遗传和变异在教材中占比例约16%,与细胞质遗传、基因工程等知识联系比较紧密,特别是人类遗传病系谱图、遗传基本定律、基因突变等应该是考查的重点。

调节虽然在教材中所占比例不大,但由于能够考查学生的思维能力,现在有增大考查比例的趋势,特别注意反馈调节。

由于环境问题越来越突出,预计生态系统知识在今后高考中所占比例会有增加。包括病毒与人类的关系,人类活动对环境的破坏,环境污染对生物多样性的影响等。

3. 图、表、曲线仍然成为考试的重要形式

生物考卷中离不开图表、表格、曲线等考查形式,很可能出现要求考生根据所提供的信息绘图、画曲线、列表格、写遗传图解等,注意加强此方面的规范训练。

4. 实验和以实验为背景的试题可能增多

生命科学的发展离不开科学试验,培养生物科学素养离不开生物实验。

5. 与生产和生活实际联系会更紧密

会加大与农业生产、发酵工程、污水处理等方面结合的生物知识的考查力度,特别与中学生生活实践相联系的有关生物知识,考查学生分析和解决问题的能力。包括转基因生物、转基因产物、皮肤移植、提高光合作用效率、人类的食物与健康、减肥、内环境与稳态、艾滋病及其防治等。

6. 加大对研究性学习的考查

研究性学习是新课程改革中极力倡导的学习方式。为了深化新课程改革,在作为中学教学指挥棒的高考试题中,对研究性学习的考查会有所体现甚至不断强化。或是显性,或是隐性,以不同的形式出现在试卷中,成为高考命题的一个亮点。

(摘自:王后雄,徐启发.中考生物科考试标准及试卷结构技术指标构想[J].中学生物教学,2006(6):17-22.)

问题与思考

目前,生物学科高考试题是否与课程标准中的理念和要求一致?生物教师该如何进行笔试命题和考试分析?

7.1 出卷技能

资料阅读

生物命题应根据相应的评价目标确定命题原则。例如,一个章节学习结束时的命题原则和一本教科书学习结束时的命题原则有一定的差别,纸笔测验和实验技能考核的命题原则也有一定的差别。但生物命题原则一般包括命题取样的代表性(如能覆盖全部或大部分内容,突出各章节的重点知识和技能)、命题难度的适当性(如一般难度的题目占50%~60%,中等难度的题目占25%~30%,比较难的题目占15%~20%)、命题语言的明晰性(如文字叙述浅显易懂)、命题内容的独立性(如题目与题目之间没有相互暗示关系)、命题答案的唯一性和开放性(如不仅应有答案唯一的试题,也有一定量的试题具有开放性)、命题目标的多样性(如不仅注重考核学生基础知识和基本技能,也重视考核学生的综合能力、情感态度和价值观)。

问题与思考

生物命题应根据相应的评价目标确定命题原则。那么,如何确定命题的原则呢?不同类型的试题是否具有不同的命题原则?

7.1.1 试卷编制计划的制订

1. 确定测验目标

在笔试中,通常根据测验的目标,分类逐层地建立一系列评价指标,所以确定测验目标特别重要。新课程构建了由知识、能力(过程与方法)、情感态度与价值观三个维度组成的课程目标,因此,测验的目标必须彻底改变过去只检测知识掌握情况的片面做法,而要制订适用于多个维度的评价目标:知识、理解、应用、分析、综合、评价。同时,确定测验目标还要认真钻研教材内容。

**案例**

认知领域的教育目标

认知领域的教育目标按照从简单到复杂、从低级到高级的顺序分为六类:识记、理解、应用、分析、综合、评价(见图7-1)。这六类目标又可以分为两个大类:一类是"知识",一类是"理智的能力和技能"。

(1) 识记,是指记住所学习的教学内容。包括记住个别事实的知识、有关结构的知识和科学过程的知识,这一阶层所强调的能力仅限于忆想、辨认、记忆。

(2) 理解,是对知识的解释说明,把学习的材料从一种形式转换为另一种形式,比识记高一层。例如能用文字记述,用不同符号表达,或用语言进行阐述等。

(3) 应用,是指能将所学的知识及各种抽象概念应用于新的具体情境中去的能力。

(4) 分析,是把整体分解为部分,并确定彼此间关系的能力。例如分析实验过程成功或失败的原因,实验结果的原理等。

(5) 综合,是把所学的知识综合成新的思想,组成有组织的整体。

(6) 评价,是指能够灵活运用所学知识,提出独特见解,并根据自己建立的标准,进行各种判断,这是认知的最高水平。

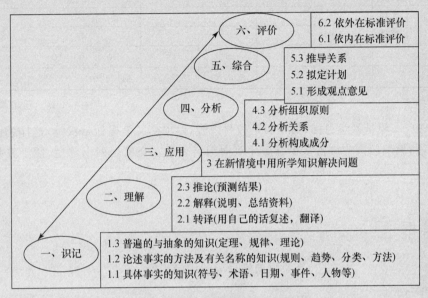

图 7-1 认知目标的具体分类

(摘自:张敏强.教育测量学[M].北京:人民教育出版社,1998:20-21.)

2. 编制命题双向细目表

双向细目表是指,教师可以根据测验目的及教学目标的需求,以教学目标为横轴,而以教材内容为纵轴,画出一个二维度的分类表,且平均分配好试题比重或题数于表中的每个细目里,并尽量使试题的取材充分涵盖所要评价的教学目标和教材内容。

双向细目表是命题、编制试卷的蓝图,它具体规定各部分教学内容考核的目标和要求,规定了各部分考核内容应该占的权重或分值(见表 7-1)。

表 7-1 生物课程考核双向细目表示例

		识记	理解	应用	分析	综合	评价	总计	百分比
走进细胞	选择	2	4					6	6.67%
	简答								
组成细胞的分子	选择	4	6		2			16	17.78%
	简答	4							
细胞的基本结构	选择				2			9	10.00%
	简答	3	2	2					
细胞的物质输入和输出	选择	2	4		2	2		13	14.44%
	简答	1	2						

续表

		识记	理解	应用	分析	综合	评价	总计	百分比
细胞的能量供应和利用	选择	2	4	2	2	6		42	46.67%
	简答	8	14	2		2			
细胞的生命历程	选择	2	2					4	4.44%
	简答								
总 计		28	38	6	8	10	0	90	100%
百分比		31.11%	42.22%	6.67%	8.89%	11.11%	0.00%	100%	

(来自：王燕 湖北省水果湖高中)

表 7-1 中,一项是教学目标,另一项是教材内容,两项交叉坐标处是权重,这样就详细规定了某一章节不同教学层次应该占多少分。此双向细目表还在交叉处列出题型,便于教师命题和编制试卷。

案例

双向细目表的编制步骤

(1) 开列教材大纲

教学应使学生掌握哪些知识内容,不同的知识内容在该教学中的相对重要性有多大,不同知识内容应实现的认知目标是什么,这些在教材大纲中应有所体现。

(2) 对开列的教材大纲进行权重分析

开列出的教材大纲根据教学内容在整个学科中所占的相对重要性,分配适当的比重。教学内容的比重可以根据内容的重要程度,教学所需时间,以及其他因素予以确定。

(3) 对各种教育目标进行权重分析

根据学科特点,对六级不同目标进行合理的权重分析,除考虑学科特点外,应适当强调高级目标的相对重要性,对高级目标分配较大的比重,以促进学生智能的发展。

(4) 编制双向细目表

表的顶端开列的应用测验的认知目标,与目标对应的表最下面一行的数值为对各项目标所分配的权重。在左端纵行开列的是测验内容,与内容对应的表右边的合计栏,是对各项内容所分配的权重。

假设在高中生物测验中,共出 100 道题,那么测试题的分配,即为反映每部分教材和每种教学目标的试题比例,就可以表中的数字为参考。

① 确定考试内容要目,并把他们排在表中最左边一栏。其中有两种方法:

A. 按照教材各章节名称依次罗列。

B. 根据教学内容知识块分别罗列。例如：高中生物课程可分为细胞,新陈代谢,生殖发育,生命活动调节等若干知识块。

② 界定该科目考查的掌握目标层次,并把这些目标层次从低级到高级依次安排在表中顶端第一行有关格子上。例如:高中生物课程进行终结性考试时,可以把掌握目标划分为识记、理解、应用、分析、综合、评价等。

③ 确定各项考试内容要目下的分数比重。权重是测验编制时确定试卷数量、考试时间、分数分配的主要依据。假如考试满分是 100 分,这时就需要科学地把 100 分分配到列入考试的各个章节上去,或分配到列入考试范围的各个知识块上去。

④ 把每一项考试内容的分数比重(例如,细胞的分数比重是 26 分),逐一分配到若干必要的考查目标上去,形成网络的分数分配方案,即双向细目表。

7.1.2 编拟测验试题

测验试题类型多种多样(见图 7-2),因此编拟高质量的试题并不是一件很容易的事。教师必须参考测验编制计划的蓝图——双向细目表,充分了解各类型试题的优缺点和命题原则,充分了解学生的特征和程度,并具有良好的文字表达技能。在编拟试题时,既要遵守各种试题通用的一般原则,也要遵守不同题型的命题原则。

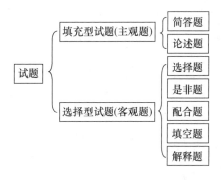

图 7-2 试题的类型

1. 编拟试题的一般原则

一般而言,无论编拟何种类型的试题,均需考虑下列几项共同的命题原则:

(1) 试题取材均匀,并具有教材内容的代表性。

(2) 试题的叙述应力求简明扼要,题意明确。

(3) 各个试题宜彼此独立,互不牵涉,并避免含有暗示答案的线索。

(4) 试题宜有公认的正确答案或相对较佳的答案。

(5) 试题中某些错误,虽不影响答案的选择,也应当避免。

(6) 凡具有争议性的试题,应该注明命题参考资料的来源。

(7) 若要测量学生的高层次认知能力,则试题不一定要有固定答案。

(8) 试题的叙述应重新组织,避免直接抄课文或原来教材。

(9) 试题应重视重要概念或原理原则的了解与应用,要避免偏难及零碎知识的记忆。

(10) 避免使用与测验无关的叙述,增加作答困难。

(11) 命题不要超过单元教学的评价目标。

(12) 提早命题,以预留时间进行试题审查或修正。

(13) 命题数量尽量多一些,作为备用试题。

(14) 图示要清晰,资料阅读量不宜过大。

> **比较两个生物试题**
> 下列是两个生物考试例题,请你根据上述原则判断这两个例题是否科学,并说明原因。
> 例题 1. 植物细胞是如何吸水的?
> 例题 2. 试列举三种植物细胞吸收水分的方式。
> _____
> _____

2. 主观题的命题原则

主观题是指那些能更好地考查学生具体情况或个性的试题。通过这类试题的考试,可以全面了解学生对某门课程的某个具体部分理解和掌握的程度,可以测试学生精确地回忆所学内容,灵活地组织材料,清楚地表达问题,深刻地了解问题实质的能力。主观题主要分简答题和论述题。主观题的优缺点及出题策略如表 7-2 所示。

表 7-2 主观题的优缺点及出题策略[①]

主观题的优点	主观题的缺点	主观题的出题策略
提出问题很容易而且很迅速,不像客观题那样需要很长时间去考虑和设计; 可以使教师去评价学生对所学知识的组织、分析、综合、评价等较高级的认知能力,而不仅仅是对知识的简单记忆	主观题最大的缺点是评分困难,费时太多; 主观题评分的主观性较强,信度较差; 主观题的取样范围较窄,只能涵盖教学内容中较小的百分比	主观题的用语必须简单、清楚,明确标出每一问题的分值和限定回答的时间; 事先拟出每题的答案要点和评分标准; 对同一试题的评分集中一次完成; 评分时不看学生的姓名

(1) 简答题的命题原则

简答题是要求学生填写几个很短的字或词句的命题。这类命题主要用来评估学生对于非常重要的名词、原理或概念是否清楚,因为这些知识很重要,所以往往需要理解和记忆,简答题就是评价其理解或记忆的能力。大体上,它有两种呈现方式:一为问题型;二为填空型。在命题时,应注意下列原则:

① 命题题意要明确,限定要严密。
② 不能从教科书上直接摘录一段句子来命题。
③ 一般来说,问题型的命题比填空型的命题对答案的要求更明确。
④ 假如期望的答案带有单位,应将单位标示出来。

---

① 汪新,杨小红,李敏.科学课教学论[M].合肥:合肥工业大学出版社,2004:291.

⑤ 假如题干使用填空型,原则上以一题一空格为原则,尽量不要在一个题目内要求学生填两个或两个以上的空格。因为空格愈多,通常题意愈模糊。

[简答题] 香蕉成熟过程中的生理现象

用乙烯利催熟香蕉的过程中,会出现下列生理现象:① 出现一个呼吸速率迅速上升的阶段;② 香蕉果皮由绿色逐渐变为黄色;③ 果肉甜味逐渐增加。请回答下列问题:

(1) 如果通风不良,催熟的香蕉会产生酒味,请解释原因。

(2) 在催熟的过程中每日取样,提取果皮中光合色素进行纸层析,色素带会出现什么变化?出现该变化的原因是什么?

(3) 果肉变甜是因为_____(A. 果胶;B. 多糖;C. 可溶性糖)积累的结构,这种(类)物质是由什么物质转化而来的?是如何转化的?

——2008年普通高等学校招生全国统一考试(广东卷)第31题

(2) 论述题的命题原则

论述题可以用于各学科领域。该题型可以提高学生的思考、应用及解决问题的能力,对于被试的学习态度和学习方式可以产生积极的影响。如可以促使学生注意教材内容的内在联系和对所学知识进行有机的组织。

① 试题应该用来测量较高层次的学习目标(如分析、综合、评价),特别是那些小型客观题不易测量的学业成就。如要求学生陈述理由、解释变量间关系、描述与评价资料、推理证明等。

② 要明确而系统地陈述问题,使被试能清楚地了解题目的要求。使每道题都能真实地反映被试实际能力而不受阅读理解等其他因素干扰。

③ 不同的论述题之间很难做到等值,因此一般不要让被试选择问题回答,否则不同被试的得分难以比较。

[论述题] 2005年理综试卷生物论述题

已知牛的有角和无角为一对相对性状,由常染色体上的等位基因A和a控制。在自由放养多年的一群牛中(无角的基因频率与有角的基因频率相等),随机选出1头无角公牛和6头有角母牛,分别交配,每头母牛只产了1头小牛。在6头小牛中,3头有角,3头无角。

(1) 根据上述结果能否确定这对相对性状中的显性性状?请简要说明推断过程。

(2) 为了确定有角与无角这对相对性状的显隐性关系,用上述自由放养的牛群(假设无突变发生)为实验材料,再进行新的杂交实验,应该怎样进行?(简要写出杂交组合、预期结果并得出结论。)

[点评]本题的第一问就是一道论述题,先要求学生作出结论(判断),然后要求学生对结论进行推断(说明推断过程),综合考查了学生运用遗传规律知识进行分析、论证和表达的能力。本题所运用的论证方法为假设论证,在分析论述过程中,表现出很严密的逻辑思维和较高的综合分析能力要求;先对无角和有角的显隐性作出假设,然后运用自由组合规律进行推理、论证,推导出交配后子代的基因型和概率,从而得出结论。

3. 客观题的命题原则

客观题是指有些考试题目,评分规则一旦明确下来,只要依据这些规则,无论谁去评分,都会得出相同的分数的题目。它包括选择题、是非题、配合题、填空题、解释题等。

(1) 选择题的命题原则

选择题是最常用的客观型试题,假如命题技术很高,试题制作良好的话,它几乎可以评价任何生物知识和学习成就。它的最大特性是阅卷快速而且客观,因此在学习成就的评价上,选择题是最具效率的试题之一,选择题优缺点及有效性分析见表7-3。

表7-3 选择题优缺点及有效性分析[①]

选择题优点	选择题缺点	选择题有效性
评分客观、可靠,客观的标准答案,避免了论文式问题在评分时的主观性和信度较低的缺点; 试题取样范围广,能够涵盖课程的主要内容,保证测验的有效性; 答题和阅卷均较方便、高效,在较短的时间里就可以施测较多的项目,因而效率很高	编写困难、费时,将课程内容设计成一个又一个的多重选择题,仔细考虑选项中正确答案与各干扰项之间的各种微妙关系,是一项费时而困难的工作; 由于选择题的答案是固定的,因而不易测量学生的创造力、组织能力和综合能力	进行项目(难度、区分度、干扰项分析)分析

在制作选择题时,应注意:

① 题干本身是一个具有完整意义的句子。

② 题干要简洁,但要将题意表达清楚,不要包含不必要的信息,造成费解。

③ 除非拟评价非常重要的生物概念,一般情况下,题干不使用否定。必须使用否定时,应在否定词下画线或加着重号,以提醒学生注意。否则学生因疏忽否定字眼而答错该题,并不是评价成就的本意。

④ 每一题的选项以四或五个为宜,其中应有而且最好只有一个正确的或最佳答案。

⑤ 每一选项在语法、语气和句子长度等方面,尽可能保持一致。有些命题者为了使正确答案达到完全正确,无懈可击,将句子写得特别长,而其余的选项句子就比较短。于是"有技巧"的考生,就可以抓住命题者的习惯,而猜对很多题目。

---

① 汪新,杨小红,李敏.科学课教学论[M].合肥:合肥工业大学出版社,2004:295.

⑥ 所有的选项都应合理,不可不合逻辑,否则便失去诱答效果,学生也就会很容易猜出正确答案。

⑦ 正确答案的出现次序应是随意的,不可为了阅卷方便而以一定次序排列。否则,学生很容易猜对答案。

⑧ 可适当使用"以上都对"或"以上都错"为选项。

案例

[选择题] 自然生态系统的恢复

有一山区由于开采露天小铁矿等活动,自然生态系统完全被破坏,成为一片废墟,为尽快使该山区恢复到原有自然生态系统状态,应采取的最好措施是在这片废墟上 (　　)

A. 回填土壤,引进多种外来物种,重建新的生态系统
B. 撤出人类全部活动,实行全面封闭,等待自然恢复
C. 回填土壤,栽培当地经济农作物,发展农业生产
D. 回填土壤,栽培多种当地原有的植物,实行封山育林

——2008年普通高等学校招生全国统一考试(宁夏卷)第6题

(2) 是非题的命题原则

是非题旨在评价学生鉴别正确叙述、事实、概念或名词意义等的能力,是非题的优缺点比较与编写策略见表7-4。命题时,必须特别注意其明确性,不可稍有含糊,否则将会造成是非不明。

表7-4　是非题的优缺点比较与编写策略①

是非题的优点	是非题的缺点	是非题编写策略
编写相当容易,回答和评分都很方便,取样范围较广,可以有效地测量学生对一些知识点的掌握情况	测量的常常是一些较低水平的细节性知识点,而不易测量一般原理或对知识的应用、分析、综合、评价等,是非题猜测正确的概率是50%,因此,它的可靠性较差。如果要求学生将判断为错误的题改正过来,这样会使是非题答起来困难且评分也费时间	语言陈述要简单、明确,每一个问题中只包含一个论点,避免由多个论点造成题目本身的歧义性; 题量上,使属于"非"的题目稍多于属于"是"的题目,因为学生猜测时倾向选"是"的机会较多; 尽量采用肯定陈述,避免采用否定性陈述使属于"是"的题目与属于"非"的题目随机排列; 题目的文字避免直接抄录教材内容,防止学生因死记而非理解得分,避免用有暗示性的语词,如"总是"、"从不"、"每一个"、"全部"、"所有"等

在制作是非题时,应注意:

① 避免使用一般性叙述来命题,而应尽量详细说明题意,以免题意不明,学生无法明确判别。

---

① 汪新,杨小红,李敏.科学课教学论[M].合肥:合肥工业大学出版社,2004:295.

② 避免零碎、不重要或纯记忆性的命题。

③ 避免使用否定，尤其是双重否定的命题。

④ 避免以冗长而复杂的叙述来命题。

⑤ 除非有因果关系存在，在同一命题中，应避免包括两个或两个以上的生物概念。

⑥ 答案为是与非的命题应各占约一半，否则相差太多时，有考试技巧的学生便可借助是与非出现的频率来猜题，使评价结果信度偏低。

> **[判断题] 几道高中生物判断题**
>
> 1. 人的各种反射活动都需要多个细胞的参与，不可能由一个细胞独立完成，因此，细胞不可能是生命活动的基本单位。（   ）
>
> 2. 生命系统的结构层次包括从原子、分子到生物圈的各个层次。（   ）
>
> 3. 原核生物中既有自养生物，又有异养生物。（   ）
>
> 4. 组成细胞的元素有 C、H、O、N 等 20 多种，其中 C 是最基本的元素。（   ）
>
> 5. DNA 和 RNA 都能携带遗传信息。（   ）
>
> 6. 磷脂是所有细胞必不可少的脂质。（   ）

(3) 配合题的命题原则

使用配合题主要是为了评估学生鉴别生物知识之间的相互关系的能力。因此，在内容上，以涵盖与某生物概念有关的零碎概念，最为恰当。一组配合题，通常可分为前提和选项两个部分。命题时，要求学生由选项中，选出与某一前提有关的答案。因此，配合题旨在考察学生寻求两件事实或叙述之间的关系的能力。

在制作配合题时，应注意：

① 在一配合题中，前提与选项的内容均应是同质的，不可将不相关的内容勉强凑合。

② 前提与选项的数目应不同，同时应说明选项可以使用的次数，如：每一个选项只能使用一次或两次或两次以上或一次都不选。

③ 前提的句子通常应比选项长，而且将选项置于右方。

④ 选项应依合理或合乎逻辑的方式排列，避免与前提之间有任何顺序上的相关联系。

⑤ 每一配合题应附一作答说明，使学生对作答方式一目了然。

⑥ 同一配合题的所有前提和选项应置于同一页内，不要分开在两页上，以免增加学生答题时翻页的麻烦，甚至因疏忽而造成错误。

案例

[配合题] 两种生物种群随时间推移而发生的数量变化

图 7-3 中的甲、乙、丙三图分别表示两种生物种群随时间推移而发生的数量变化。那么，请从供选答案中选择最适合的答案与三图匹配：

甲图表示的关系是：　　　A. 竞争
乙图表示的关系是：　　　B. 共生
丙图表示的关系是：　　　C. 捕食
　　　　　　　　　　　　D. 无关系

图 7-3 两种生物种群随时间推移而发生的数量变化

（4）填空题的命题原则

填空题是由不完整的陈述构成的一类客观题，填空题的优缺点与编写策略见表 7-5。

表 7-5 填空题的优缺点与编写策略[①]

填空题的优点	填空题的不足	编写填空题的策略
比选择题容易编写，凭猜测作答的机会也较少，答案规范简短，评分可靠而容易	测量的是对知识较低水平的记忆，而不易测量较高水平的认知能力	填空题让学生填的应该是一些与上下文有密切联系的关键字句； 在一个题内刚好只有一到两个空白，过多的空白会失去意义上的连贯性，使学生无法理解题意； 各题留出的空白长度应相同，以免空白的长度对正确答案的字数产生暗示作用； 避免直接引用教科书中的词句，为每题准备一个正确的答案和可接受的变式标准，并具体规定是否答案部分正确也可适当给分

在制作填空题时，应注意：

① 试题着眼考查重要的、关键的知识，不考无关紧要的内容。

② 答案应当简洁、明确，抓住句子内容的关键点。

[①] 汪新,杨小红,李敏.科学课教学论[M].合肥:合肥工业大学出版社,2004:295.

③ 答案当具有唯一性。
④ 答案以一个或两个为原则,空格不能太多,避免句子支离破碎。
⑤ 所有空格线段长度应与答案内容大体相当。
⑥ 尽量把空格留在句子的后面或中间,不要一开头就是空格。

案例

[填空题] 2005年广东生物卷填空题

图7-4为人的性染色体简图。X和Y染色体都有一部分是同源的(甲图中Ⅰ片段),该部分基因互为等位;另一部分是非同源的(甲图中的Ⅱ$_1$、Ⅱ$_2$片段),该部分基因不互为等位。请回答:

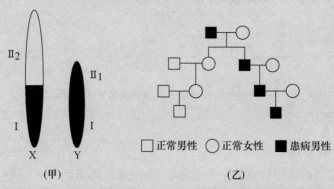

图7-4 人的性染色体简图和遗传系谱图

(1) 人类的血友病基因位于甲图中的_____片段。
(2) 在减数分裂形成配子过程中,X和Y染色体能通过互换发生基因重组的是甲图中的_____片段。
(3) 某种病的遗传系谱如乙图,则控制该病的基因很可能位于甲图中的_____片段。
(4) 假设控制某个相对性状的基因A(a)位于甲图所示X和Y染色体的Ⅰ片段,那么这对性状在后代男女个体中表现型的比例一定相同吗?试举一例。

参考答案:(1) Ⅱ$_2$ (2) Ⅰ (3) Ⅱ$_1$ (4) 不一定。例如母本为X^aX^a,父本为X^AY^A,则后代男性个体为X^aY^A,全部表现为显性性状;后代女性个体为X^AX^a,全部表现为隐性性状。

(5) 解释题或实验题的命题要领

解释题又称"归类练习"或"答案分析题",是由一系列基于同一资料的客观题目组成,这些资料是以书面材料或者图标的形式呈现的。此类试题旨在评价学生应用生物相关学说或定律、综合资料和解释实验数据等的能力,主要由一段生物科学事实、数据或实验结果以及以这段资料为基础的客观型试题构成。基本上,这类试题多为客观题,不过在内容上,必须以某些提供的已知资料为基础来作答。制作这类试题时,应先设计或转录一段生物概念、生物实验结果或图表等,再根据其内容来设计题目。

 **案例**

小麦种子实验的解释题

小麦种子(禾本科)及羽扇豆的种子(豆科)用于以下实验中,两种种子是在大约6个月前采收,称相等重量的干燥种子,并以下列方式处理之:

A. 小麦种子泡水24小时。

B. 小麦种子以1M的甘露糖醇(mannitol)溶液浸泡24小时(mannitol是一种植物不能吸收的糖醇)。

C. 羽扇豆种子泡水24小时。

D. 先将羽扇豆种子浸入沸腾的水中数秒钟,然后再泡水24小时。

所有样本皆置于黑暗中24小时,然后称重并置于垫有湿滤纸的培养皿中进行萌芽测试,表7-6显示在不同处理下的重量增加百分比及其萌芽百分比。

表7-6 小麦种子在不同处理下的重量增加百分比及其萌芽百分比

处 理	重量增加百分比	萌芽百分比
泡水的小麦	98	100
浸甘露糖醇的小麦	12	0
泡水的羽扇豆	11	0
先浸热水再泡水的羽扇豆	110	80

以下对于结果的解释有哪些是可能的?

A. 在泡水的种子中,由于呼吸作用的进行,所以水被吸收。

B. 干燥种子及泡水种子间之重量不同是由于水分吸收的缘故。

C. 甘露糖醇进入细胞壁,使之无法让氧气及水通透。

D. 甘露糖醇抑制柠檬酸循环中的部分步骤。

E. 高浓度的甘露糖醇阻碍水的吸收。

F. 甘露糖醇形成黏液围在小麦种子外,其压挤豆子,所以它们不能生长。

G. 新鲜的羽扇豆种子的种皮对水有很低的通透性。

H. 当对羽扇豆种子加热造成不利环境,使之产生许多新蛋白质,所以重量增加。

I. 加热使羽扇豆种子对水之通透性增加。

J. 加热破坏羽扇豆种子的细胞膜所以水进入。

(1999年第十届国际生物奥林匹克竞赛,第57题)

7.1.3 试题与测验的审查

一般而言,教师自编一份成就测验,通常需要一至两周的时间来做准备,并且,所编拟的试题往往多于双向细目表中所陈列或需要的题数。因此,教师必须针对自己编拟的试题进行审查,以便将多余的题数剪辑成所要的题数,再汇编成一份正式的自编成就测验卷。

试题与测验的审查可以分成两方面来进行:逻辑的审查和实证的审查。逻辑的审查旨在评阅试题与教学目标间的关联性,又可称作形式审查;实证的审查是指审查试题功能的分析和教学敏感度的分析,即将试题提供给一定数量的学生实验组进行预测。

7.1.4 试题与测验的分析

试题与测验的分析是实证审查的工作内容,但也可以作为一个独立的步骤来进行。一般来说,教师自编成就测验不必经过严谨的试题分析和测验分析后就可以使用,但是大规模的或正式的标准化成就测验必须经过严谨的试题分析和测验分析后才能使用。

1. 试题分析

试题分析是针对每一个试题的分析,其内容主要包括:难度的分析、区分度的分析、诱答力的分析等。

(1) 难度的分析

难度是表示试题难易程度的指标。其计算方法是以学生答对某题的比率来进行的。

(2) 区分度的分析

区分度(用 D 表示)是对试卷质量进行评价的标准。D 值越大,区分度越高,则能力强、水平高的受试者得分较高;能力弱、水平低的受试者得分低。这样可把不同程度的受试者鉴别开来。

(3) 诱答力的分析

诱答力的分析主要应用在客观题中。每题都由一个题干和几个备选答案组成。备选答案中,有对有错,且对与错有一定相关性,这样可使备选答案形成似是而非的状况,造成诱答影响。良好的诱答选项能使高分组选答它的人数少于低分组选答它的人数,这样该题的质量较高。

综上所述,对试题分别进行以上三个项目分析后,依分析结果,即可对试题分析作出综合评价。

2. 测验分析

测验分析是针对整个测验试卷的分析,其内容主要包括:信度的分析、效度的分析、区分度等基本描述性统计分析。

(1) 信度的分析

在教学评价中,考试结果的可靠性称为信度,就是同一个测验对同一组被试先后实施两次,其测验结果的一致性的程度,所以信度是反映考试结果稳定性的一个指标。

(2) 效度的分析

效度是一个测试准确性和有效性的数量指标,它总是与测量目标密切相关。关于测验,对某个目标有效的试卷,对其他目标不一定有效。涉及试卷的效度有两种:一是内容效度;二是效标关联效度。对效度的分析,以定性为主,定量为辅。

(3) 区分度的分析

区分度是反映学生掌握知识水平差异能力的指标。通过考试学习好的学生得到高分,学习差的学生得到低分,说明试题的区分度高。如果学生中好、中、差三个层次考试成绩处在一个分数段中,反映不出学生学习水平,那么这样的试题区分度就低。计算试题的区分度有多种方法,它适用于不同测试目的。

这些指标的分析和计算,目前已有相关的计算机软件程序可供利用。我们可以借助软件快速计算及分析出每个试题或整份测验的客观指标。

对一次生物考试的试题分析

1. 阅读《高中生物课程标准》,根据其中的目标和要求对某一次生物考试的题目进行分析,判断这个测验是否是一个很好的测验。
2. 分析使用的测试题类型是否与目标匹配?
3. 分析在测验中,较高水平的项目与较低水平的项目所占的比例分别是多少?

7.1.5 试卷的编辑

教师在编拟好测验试题后,经过初步的试题形式审查和客观审查,便可进入到试卷编辑阶段。试卷编辑是依据测验目的将适当的优良试题编辑成一整份测验试卷,在这个阶段应该考虑下列四个项目:试卷的长度、试卷的难度、试卷的排列、编制试卷指导语。

1. 试卷的长度

试卷长度是针对测验题数的多少而言。一份试卷应该包含多少试题,并没有一个绝对的标准。教师根据双向细目表编拟的试题数,通常都比实际需要的数目要多,在经过审查和分析后,教师可以考虑下列六个因素,调整试卷的长度:测验的目的、试题的类型、信度的高低、学生的年龄、学生的能力、作答的时限。

2. 试题的难度

测验试题的难度选择,取决于测验的目的。

常模参照测验,如:教师自编成就测验是用于终结性评价,或用于学生评比,为了发挥测验的选拔功能,往往倾向使用难易适中的试题,而淘汰太难或太易的试题。一般而言,作为选择和分类使用的测验,多数试题都以难易适中的试题为主,但也包含少许简单和困难的试题,以吸引不同能力程度的学生作答。

效标参照测验,如:教师自编成就测验是用于形成性评价,决定试题的难度因素是学习材料与学习涵盖的范围。学习材料愈简单,试题就愈简单;学习材料愈困难,试题就愈困难。学习所涵盖的范围愈小,试题通常会较简单,因为多数学生都被期望能够达到精熟的程度;反之,学习涵盖范围愈广,则试题通常会较困难,因为多数学生均难达到既定的标准或精熟程度。

3. 试题的排列

在选好一定的试卷长度和试题难度后,教师可以挑选下列四种排列方式之一或混合数种方式,来进行试题的编排:根据试题难度来排列;根据试题类型来排列;根据教材内容来排列;根据教学目标或测量能力来排列。

4. 编制试卷指导语

教师在编妥试题的排列顺序后,在测验卷上载明施测指导说明,这些说明应该包括下列几项陈述:测验目的;作答时间;记分方法;答题要求;试题分数的分配;猜题是否扣分;是否可以携带及使用教科书、讲义、笔记、尺、圆规、计算器等;答案纸与试题册是否分开作答,分别交卷;是否允许学生在答案纸或试题册上注记或补充说明事项;考试中途是否可以举手发问;其他需要特别说明的事项。

这些陈述是为了统一施测的程序和步调,让施测的过程达到标准化、一致化,避免因为施测程序不一,而影响学生的作答情绪和成绩。

案例分析

高考生物试卷技术指标的构建

1. 内容要素

高考生物试卷的内容要素的确定依据是高考生物的命题指导思想,即内容要素服务于能力立意,并结合学生的已有经验和心理发展水平,能反映生物学科性质,重视科学、技术与社会联系。根据高中生物课程标准的内容标准,提炼出内容要素(见表7-7)。

表7-7 高中生物课程标准的内容标准

模块		主题	理论构想
必修	必修1 分子与细胞	细胞的分子组成;细胞的结构;细胞的代谢;细胞的增殖;细胞的分化、衰老和凋亡	15%—25%
	必修2 遗传与进化	遗传的细胞基础;遗传的分子基础;遗传的基本规律;生物的变异;人类遗传病;生物的进化	15%—25%
	必修3 稳态与环境	植物的激素调节;动物生命活动的调节;人体的内环境与稳态;种群和群落生态系统;生态环境的保护	15%—25%
选修	选修1 生物技术实践	微生物的利用;酶的应用;生物技术在食品加工中的应用;生物技术在其他方面的应用	5%—10%
	选修2 生物科学与社会	生物科学与农业;生物科学与工业;生物科学与健康;生物科学与环境保护	5%—10%
	选修3 现代生物科技专题	基因工程;克隆技术;胚胎工程;生物技术的安全性和伦理问题;生态工程	5%—10%

在确定高考生物试卷命制的内容要素时,各部分所占分数的理论构想与每一主题的学分数(教时数)所占比例相当。3个必修模块的课标内容为高考的必考内容,选修模块的某些专题内容确定为选考内容,在高考试卷中以选考题的形式考查。

2. 能力要素

高考生物试题的命制遵循能力立意的指导思想。美国心理学家和教育学家布鲁姆和他的同事们于20世纪50年代将教育目标分为认知领域、情感领域、动作技能领域，布鲁姆将认知领域分为六个主要类别，即知识、理解、运用、分析、综合与评价；加涅提出五类教育目标，分别是运动技能、词语信息、智性技能、认识策略和态度；1971年梅里尔提出了由四个水平十种习得行为所组成的教学目标分类体系；1983年日本梶田睿一提出了具有东方色彩的教育目标分类理论——"开"、"示"、"悟"、"入"。我国的高中生物课程标准将课程的目标从知识、情感态度与价值观、能力三个方面列出，并极为详细地提出了科学探究能力的具体内涵。课程标准将知识性目标分为了解水平（再认或回忆知识；识别、辨认事实或证据；举出例子、描述对象的基本特征等）、理解水平（把握内在逻辑联系；与已有知识建立联系；进行解释、推理、区分、扩展；提供证据；收集、整理信息等）、应用水平（在新的情境中使用抽象的概念、原则；进行总结、推广；建立不同情境下的合理联系等）三个不同的层次；将技能性目标分为模仿水平、独立操作水平；还有情感目标。近几年高考生物考试大纲将考查能力目标确定为理解能力、实验与探究能力、获取信息的能力、综合运用能力四个方面。考虑到纸笔测试的特点，高考生物试卷只能考查认知领域，采用动手操作的方式可以考查动作技能及心智技能，很难考查情感目标。也就是说，高考生物试题可以用纸笔测试诸如回忆、辨认、指出、确定、应用、分析、综合、概括、预示或评价这类认识过程的目标。

（摘自：王后雄，徐启发.新课程下高考生物考试评价标准与试卷结构技术指标构想[J].中学考试，2008(7): 17-22.）

[案例分析]

该案例给出了《高中生物课程标准》的内容标准，并对标准进行了解读，意在使教师在编制试卷时对于标准中的内容要求以及所要达到的层次有更深刻的认识，从而有助于教师进行教育测量与评估。

7.2 阅卷技能

资料阅读

高考生物阅卷规则

一、第一卷选择题阅卷规则

高考各科的第一卷（选择题）都必须答在专用的"答题卡"和答题纸上，答在试题卷上无效。第一卷（选择题）作答时，必须使用2B铅笔填涂，修改答案时，应使用绘图橡皮轻擦干净，注意不要擦破答题卡。保持卡面清洁，不要将答题卡折叠、弄破，严禁在答题卡的条形码和图像定位点（黑方块）周围做任何涂写和标记。

二、第二卷非选择题的阅卷规则

1. 挑选阅卷老师。一般情况下,高考阅卷老师由担任各科阅卷任务的评卷点所在院校负责聘请,由省级教育考试院统一颁发聘书,其中聘请的阅卷老师按一定的比例由大学老师、中学老师组成(一般以中学老师为主)。阅卷老师选定后,就要根据需要进行分组。一般按照不同的科目进行分组,每一组都有一名评卷大组组长和若干名评卷点负责人以及评卷组员。

2. 培训阅卷老师。在进入阅卷场正式评卷之前,都要对阅卷组长和阅卷老师进行培训。阅卷人员需要认真学习国家制订的评分标准和省教育厅、招考办的评卷要求,以及"高考评卷实施方案"、"高考评卷教师工作守则"等相关文件。如果是网上阅卷,阅卷人员还要学习"网上评卷实施方案"并参加计算机操作及网上评卷软件培训。在阅卷之前,还要根据国家的评分标准制订出适应本地情况的评分标准,确定加分、扣分以及"踩点给分"等评分原则。

3. 正式阅卷。通常阅卷分为人工阅卷和网上阅卷。人工阅卷通常采取流水线作业形式,每个阅卷老师固定判一道题或承担某项工作。有的老师负责评卷,有的老师负责加分、核分、审查工作。为保证评阅工作前后一致,宽严适度,正式阅卷前一天,通常是分成若干小组进行试阅,这样就有相当的一批答卷将作为试阅卷经受考验。在试阅之前,该科阅卷领导小组要对国家教育部命题中心所拟定的参考答案和评分标准进行适当的补充,将大体上可以给分的内容一一列举出来。但不可避免的是,有一些考生的答卷总是处于意料不到的行列中。因此,在试阅中阅卷老师要将这些"特殊"的答卷交给阅卷领导小组成员进行讨论,最后形成可以得分或者不可以得分的结论,并通报给全体阅卷组老师引起注意。

(摘自:吴桐.高考生物阅卷规则[EB/OL].(2008-11-21).
http://lumgxy.blog.163.com/blog/static/733190672008102183337358/.)

问题与思考

在平时的阅卷工作中,你认为应该是对学生语言表达的准确性和完整性严格要求呢,还是可以放宽评分标准,以强调对课本内容的理解及运用?

7.2.1 评阅主观题原则

(1)明确该题期望答案的项目以及答对每一项目的给分,然后逐项给分。

(2)应用适当的给分系统。在给分时,常用的给分系统包括:

① 计点法:将试卷与期望答案比较,分项计点。假如该题有8分,期望答案有3项,答对第1、2项各给3分,答对第3项给2分。

② 分级法:又称为三次评阅法,即第一次评阅时,先将所有的试卷,依据答案的品质先分成三级;第二次评阅时,再将每一级更细分为三级,此时所有试卷已分成九级;第三次评阅时,则比较第三和第四以及第六和第七级的试卷,看是否第三级的试卷品质确实比第四级的试卷高,第六级是否比第七级高。确定无误之后,再依级给分;当然,必要时,第一和第九级试卷可以再细分之后再给分。理论上,级数愈多,给分愈公平,但是它要求评阅者能完全把握并鉴别试卷的优劣。

(3) 事先决定如何处理与期望答案无关的答案,给多少分、不给分或者扣分。

(4) 一次评阅一题,等所有试卷的该题都阅毕后,再评阅下一题。

(5) 阅卷时,不要看学生姓名,以免给分受印象影响。

(6) 若有两位以上的评阅者,应分题评阅,不可分卷评阅,所有试卷的某一题,以由同一人评阅为原则。

(7) 可能的话,每一份试卷均能由两个人重复评阅,并计算两人所给分数之间的相关,以求得给分的信度。

(8) 大规模的正式考试,要随机抽取适当的答卷进行预评,考察可能出现的各种答案,并制定相应的给分办法。

7.2.2 评阅客观题原则

客观题的评阅较为简单,在此毋庸累叙。

7.3 评卷技能

活动

分析三位同学的成绩差异

某次期末考试,考试科目为语文、数学、英语、物理、化学、生物,甲、乙、丙三位同学的成绩为:甲:56,66,76,86,94,78,平均值为76;乙:70,72,76,80,78,80,平均值为76;丙:66,71,76,81,88,74,平均值为76。

请你分析,如果按照平均成绩排列名次,这三位同学应该并列同一名次。而实际这三位同学的成绩是有差异的,你如何来判断他们之间的成绩差异?

_____

_____

7.3.1 试卷的综合分析

1. 难度

难度用通过率表示。通过率(P)=答对该题的人数/全体考生人数。当 $P \geqslant 0.7$,表示试题属于容易题;当 $P \leqslant 0.4$,表示试题属于较难题;当 $0.4 < P < 0.7$ 表示试题属于中等难度题;当 $P = 0$ 表示全体学生不会,该试题失去测试作用。

2. 区分度

区分度(D)与通过率有关系。$D = P_1 - P_2$。P_1:总分最高的 27% 的考生该题的通过率。P_2:总分最低的 27% 的考生该题的通过率。一般区分度在 0.4 以上表示该试题区分度很好,低于 0.2 表示该试题必须淘汰。

案例

例1：一次生物测试中，在100名学生中，高低分组各有27人，其中高分组答对第一题的有20人，低分组答对第一题的有5人，这道题的难度为：

$pH = 20/27 = 0.74 \qquad PL = 5/27 = 0.19 \qquad P = (0.74 + 0.19)/2 = 0.47$

整个试卷的难度等于所有试题难度之平均值（包括主、客观题）。

例2：一次生物测试中，在100名学生中，高低分组各有27人，其中高分组答对第一题（客观题）有20人，低分组答对第一题（客观题）的有5人，这道题的区分度为：

$pH = 20/27 = 0.74 \qquad PL = 5/27 = 0.19 \qquad D = pH - PL = 0.74 - 0.19 = 0.55$

例3：一次生物测试中，在100名学生中，第一题（主观题）高分组学生的总得分数是XH，第一题（主观题）低分组学生的总得分数是XL，该题的最高分为H，最低分为L。该题的区分度为：

$D = (XH - XL)/100(H - L)$

整个试卷的区分度，是所有试题区分度的平均值。

3. 集中量数——算术平均数

在将数据资料进行初步整理所编制的次数分布表或图上，我们可以看出各组数据分布的次数虽然各有不同，但大部分数据都趋向于某点，这种向某点集中的现象，称为集中趋势。而代表数据的集中趋势的统计量被称为集中量数。例如，如果要分析两个班某个学科的考试分数，我们很难做到将两个班学生的分数加以一一对应的比较，因为学生的考试分数大多是不相同的，而且两个班的学生人数也不一定相等。在这种情况下，可以利用两班的平均分数进行比较，因为大多数的学生分数都分布在平均分数附近，这里的平均分数就代表了某班某科的学生成绩的集中趋势。

算术平均数通常称为平均数、均值或均数。它是所有数值的总和除以总频数所得之商。因为"平均数"一词的英文是 mean，所以一般用字母 M 来表示。如果想表明平均数 M 是由哪个变量计算得来的（或称某个变量的平均值），可以在该变量字母上面加"—"来表示。

算术平均数是统计学中最常用的一种集中量数。算术平均数的基本运算公式为：

$$M = \frac{x_1 + x_2 + x_3 + \cdots + x_n}{N}$$

活动

计算各班生物考试的平均成绩

若某校高一共有3个班，某次生物测验中，一班50人均分为68，二班45人均分为75，三班40人均分为80。

1. 请问如何计算全校高一生物考试的平均成绩？
2. 思考平均成绩能否代表该班级生物成绩的整体水平？为什么？

4. 差异量数——标准差

标准差是非常重要的差异量指标。它是指离差平方和平均后的方根。即方差的平方根。用 σ_x 表示。

$$\sigma_x = \sqrt{\frac{\sum(X-\bar{X})^2}{N}}$$

其中 X 为原始数据；$\bar{X}$ 为一组数据的算术平均数；N 为数据个数。

评价两组的学习情况

假如，某班甲乙两组在一次测验中的成绩分别为 65,68,71,72,74（均分为 70 分）和 30,50,86,90,94（均分为 70 分）。

1. 请问你如何评价两组的学习情况？
2. 思考你所选用的方法是否能科学地评价各组的学习情况？

_____
_____

7.3.2 试卷的信度分析

高信度是优良的学习成就评价工具的特征之一。评估信度的资料来自评价的结果而非评价工具本身，因此，同一试卷的信度可能因被试对象的不同而有变化。所谓信度是指评价的结果（分数）与其拟评测的学习成就的一致性。信度的计算公式为：

$$r_{信} = \frac{k}{k-1}\left(\frac{\sum \sigma_i^2}{\sigma^2}\right)$$

σ_i^2：每一道试题的方差；σ^2：全卷的方差；k 试卷中试题的数目。

由于学生的真正学习成就不易界定，我们只能以一些评价工具，经多次评测之后，给每位学生一个等级或得分，作为评价结果来代表学生的学习成就。因此，当我们要评估某一评价工具所测得的结果（分数）的信度有多大时，便往往通过观察本次评价结果（分数）是否与其他类似目标的评价结果（即另一次评价的分数）一致来判断，若一致性颇高（即高分者仍得高分，低分者仍是低分），便可认为该评价结果（分数）应可测得学生的真正学习成就。

有信度的测试

一个学生在周五参加了测试，在下周五又参加了该测试并获得相同的分数，这个测试就有可能是可信的。

如果一组学生在一周内参加了测试,并在接下来的一周内重复参加测试,排名大致相同,这个测试更可能是可信的。

因此可信的测试是这样的：在一段时间内对学生特定能力进行测试,得出的结果大体一致。

信度的评估可以让命题者发现评价工具的缺陷,加以改进,因此,它是改进命题和评价的一个重要指标。

下列因素均会影响评价结果的信度：

(1) 试题的数量：通常题数愈多,信度也愈高。
(2) 分数的分散度：分数愈分散,信度愈高。
(3) 试题的难度：就常模参照评价来说,试题太难或太容易均将导致信度降低。
(4) 试题的区分度：试题区分度愈理想,信度愈大。
(5) 评价工具的客观性：当其他条件都相同时,通常客观性评价工具所测得的结果,要比主观性评价工具所测得的结果信度高。

通常我们可以采用以下几种方法来提高考试信度：① 多套试题随机抽取,例如采用 A、B、C、D 卷。② 考前不划定考试范围。③ 提高试题效度,提升试题质量。④ 考试保密措施有效,同时严格考试纪律。⑤ 标准化阅卷,严格、规范、统一、流水作业,并认真复核。

7.3.3 试卷的效度分析

效度是指测验分数的正确性。换言之,就是指一个测验能够测量到它所想要测量的特质的程度,它反映的是考试内容与教学大纲或考试大纲的吻合程度。就学习成就评价的范围来说,所谓效度是指评价工具是否精确地测出了该工具期望评测的成就。如果同一测验使用的目的不同,则关注的效度类型也不相同,效度估计的方法也就不同。所以,通常效度是很难以具体的数值来定量的,也没有一套计算效度的公式可直接运用。

影响效度的因素包括：是否在命题的同时制订了试题参考答案与评分标准；是否集体阅卷且实行流水作业；复核是否认真；分数是否真实等。

就评价和改进一个测验的直接效度而言,需要注意下列事项：

(1) 答题说明应明确详尽,使学生不至于有任何混淆或误会。
(2) 编题所用的词汇和句子不可艰涩深奥,以致学生因无法看懂而无从下笔答题。
(3) 语意要清楚明确,不可稍有模糊。
(4) 试题数量不可太少。
(5) 编题时不可有意无意地在题目中提供任何与答题有关的线索,导致学生猜题。
(6) 试题难度应适当。
(7) 试题应尽可能评测重要的概念、思考过程、知识的理解、分析和综合,而不宜故意设置陷阱,评测一些琐碎、零星的记忆性知识。

（8）试题的排列次序应先易后难，以免学生花太多时间在较难的题目上，以致时间不足而放弃了一些容易的试题。

（9）信度是效度的必需条件，因此，效度高的评价，首先信度要高。

（10）同一试卷重复使用多次，效度会逐渐降低。

例如：一个测试试图测量学生对生物的态度，实际测量到的却是他们对生物教师的态度，这个测试就是无效的。或者，如果测试的目的是测量学生的高级思维水平，而实际测量的却是记忆和回忆事实性信息等基本技能，这个测试就是无效的。

案例分析

"区间式"试卷评阅

一位学生，在一次数学考试中得了68分。教师却在他的数学试卷上批了"68—98"。

教师把这位学生找来，微笑着对他说："你看，这道题做错了，主要是你上课没有认真听，把概念搞错了。如果你上课认真听讲，仔细思考，把概念搞清楚，这道题你完全可以做对，你可以得78分，是吗？"

学生信服地点点头。

"你看这道题，我记得，同样的题型，你有一次在作业中也错过，可是我记得后来你改对了。怎么这次考试，你又错了呢？说明你平时改作业不认真，如果上次认真改，这道题你完全可以做对，你可以考88分，是吗？"

学生再一次信服地点点头，说："我上次改作业是拿别人的作业本抄了一遍。"

"你再看这道题，我真为你可惜，你把题目要求审错了，你'粗心'的毛病什么时候能改掉呢？如果你能细心一点，这道题你完全应该做对，你可以得98分！是吗？"

学生摸了摸自己的头，笑着说："我明白，以后，我上课认真听，作业认真改，改掉'粗心'的毛病，我就能考98分，不，100分。"

（摘自：清逸."区间式"试卷评阅[EB/OL].(2007-01-07).
http://blong.cersp.net/userlog1/52833/archives/2007/224330.shtml.）

[案例分析]

"教育创新离我们多远？"有一位教师曾经在一篇文章中问道，"很近"，此案例首先回答了这个问题。"68—98"，这一次小小的变革，是一个伟大的创新，改变了"考试"对学生进行"宣判"的功能，使"考试"变成了使学生受益的过程。

7.4 出卷、阅卷、评卷技能的实施

制订一份成功的生物试卷，依赖于对出卷、阅卷、评卷三个过程的严格把关。出卷的过程要紧扣教学目标，制订适用于多维度的评价目标；阅卷的过程要严格、公平、公正；评卷的过程要注重对信度、效度、区分度等的分析，以此作为一份试卷的实施情况的反馈。

案例

2009年高考理综卷生物部分试题评析

2009年全国卷(I)高考理综生物,总体感觉是"平和",在考查基础知识的同时,突出了对生物学科能力的考查,较好地体现了《考试说明》中规定的四项基本能力:理解能力、实验与探究能力、获取信息能力、综合应用能力。试题将基础知识与能力考查有机地结合在一起,注重了生物实验和知识的实际应用。其中,高中必修内容占54分,选修内容占18分。整个试卷体现出"稳中求新,稳中求变"的特点,没有偏题、怪题,难度适中,有利于考生的正常发挥。

1. 2009年全国卷(I)理综生物考点分布及分值统计(见表7-8)

表7-8 2009年全国卷(I)理综生物考点分布及分值统计

题号	范围	知识点	能力要求	难度	分值
1	必修教材	遗传与进化	人类遗传病与优生	理解能力	容易题	6
5		遗传与进化	遗传规律	综合运用能力	难题	6
31		生命活动调节	植物生命的调节	理解能力和获取信息的能力(曲线图)	中难题	10
32		新陈代谢	新陈代谢与酶	实验与探究的能力(分析结论)	中难题	11
33		生命活动调节	动物的调节	理解能力	中难题	11
34		生态系统	生态系统的结构与功能	综合运用能力(解决问题)	中难题	10
2	选修教材	微生物	微生物的调节	理解能力和获取信息的能力	中难题	6
3		发酵工程	发酵工程的控制	理解能力	容易题	6
4		细胞工程	植物的细胞工程、细胞质遗传	理解能力	容易题	6

2. 生物部分知识考查详解

(1)选择题

第Ⅰ卷的选择依旧是1—5题是生物选择题,总体上没有让考生感觉无从下手的题目,以两个遗传变异试题替代了2008年对激素调节实验和三种群间相关关系的考查,试题中既有基本知识、基本理论的考查,直接把教材中有关基本理论加以组合直接考查,如1,3,4题,又有利用教材知识,重新创设情境,考查同学们利用生物学知识解决实际问题的综合应用能力,如5题,还有图像、图解或曲线等考查形式,侧重对考生的思维方法、思维过程以及获取信息能力的考查,如2题。

第1题:考查导致人类遗传病的遗传因素以及近亲婚配的危害,容易题。人类遗传病的遗传因素可分为:单个基因突变;染色体畸变;多种基因变化加环境因素。近亲婚配双方从共同的祖先那里继承同一种致病基因的机会大大增加,因而后代患隐性遗传病的概率提高。

第2题：考查有关酶活性的调节,兼顾了利用示意图获取信息的能力,难度中等。酶活性发生改变的主要原因是代谢过程中产生的物质与酶结合,致使酶的结构产生变化,但这种变化是可逆的,当代谢产物与酶脱离时,酶结构便会复原,又恢复原有的活性。

（2）非选择题

主观题由原来的2个(30,31)增至4个(31—34),分值也由原来的每空2分(较大),派生出多个,每空1分,这就使主观题考查的"摄分点"大大增多,答题量以及文字表述也大大提升。主观试题中,2008年再度降温的对实验设计能力的考查有所升温,但延续几年的遗传大题没有了,这是2009年备考师生"始料不及"的。

第31题：考查果实内物质含量、酶活性与果实成熟的关系,以及相关坐标曲线信息的提取与转换,中等难度题。分析题图坐标曲线可获知,随着桃果实成熟后硬度降低,纤维素含量下降,纤维素酶活性升高,果胶质水解产物上升,果胶酶活性升高。由此得知,桃果实成熟软化。与细胞壁中纤维素和果胶的水解有关,在此过程中,纤维素酶、果胶酶的活性升高。由桃果实成熟后硬度变化曲线不难看出,A品种硬度下降缓慢,耐贮运……

3. 生物部分考查知识评价

题目"以主干知识为载体,以能力考查为核心,稳中有变,变中求新",较好地体现了考纲中的能力要求,试题将基础知识与能力考查有机地结合在一起,注重了生物实验能力的考查……

（摘自：泗勇.2009年高考理综卷生物部分试题评析[J].中学生数理化高考版,2009(7~8).)

活　动

1. 依照《普通高中生物课程标准（实验）》,以高考理综生物（全国卷）为模板制订一份生物试题。
2. 对2009年全国卷（Ⅱ）高考理综生物试题进行分析。

实战演练

1. 试编制一套生物期中考试试卷。
2. 对你所编制的生物期中考试试卷的难度、信度和效度进行分析。

学习链接

1. 新思考网/中国教育资源服务平台：http://www.cersp.com/
2. 中国期刊全文数据库：http://lsk.cnki.net/kns50/Navigator.aspx?ID=1
3. 南京师范大学生命科学学院生物学教学论精品课程：http://kc.njnu.edu.cn/swkcl/first.htm
4. 人民教育出版社《课程教材与教法》：http://www.pep.com.cn/rjqk/kcjcjf/200701/200705/t20070528_395811.htm

专题8　教育科研技能

内容提要

中学生物教育科学研究是指以中学生物教育教学的目的、任务、内容、方法和手段为主要研究对象的研究工作。一般包括确定研究课题、实施研究计划、分析研究结果和撰写研究报告等步骤。生物教师通过开展教育科学研究工作不仅能促进教育改革的深入，提高生物教育教学质量，也能提高自身的教师专业素养。本专题主要介绍生物教育科研的内容和特点、生物教育调查研究法、生物教育科研成果的表述等。

学习目标

◆ 概述生物教育科研的基本步骤；
◆ 比较各种不同教育科学研究方法的特点、内在联系和区别，能熟练地综合使用这些研究方法进行课题研究；
◆ 根据不同的课题有程序、有步骤地实施研究，知道怎样选择课题，怎样开题，怎样使用图表方法和常规的统计检验方法收集数据、分析资料，怎样展开讨论得出有创意的、有价值的、科学的结论；
◆ 区别不同类型研究报告的主体框架特点，能熟练地撰写和表述研究成果并及时进行发表。

关键术语

◆ 教育科研技能　◆ 生物教育科研　◆ 教育调查研究　◆ 教育科研成果

知识地图

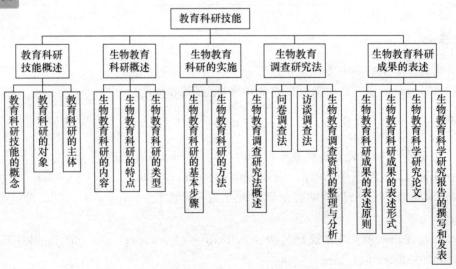

专题序幕

没有你哪有我
——献给教育科研的话

你是我永远的舞台,我的梦因你而精彩。无怨的付出、无悔的选择,只是为了拥有你的爱。没有你哪有我。

你是时代的弄潮儿、你是理性的化身、感性的使者。你用前瞻的眼光、追寻的印迹,令无数人垂青你特有的魅力。你用执著的精神感染人,催发思潮的风暴。你用高超的策略引领人,探寻规律后的秘密。你用独特的风格吸引人,倾情你明媚的笑靥。你的智慧像源头活水取之不尽、用之不竭。你的效益像增长点一样,令人欣喜若狂。你是新思路的代言人,你是新风格的留言板,你是精英者的聚集圈,你是扶后进的智囊团。你是丰厚底蕴的奠基石,你是最懂得回报的爱人。你总是谦逊和蔼,扎根于黑黑的土地,携带泥土的气息生长,长大后又把果实献给哺育你的沃土。你总是勤勤恳恳,耕耘于纵横的田埂间,却在汗水中品尝过程的甜蜜。你总是爱满胸怀,关注着每一个角落,释放你无尽的激情。你总是超凡脱俗,为敢为天下先的志士铺桥搭路。你总有一个美丽的愿望要闪亮一个点,带动一大片。站在时代风口浪尖的你,视通万里,思接千载。你总是对自己默默地说:"不负使命,不图虚名,反思着意识,实践着智慧。"

没有你哪有我。

我是你花瓣上的一滴露珠,备受你的呵护。我是你绿荫中的小树,感受你的庇护。我是你康桥上的回眸,难忘你深情的注目。我不想仰望你的巍峨,依存你的伟岸,只想在与你相识、相知中,共担寒潮、风雷、霹雳,共享雾霭、流岚、虹霓。让我们彼此真诚,相互信赖,为一份共同的快乐而快乐。有了你的日子我学会了思索;有了你的日子,我学习着探寻;有了你的日子,我感受到生命中巨大的潜能。我开始与你真心相随,与你倾心交流。越走近你,越迷恋你,越想读懂你,越离不开你。我在梳理自己的思绪,我想我是爱上你睿智的思辨、爱上你独特的气质、爱上你宽厚的胸怀、爱上你对我的真爱。有了你,我每一次的拔节成长,你都会投以赞赏的微笑;有了你,我每一次的迷茫、困顿,你都会拨云见日,倾囊相赠;有了你,我在舞台上的个性才会得以彰显,庄谐自如;有了你,我的生命才会律动喷薄,思忖良多。我在感性与理性间徜徉,醉心于你的情怀。我在你的诱发引导下,科学地发掘着许多背后的故事。我借助你的智慧,在自己的黑土地上,孕育吐苗。我在与你相濡以沫的日子里心性得以升华。我在与你日出而作、日落而息的时光里学会了朴实的生活。我与你在每一个熟悉或陌生的角落共同搜索点击,寻根觅源。有了你的推波助澜,我无怨无悔地创新争先;有了你的铺桥搭路,我义无反顾地践行自己年轻的誓言。在我的心里也有一个美好的愿望,我要做出一番惊喜,让你为我喝彩。站在新时代交汇点上的我,勇立潮头,精神抖擞。我总是在心里默默地对自己说:"谢谢你的爱,没有你哪有我。"

没有你哪有我,是我唯一的语言;没有你哪有我,是我不变的情怀。我已把心门打开,真情地留下来,心与心相约,把共同的爱写在未来。

这就是我,一滴饱蘸过你花香的甘露,一棵沐浴过你阳光的小树,曾因你的存在而得到过内在尊严与快乐的教育工作者——心灵的独白。

后记:谨以此文献给从事教育科研的引领者和实践者,也请允许我用如此爱恋的方式,如此温婉的语言,放飞我的情愫。让我们荣辱与共、肝胆相照,共同祝愿教育科研的明天会更好。

(摘自:何晶.没有你哪有我——献给教育科研的话[J].青年教师,2008(6):33.)

问题与思考

1. 你读完该资料后,如何看待教育科学研究对教育教学的作用和意义?
2. 你是否愿意成为一名人民教师,你是否有志向成为教育科研的引领者和实践者?

8.1 教育科研技能概述

教师是科学文化知识的传播者,是精神文明的建设者,是人类灵魂的工程师。要培养高素质的创新人才,广大教师应当不遗余力地探索、研究适合社会发展、适合学生身心发展特点的行之有效的创新教育体系。这就要求我们的教师必须具备教育科研能力,逐渐由教书匠向教育家位移。教育科研能力是一种高级的、来源于教育实践而又有所超越和升华的创新能力。具体指教师应当具有扎实的教育学、心理学的理论知识和方法论知识,具有收集利用文献资料,开发和处理信息的能力,具有较好的文字表达能力,具有开拓精神、理论勇气、严谨的治学作风以及执著的奉献精神等。

8.1.1 教育科研技能的概念

教育科研技能,是指以教育教学的目的、任务、内容、方法和手段为主要研究对象,寻找教育规律,或从已经比较成熟的教育科学理论出发,掌握分析和解决教育理论和实践中存在的问题的能力,以促进教育的良性发展。教师进行教育科学研究,掌握这一重要技能,对其自身的专业发展具有重要意义:一方面,它有助于教师解决教学工作中的实际问题,提高教学质量和效率;另一方面,它有助于教师端正教育思想,更新教育理念,提高教师自身的教育科研素养和实践能力。

8.1.2 教育科研的对象

 活 动

自然科学研究与教育科学研究

过去人们习惯将一种研究从小学科属性上归为自然科学或社会科学,再从对象上归于价值研究或事实研究。有人认为自然科学研究是一种诉诸观察与实验,将归纳与演绎结合起来,以试图揭示现象背后的因果规律或自然法则的活动,而教育研究是关于事理的研究,即探究人所做事情的行事依据和有效性、合理性的研究。[①]

1. 以小组为单位,通过查找相关资料,分别对自然科学研究与教育科学研究的内涵与性质进行讨论,并记录讨论结果。

---

① 杨小微.教育研究的原理与方法[M].上海:华东师范大学,2002:2.

2. 小组间进行交流,对自然科学研究与教育科学研究的特点进行比较,从方法论的角度来进行诠释。

_____

_____

既然教育科学研究是指以教育教学的目的、任务、内容、方法和手段为主要研究对象的研究工作。那么,与教育教学有关的现象、问题都可以作为教育科研的对象。概括性地说,教育科研的对象是教育存在和人的学习,教育存在包括教育现象、教育过程和教育理论。影响教育的因素不仅包括客观因素,而且还涉及个人的主观心理因素以及人际之间的社会因素,所以,教育现象之间因果关系比较复杂。

8.1.3 教育科研的主体

 资料阅读

教育科研的早期实践者——顾巧英

从1980年以来,我国中学生物教育界已经产生了一大批特级教师,尤其是顾巧英、朱正威、严重威、管有章、黄素行、肖邦娟、龚秋红、刘毓森、祁乃成、郑春和、余自强等著名特级教师,堪称"研教结合"的典范。

讲到生物特级教师不能不提顾巧英,她生于1924年,浙江海盐人,1945年毕业于江苏的上海中学理科部(因家庭经济条件不好没考大学),留校从事教学工作。教过物理和数学,1946年开始做理化实验员,1951年改教植物学,1978年教高中生物。曾任上海市生物教学研究会副理事长,1980年被上海市评为特级教师,是我国第一位生物特级教师,当时在上海、在全国甚至在国外都有较高的知名度。她之所以取得如此大的成功,是因为顾巧英在生物教学中坚持做到了以下两点:

一是勤奋好学,注意自身素质的不断提高。顾老师喜欢的是数学和物理,改教植物学后,她抓紧机会到华东师范大学生物系旁听,主动进行专业素质的自我提高。1978年上海中学复校,她回去教高中生物,另兼教导主任。她深感生物教学的艰难,第一个提出教师要注意自身素质的提高。当时的生物教材为赶上世界潮流而增加了难度,人民教育出版社第一版高中生物以分子生物学为主体,很多理论、实验对当时的老教师来说是新东西。但很多老教师并未意识到提高自身素质的重要性和紧迫性。1979年下半年她在生物教师中发起了"充电运动",聘请上海植物生理研究所、上海师范大学生物系的专家讲学和辅导。

二是重视教改,主动结合教学实践进行教学研究。顾老师教学的最大特点是强调理论联系实际和重视直观教具的制作和运用。顾老师非常注意学习苏联"突出实践教学和直观教学"的教学思想,一方面注意加强实践教学,在课内注意把演示和实验融入课堂教学之中,在课外重视学生的园地实习(当时称为"米丘林植物、动物小组"),比如组织米丘林生物小组养兔、养鼠和养猪,培养的大马铃薯还获得过学生课外科技成果的全国大奖。另一方面注意就地取材自制教具,比如她用铁丝、塑料瓶等自制 DNA 结构与复制模型,她的可贵之处在于善于利用身边随处可见的材料,她想到了别人没想到的。顾老师的教学改革随即引起了有关方面的重视,苏联教科院副院长听了她一节课后用了"尽善尽美"一词进行评价,国家教委也委托华东师范大学成立专门小组来研究顾巧英。该小组把顾老师的 20 多节课的全过程记录下来,对当时整个上海市的生物教学起到了极大的推动作用。1955 年顾巧英出访苏联,受到了苏联教育部长的接见。1956 年华东师范大学"顾研小组"还专门出版了 2 本关于顾巧英教学经验总结的专著,进一步引起了国内各新闻媒体的关注。

顾巧英的工作催生了"顾研小组",而"顾研小组"的工作反过来又培养了顾巧英。顾老师自己著述不多,但她的教研成果更多的是写在讲台之上和融在学生的发展之中。用今天的行话来讲,顾巧英老师实践的正是我们今天重新倡导的"教学行动研究"。

(摘自:胡继飞,陈学梅.生物教育科研概论——研究的内容、方法与写作[M].杭州:浙江大学出版社,2004:11-12.)

谁是教育科学研究的主体

1. 利用搜索的资料,请大家围绕"教育科学研究的主体是谁?"进行讨论,并将结果以文字的形式记录下来。

2. 谈谈生物教师应该怎样去转变自己的角色,做一名研究型教师,从而促进自身专业的全面发展。

时至今日,仍有不少人仅仅把专职的理论工作者看做是教育科研的主体,是"设计师",是"设计者",而把中小学教师仅仅看做是"助手"、"施工队",这种看法是相当片面的。事实上,无论是作为个体的主体,还是作为群体的主体,中小学教师都扮演着十分重要的角色,而且随着教育改革的深入发展,教师越来越成为教育科研的主力军。

苏霍姆林斯基说过:"如果你想让教学的活动带来乐趣,使天天上课不至于变成一种单调乏味的义务,那你就应当走上从事研究这条幸福的道路上来。"教师应在新课程的实施中投入教育科学研究的活动中,做教育的研究者和教学研究的促进者,成为教育科研的主体。

8.2 生物教育科研概述

8.2.1 生物教育科研的内容

生物教育科研是指以生物教育教学的目的、任务、内容、方法和手段为主要研究对象的研究工作。因此,生物教育科学研究是专门从事的教育科学研究,它的研究不是一般意义上的为教育实践服务,而是要面对具体的学生,为一个又一个活生生的学生的健康发展服务,为学校的办学水平提高服务。

生物教育科研的内容主要包括以下几个方面:

1. 中学生物教学目标的研究

20世纪五六十年代,中学生物教学目标强调使学生掌握生物基础知识和基本技能。随着科学技术的发展和对人本身的关注,在新一轮的基础教育改革中,生物教学目标更加全面化,除了重视学生双基的培养,还重视对其能力和情感的培养,全面提高学生的生物科学素养。总之,有关中学生应掌握的生物基础知识、基本技能的范围,能力培养应达到的要求,如何通过生物教学达到培养学生情感态度、价值观这一目标,以及国外中学生物教学目标及其发展趋势等,都是中学生物教学目标研究的主要内容。

2. 中学生物课程教学内容的研究

中学生物课程教学内容的研究,包括生物课程的科目设置,生物教材的选材原则,教材中知识结构与编排体系,生物教材的编写和乡土教材的编写,中学生物教材与大学、小学生物教材衔接问题的研究,教材内容如何密切联系社会生活的研究,教材中实验内容的探讨,实验的设计,教案、练习题的编制,生物与其他学科比较、交叉渗透的研究,国内外中学生物教材的比较研究等。

3. 中学生物教学方法的研究

一方面是"教"的研究,如启发式教学的运用,优秀生物教师教学经验的总结,适合学生实情的教学方法的研究,国外先进教学方法的引进,生物学科学生的学业成绩的评定和标准化考试问题的研究,直观教具的应用研究,现代教育技术,如多媒体、网络教育、电化教学等在生物教学中的应用。另一方面是"学"的研究,即对学生"学习方法"的研究,如指导学生读书的研究,指导学生观察、分析和科学探究能力培养的研究,指导学生掌握知识规律的研究,指导学生对所学知识融会贯通、合理记忆的研究等。

4. 中学生物课外活动的研究

中学生物课外活动包括调查、访问、参观、远足等社会实践活动,以及听知识讲座,进行图片展览、科学小实验、知识竞赛等其他活动。生物课外活动的研究也主要是针对不同形式生物课外活动的内容、组织和指导方式,活动的设计方法和实施方案等内容开展。

案例分析

《中学生物考察》课程内容的选择

《中学生物考察》课程内容广泛，根据不同学校的周围环境可考虑选择以下内容：

1. 参观动物园、植物园、种植场、养殖场。动物园、植物园、种植场、养殖场内生物种类繁多、集中、形形色色，是学生认识动、植物的最佳选择，也是野外考察有利的教学资源。

2. 标本的采集和制作。标本的采集和制作是进行野外考察的主要任务，同时也是进行野外研究的有利手段。它具体包括以下内容：种子植物的采集和标本制作；孢子植物的采集和标本制作；无脊椎动物的采集和标本制作；脊椎动物的采集和标本制作，等等。

3. 植物资源的调查。植物资源包括人类采集利用的原料植物、经济植物、珍贵品系、奇花异草、食用植物资源、野生食用植物资源、药用植物资源、工业用植物资源的调查以及防护和改造环境植物资源的调查和植物种质资源的调查等。

4. 动物资源的调查。动物资源的调查的内容很广泛，包括对当地养殖的各种类型动物、常见的昆虫、鸟类、哺乳类、两栖类、爬行类等动物调查后，进行归类总结，列出当地动物资源的明细表。

5. 植物生态考察。包括植物生态类型观察；植物物候的观测和植物群落考察等。

6. 动物生态考察。包括两栖类食性调查；爬行类活动规律观察；鸟类生活习性观察和鼠类生活习性观察等。

7. 农业系统调查。包括当地农业组成主要成分的调查；农业空间结构调查、特色农业调查、经济农业调查和考察，还包括对传统农业、本土化农业生产方式和劳作方式的调查和分析。

8. 环境污染调查。包括大气污染调查、水体污染调查、土壤污染调查、噪音污染调查和热污染、光污染、化学污染、基因工程生物带来的"基因污染"等的调查和分析。

9. 流行病、传染病的调查。如对当地流行病、传染病的种类调查；传播途径和传染源的调查；传染病、流行病病史的文献资料收集等，写出调查报告，提出合理建议。

10. 生态系统的综合考察。如旅游生态的考察；自然风光的欣赏；名山、名川、名寺庙的调查、参观、考察；自然保护区的综合考察；不同生态类型的调查；如衬托不同城市体征的市花、市树的调查；掩隐在特色民居中的生物因子分析；古老村舍的原始风貌的赏析；古遗址、古建筑、名花、古树、古植物明细的调查；等等。

11. 爱家乡、爱社区的考察。针对各种学校和不同的学生情况，进行对家乡或对社区的民风习俗、居住人员中的生物学科人才的归类统计、特色产品的种类调查、商品的加工工艺过程特点分析、当地居民主食品的营养成分分析等，从而激发学生热爱家乡、热爱社区的热情，培养学生的社会责任感。

……

(摘自：徐作英.生物学校本课程论与教学论[M].成都：电子科技大学出版社，2004：85—87.)

[案例分析]

《中学生物考察》是应用生命科学的基础知识,指导学生深入社会、深入自然去认识和了解社会和大自然的校本课程,是在中学生物校外活动的基础上产生的,已成为生命科技教育和环境科技教育的一种新的课程形式,不仅能很好地贯彻国家的素质教育方针,而且符合世界课程改革的潮流,渗透了STS教育思想,尤其对培养青少年严谨、求实的科学态度有积极作用。此研究课题着重在选择什么样的考察内容去补充和拓宽中学生物必修课程,这是一则典型的结合中学生物课程内容进行专题研究的案例。

8.2.2 生物教育科研的特点

 活 动

1. 搜集两篇科研论文,一篇是生物教育方面的科研内容,另一篇是生物研究的内容,比较两类研究间的异同点。

2. 小组内讨论,归纳总结出生物教育科研的特点。

生物教育属于教育学或社会科学的分支,生物科学则属于自然科学的一个领域。人们习惯于将自然科学称为"科学",而教育学等社会科学常常被排除在"科学"之外。虽然这种看法有失偏颇,但至少说明生物教育科研有其自身的特点。生物教育科研的特点主要包括以下几个方面:

1. 研究题材复杂

生物教育研究是以社会性的"人"为研究对象,它不是客观的、无意识的物体,而是有思想、可以变化的人或人群,"人"的发展方式、心理结构、社会行为甚至整体人格,具有独特性,而且研究的外部因素比较难以控制。比如要研究"分子与细胞"和"遗传与进化"两个必修模块之间,或"稳态与环境"必修模块和"生物科学与社会"选修模块之间的相互影响,就是一个很复杂的研究课题,涉及的因素很多,对现象的观察和对结果的解释也容易表现出较强的个人倾向或区域色彩。

2. 难以直接观察

由于对人的内部世界无法像自然科学那样直接观察,对教育现象达不到像自然科学那样能在有效控制或隔离某些相关条件和影响因素的条件下实施研究活动,因此,事实上教育科学研究很难采用严格的实验方法和精确的观测手段。学生学习生物课程,是一种内隐的心理过程,我们只能通过外显行为来进行观察和推断。同时,动机、情感、态度、价值观等因素很难公开探求,而内在心理与外在行为之间的关系又非常复杂,并不是一一对应。

3. 不容易精确地复制

生物教育研究的情境与过程，比较难以再现，即使能够重复，其结果也不容易一致。比如在甲校很有效的某节课的教学设计或某种教学模式，拿到乙校可能会失败。在综合考虑文化氛围、学习风气、教学条件、学生基础和教师风格等方面，我们很难找到相同或非常接近的两所学校。

4. 研究者与被试之间存在影响

在自然科学研究中，研究者对其研究对象一般不存在某种影响，即使存在某些影响，也很容易加以消除或控制。生物教育研究则不然，由于研究者的介入，常常会对研究对象产生某种额外的影响，进而干扰研究的结果。

5. 研究成果应用具有间接性

生物教育研究的成果不可能像生物科学研究那样可以直接运用，也不能像医生那样"开处方"，即使是教学设计，它在教学实践中的应用也不完全是直接的和即时的，而要根据教学实际情况加以改进，从而指导生物教学。

8.2.3 生物教育科研的类型

资料阅读

案例1　生物学教学中的情感性教学策略

引言：新课改倡导知识与技能、过程与方法、情感态度与价值观三维一体，缺一不可。在教学中教师应遵循心理学原理对教学内容进行情感性加工，以情感为手段，充分发挥情感在认知过程中的动力功能、调节功能和疏导功能，使学生从要我学转化为乐学，激发学生学习动机，加速学生对教学内容的内化过程。另一方面，在新课改中，情感态度与价值观是学习目标的重要组成部分，从感受水平递升为认同水平，最终达到内化水平，这就要求教师把培养学生高尚的道德情操和正确的价值观作为教学目标，春风化雨，润物无声地贯彻于教学的全过程。

（摘自：王荐. 生物学教学中的情感性教学策略[J]. 中学生物学，2008(11)：36.）

案例2　高中生物学教学中坐标曲线图的运用

摘要：本文尝试在高中生物学教学中把数学中的坐标曲线图运用到各个章节的教学内容中去，列举了曲线教学四大优势，如将文字描述转化为曲线加深对知识的理解，将微观变化过程借助曲线让其具体形象化，将实验与曲线结合揭示事物变化规律，直观表现多种因素对生命过程的相互影响关系等。

关键词：坐标曲线图　高中生物学教学

（摘自：杨文霞. 高中生物学教学中坐标曲线图的运用[J]. 生物学教学，2008(10)：22.）

案例3　生物组织中脂肪的鉴定实验改进

引言：在《普通高中课程标准实验教科书生物（必修1）分子与细胞》第二章第一节中"生物组织中可还原糖、脂肪、蛋白质的鉴定"实验，其方法是将花生的子叶切成薄片，在薄片上用苏丹Ⅲ染色，用50%的酒精洗去浮色后，再制成临时切片进行观察。由于学生所切的花生子叶较厚,观察到脂肪颗粒现象不明显。为此,我们经多种方法尝试,将花生的子叶在载玻片上制成涂片后,进行观察,学生观察到脂肪颗粒现象非常明显。

(摘自:倪树权,赵文金.生物组织中脂肪的鉴定实验改进[J].教学仪器与实验,2008(1):35.)

活　动

1. 仔细研读上述资料,三个案例都节选自关于生物教育科研的论文,你能不能说出这三篇文章的研究在类型上有什么不同?

2. 小组内交流,试着对生物教育科研进行分类,记录下小组讨论的结果。

1. 基础理论研究

生物教育科学研究的基础理论研究是指把中学生物教育教学看做一个整体,从理论上研究其目的任务、教学原则、历史演变及其在中学教育中的作用、地位等问题。生物教育教学的基础理论研究的特点是探索面广、不确定因素多、研究周期长。例如,中学生物课程培养目标的研究、高中和初中生物课程目标分类的研究、高中和初中生物课程教学中学生能力培养的研究等,这些课题的研究过程都较复杂,研究周期也较长。

2. 应用性研究

应用性研究注重于探索中学生物教育教学中的具体问题,包括教学内容、教学方式和方法、教学手段等问题,以及探索如何将基础理论研究的成果应用到教育实践中,其特点是实践性强、实用性强。这类研究不仅有利于提高中学生物教育教学的质量,也有利于基础理论研究成果的检验与深化。例如,生物课程具体教学目标的研究、生物教材体系的研究、生物教学方法的研究、生物考试命题的研究等都属于应用性研究。

3. 开发性研究

开发性研究注重于生物教学仪器、装备、教具、学具以及生物教学视听材料、计算机辅助教学软件和硬件的开发等。例如,中学生物实验仪器改进的研究、生物实验组合仪器制作的研究、计算机辅助教学软件制作的研究等都属于开发性研究。[①]

---

① 汪忠.生物学课堂教学技能训练[M].上海:华东师范大学出版社,2006:165.

8.3 生物教育科研的实施

8.3.1 生物教育科研的基本步骤

生物教育科学研究一般包括选题、论证课题及开题报告、制订研究计划、实施科学研究、评价研究成果、得出结论和撰写研究报告等步骤,如图 8-1 所示。

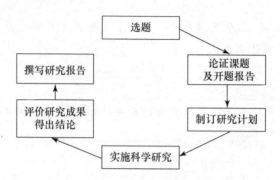

图 8-1　生物教育科研的基本步骤

1. 选题

选择和确定研究课题是教育科学研究的第一步。课题的来源一般有两个方面:一是教育实践中需要解决的问题;二是教育理论上还没有人研究的空白或有争论的问题。在教育领域这片广阔的天地里,如何抓住有意义、有希望的课题,从多角度、全方位的知识领域去审视,做出开创性的新发现,需要有敏锐的洞察力和正确的思想方法,教育科研工作者的远见卓识首先表现在这里。爱因斯坦说:"提出一个问题往往比解决一个问题重要,因为解决也许仅是一个数学上或实验上的技能而已,而提出新的问题、新的可能性,从新的角度去看旧的问题,都需要有创造性的想象力,而且标志着科学的真正进步。"

(1) 选题的原则

① 针对性:就是根据某一时期教育、教学中存在的迫切需要解决的具有代表性、典型性、普遍性的问题的选题。

② 时代性:选题要注意解决现实问题和关注热点问题,紧跟教育发展的形势,研究的课题对教育的现状和发展具有指导意义。

③ 新颖性:选题要有新意,有独到之处,言人之所未言,主要从两个方面入手:一是对尚无人研究的课题进行研究;二是对已研究过的问题进行研究后,有新的突破。

④ 实用性:所选课题的应用价值较大,观点和做法易被大家借鉴和采纳。

⑤ 可行性:所选课题要结合研究者的主、客观所具备的条件去综合分析,充分估计对研究的课题能否实施、驾驭和坚持到底,对研究结果和完成的情况是否心中有数。

(2) 选题的途径

获得和确定课题,通常有这样几个渠道:① 由研究部门或学校布置、安排的课题,这类课题只是怎样做以及如何进行总结。② 在教学实践中仔细观察、善于思考,在某一方面(或某一点)灵感触发,经过提炼而产生的课题。③ 在阅读报纸、专著、杂志时,受到启发而形成的课题,或在生物教育相关网站中获得的信息而进行的选题。④ 在与同行、专家交谈、探讨、争论问题时,触发灵感、顿悟而产生的课题。⑤ 参加学术活动、经验介绍、专题报告受到启示,产生的选题。⑥ 参加观摩课、公开课或各种教研活动时,有感于教者的"教"和学者的"学"所产生的选题。⑦ 研究某一课题(或撰写论文)时,虽未取得突破性进展,但产生了新的选题。

(3) 选题的方法

做任何事情都有它的规律、方法和技巧,用什么方法,从哪些方面来选择研究课题呢? ① 选择理论研究中的空白。② 同样一个课题从新的视角去审视。③ 对于重大课题,采取蚂蚁啃骨头的方法,先集中精力,打开一个缺口,然后逐步扩大研究范围。④ 选择研究课题,注意扬长避短,充分发挥自己的优势。⑤ 小中见大,小题大做,这是研究工作的性质决定的。现代科学分工越来越细,研究者只能从一个侧面去挖掘和思考,从"森林"中选择"树木"来论证、研究,由表及里,挖深挖透,小题大做。能选出好题目来,这本身就标志着一种研究能力。只有时时保持着浓厚的研究兴趣,不断地从教学实践中捕捉新的灵感,研究的题目才会应运而生。

2. 课题的论证及开题报告

课题研究是否值得实施需要进行论证。其论证的内容主要包括课题研究意义、价值与新颖性、可行性分析,研究的重点、难点分析,以及提出展开课题研究的初步设想或方案,并对方案中如何保证研究重点的落实和对研究难点的突破展开较细致的讨论。其中,对意义、价值的分析,应该从对相关课题在国内、外的研究现状和趋势的文献综述中自然地、逻辑地得出,而不应该随意假想。在准备课题论证过程中,研究者最好能及时和有经验(教训)的人进行充分的交流。课题论证将成为开题报告的主要基础。

通常,研究课题启动需要召开开题论证会。研究者要在会上提交课题的开题报告并请与会的同行专家进行审议论证。一般来说,课题研究的开题报告应包括以下各项内容: ① 课题名称; ② 课题组成员及其分工; ③ 课题论证; ④ 主要研究方法和手段; ⑤ 研究进度与时间安排; ⑥ 预期成果形式; ⑦ 课题经费预算等。以上各项内容不是彼此孤立的,对国内外研究现状和趋势的分析,与课题或研究内容的定位及课题的价值相关;重难点、方法手段、进度和时间安排以及经费分配与研究的可行性相关。实际运作之前,课题组应该对专家在开题报告会上提出的问题和建议进行认真分析,特别是在突破研究难点、确保重点的研究质量以及研究进度等方面对原方案做出妥善的调整,并制订出指导课题研究实施的具体方案。

3. 制订研究计划

确定研究课题后,只能说有了主攻方向,至于下一步如何走,还得有一个通盘计划。"凡事预则立,不预则废",因此,必须周密地设计研究计划,包括研究对象的选择,确定研究手段和方法,安排研究步骤和进度,收集资料的途径和范围,经费的落实等。制订研究计划应有重点、有中心,既需要继承,更需要创造性思维,在前人研究的基础上,开拓更广阔的园地。

4. 实施科学研究

按照制订的研究计划,分步骤,依顺序地实施研究。

(1) 收集数据、整理资料

教育科研的结论形成是建立在大量数据、资料和事实基础之上的。一般数据资料来源于三个方面：一是研究者从文献中、报刊、书籍、计算机网络系统中研究获取的，称之为间接材料；二是研究者从实践、实验、观察中客观地记录、总结和发现的，称之为直接资料，这类资料体现了研究者务实、严谨、客观、科学的态度，对课题得出有价值的结论非常重要；三是研究者从实践研究和文献研究中经过思考、分析、推理、创造中得到的，称之为发展性材料，这类资料尤其显得珍贵、重要。对以上各类资料应广泛收集，系统整理和归类。

(2) 选择分析方法，进行资料分析

通过各种途径获得的资料、数据、结果常常是纷乱庞杂的，需要用统计方法来分析。统计方法因研究意图和需要的不同而不同，研究者要详细考虑使用何种统计方法，在资料收集齐全后就可以开始分析。在分析过程中，除了要解释与预测结果符合的资料，还要对与预测结果不符的数据进行阐述、解释和讨论。

5. 评价研究结果，得出结论，撰写研究报告

在资料分析的基础上，对得出的数据和资料进行比较对照，使这些数据变成有意义的资料，进一步应用研究者所建构的理念架构来进行解释，使之转化为实际的科学性结论，揭示教育的归类和发展趋势。得出结论后，可以撰写研究报告或论文，将其发表，以供学术交流。

以上科学研究的5个阶段，虽然任务各有侧重，且具有一定的独立性，但作为一个统一的整体，它们是相互关联、相互渗透、不可分割的。选题是关键的第一步，对课题的论证决定了所选择的研究问题是否有意义、可行，在此基础上才能根据实际制订全面的研究计划；在实施教育科学研究的过程中，收集数据、整理数据是研究的基础，分析资料、得出结论是研究的关键和最终目的，因此研究者应注重收集资料的准确性、全面性和客观性，整理资料的直观性和有效性，分析资料的科学性和系统性。

8.3.2 生物教育科研的方法

中学生物教育科学研究的基本方法有历史研究法、考察研究法、调查研究法、实验研究法、教学经验总结法、比较教育研究法、行动研究法等。

1. 历史研究法

历史研究法是对教育的历史发展反思、总结的一种研究方法。例如研究我国近百年来的中学生物教学大纲、教材体系、科目设置、内容安排、教学方法的演变等；研究国外中学生物的历史发展，教材的更替，教学方法的历史沿革，教育技术手段的演变历史；对历代教育家和丰富的教育遗产进行系统的梳理和总结等。

2. 考察研究法

考察研究法对研究中学生物教育实践问题具有十分重要的意义，考察研究法的特点是研究者能亲自感受到中学生物教育教学的现实情况。由于身临其境，考察者可以获得较为深刻的印象。生物教师通过考察可以及时了解各地区生物教学的实际情况。

考察法可以分为全面考察和抽样考察两种形式。全面考察的特点是具有长期性、系统性和综合性。考察时可以采用座谈、访问、专家评定等方法，使收集到的材料与信息得到更准确的说

明和补充。例如,为了总结某一地区或某所学校中学生物教学的经验,通过考察收集大量的事实材料(包括听课和评课记录、教研组活动的记录等),从中分析归纳出特点,便于提升为理论认识。这种方法常用于总结优秀教师或教学群体的教学经验。抽样考察可以选择在某一特定时间内进行考察,可以有意识地选择某些特定场景进行考察,也可以选择特定的典型人物(教师或学生)进行考察。

3. 调查研究法

调查研究法是经常运用的一种研究方法,可以用书面的方式如问卷、测验等,也可以用口头的方式如访问、座谈等,对研究的人和事进行有计划的、周密系统的调查,认真完成调查过程,善于寻找规律,对收集到的数据、资料进行分析、综合、比较、归纳,最后写出调查报告。

4. 实验研究法

实验研究法是为了解决某一教育问题,根据一定的教育理论,设计研究计划,采用一定的方法和技术进行教育实践,到一定时间后,对实践效果进行比较分析,从而得出科学的结论的研究方法。常用的实验法有:单组实验法、等组实验法、循环实验法等。

5. 教学经验总结法

教学经验总结法是中学生物教育科研中最常用方法。是以"自我"为中心,以教学经验为素材,以创新为重点,是教育工作者从自己多年来的教学实践和教改实验中所取得的新经验、新方法、新见解的系统总结和比较,最后把经验上升为有一定可读性和借鉴性的研究成果。

6. 比较教育研究法

比较教育研究法有纵向比较和横向比较之别,可以对国内不同历史时期或同一时期国内不同地区或者世界不同国家的生物学大纲、课程标准、目标体系、教材内容的取舍、教学方法和手段的使用和发展、教学媒体的历史发展和特点、教育评价标准的异同、基础教育中生物教育的特点、教育生态因子、教育管理问题等方面进行广泛的资料收集和挖掘,进行比较、梳理、分析、审视和展望。

7. 行动研究法

行动研究法是通过对教学中的实际问题的探讨和采取行动方案来促进问题的解决为中心的一种研究方法。它以研究者所发现的大量事实和调查研究为起点,借助观察、访谈、资料梳理、理论支持、分析论证等方法,制订行动策略;之后将行动策略应用于教学实践,在搜集背景资料、过程资料和结果资料的基础上,评价行动效果,修改行动策略,通过不断地反思总结,得到解决问题的最佳方案。行动研究法的三条原则是:参与者即研究者、诊断与治疗并重、思想与行动相互促进。

8.4　生物教育调查研究法

调查研究法是研究生物教育领域相关问题的常用方法,本节将对这一方法进行详细介绍。

调查就是在自然状态下,通过适当的方式对研究对象的心理现象和行为表现进行有目的、有计划、有系统的研究。教育调查研究法是收集有关教育现状和事实的一种研究方法。调查者用科学方法论和教育理论做指导,通过访谈、座谈会、问卷、测验等手段,有计划地广泛了解并掌握有关教育实践的历史、现状和发展趋势,或有关成果和经验、问题和教训,并在大量掌握材料的基础上,进行综合分析,得出科学的结论,以指导今后的教育实践活动。教育调查一般是在自然过程中进行的,是间接的观察。生物教育调查研究方法是为了了解和探索生物教育领域的现状和存在的问题,探索生物教育活动变化规律,为改革和发展生物教育获取依据的一种研究手段。

8.4.1 生物教育调查研究法概述

> 试着制作一份关于生物学习情况的调查问卷,在学习本节内容之后,对你的调查问卷进行分析,看看需要做哪些改进。

1. 生物教育调查研究法的特点

调查研究法的优势在于可以同时大样本地研究多个变量,这是实验研究法无法企及的。其特点主要体现在:从研究目的上看,是为了获得有关生物学科教育问题的科学事实;从研究结果上看,其可靠性取决于被调查者的合作态度;从研究过程上看,是在自然状态下进行的、间接的研究方法;从收集的资料来看,是一种效率较高、不受时空限制的研究方法。

2. 生物教育调查研究法的意义

通过生物教育调查研究,调查者能够发现生物教研活动中的问题,从而确定研究课题;可以促进对教育单个因素或多个因素的实际状况的了解,为改进生物教学提供依据;可以帮助了解学校的生物教育状况,为教育决策、教育管理提供依据。

3. 生物教育调查研究的开展

生物教育调查研究法的开展需要按照一定的程序来进行,调查程序主要包括6个步骤:

(1) 明确调查研究的目的。

(2) 确定调查的对象。确定调查对象有两个含义:其一,确定调查对象的总体范围;其二,确定调查时是采用全体法、抽样法、个案法。

(3) 拟订调查提纲,制订调查方案。调查提纲是调查过程中搜集资料的依据,事先必须拟订好,根据研究的需要,在实际调查中还要对其不断修订。调查方案包括:调查目的和课题名称,调查对象范围,调查时间、地点,调查途径、方式,调查步骤,调查的分工。

(4) 进行试探性调查,得到被调查对象的一般性认识,修改调查提纲及工作方案。

(5) 实施调查。根据修订后的调查提纲和方案,运用已定的调查工具展开调查,获取资料和数据。

(6) 整理调查材料,分析调查结果,得出调查结论。将所获得的材料分为两大类:叙述的材料,需用明白流畅的文字加以整理;数量的材料,需用统计法、列表法、图示法等加以整理。

4. 生物教育调查研究法的类型

根据调查研究方式的不同,可以把调查研究分为问卷调查、访谈调查、测验调查和书面材料分析调查等。下文将详细介绍问卷调查法和访谈调查法。这里仅补充说明测验调查法和书面材料分析调查法的含义。

测验调查法，是用一组测试题去测定某种教育现象的实际情境，从而收集资料数据进行研究的一种方法。例如检查学生掌握知识的水平、教师的教学水平等。测验是作为一种工具对测试对象进行量化分析，为教育评估提供事实依据。在教育科研中，测验是一种常用的手段。

书面材料分析调查法是指通过搜集能正确反映现象的书面材料，如学生的试卷、实验报告和其他作业等，进行分析研究。通过分析书面材料，发现各种材料中反映的可能因素。例如，调查学生的生物实验报告，可分析学生的绘图能力、观察记录能力、评价能力等。书面材料分析调查法最大的优点是材料是现成的，可进行反复的研究，具有较大的客观性。因此书面材料分析调查法常作为其他教育科学研究方法的辅助方法。

案例分析

生物学教育研究方法中的网络调查技术

随着科技的进步，网络成了人们日常生活中必不可少的通信工具，是人们获得信息和交流信息的重要手段。据中国互联网络信息中心(CNNIC)2010年1月公布的第25次《中国互联网络发展状况统计报告》的数据显示，截止到2009年12月31日，中国网民规模达到3.83亿人，普及率已达到28.9%。[①] 随着网络的进一步普及以及全球信息基础设施的建成开通，利用网络技术实施生物学教育调查研究成为一种新的潮流。网络通信技术的迅猛发展对传统的生物学教育调查研究方法提出了挑战，为网络调查技术的兴起与发展提供了可操作的平台。

网络调查的一般方法包括网站拦截法、电子邮件法、聊天讨论法、搜索引擎法等。通信技术的进步和网民数量的不断增加为生物学教育研究中网络调查的实施提供了可行性。与传统的调查方式相比，网络调查具有无可比拟的优势。首先，在资料搜集方面，传统的调查方法需要花费更多的时间、人力和物力，记录数据更是一个烦琐的步骤，而网络调查只要按"保存"键就可完整地保存下交谈的数据，通过按几个按钮就可以完成问卷的发放与回收。其次，网络调查比普通的邮寄和电话调查更加经济，可以节省大笔的资金。再次，普通的邮寄只能传递文本形式的数据，而利用网络不仅可以搜集文本形式的数据，还可以保存许多非文本形式的多媒体数据。此外，网络调查还具有时效性强、覆盖面广等特点，这都是传统调查方式很难实现的。然而，尽管网络为我们的生物学教育研究带来了许多方便，但仍然存在着一些局限性。

（摘自：刘怡，张文华，吴冬梅. 生物学教育研究方法中的网络调查技术[J]. 生物学教学，2007(1)：29.）

[案例分析]

生物学教育研究中经常需要使用调查法进行研究，然而传统的调查方法容易受到人力、资金、距离等因素的影响，很难取到足够数目的样本。网络调查法突破空间上的限制，为生物学教育研究创造了一定的有利条件。

[①] 中国互联网络信息中心. 第25次中国互联网络发展状况统计报告[EB/OL]. http://www.cnnic.net.cn/uploadfiles/pdf/2010/1/15/101600.pdf，2010(1)：3.

8.4.2 问卷调查法

活 动

1. 搜集一篇采用问卷调查法进行研究的科研论文,总结出教育调查问卷的结构。

2. 小组内讨论,在设计调查问卷过程中,应注意哪些问题?

1. 问卷调查的含义

问卷,是研究者把研究问题设计成若干具体问题,按一定规则排列,编制而成的问题表格,是用来搜集资料的一种实用工具。问卷调查,是调查研究人员发放问卷,交由调查对象填写,然后收回并整理分析数据或事实,从而得出结论的一种研究方法。是获取大量信息的最经济、最常用的调查方法。

问卷调查具有标准化程度高、匿名性强、效率高等优点。但也有其局限性:受语言文字局限;对某些人不适用;调查过程不深入、不灵活。

2. 问卷的设计

(1) 问卷的结构

问卷由以下几部分构成:

① 调查的题目(关于……的调查);

② 人口学资料:性别、年龄、职业等被调查者个人资料,要有目的地列出;

③ 对问卷本身的介绍——导语:说明调查研究的目的、内容,对被调查者的承诺,答题的基本要求,表示感谢;

④ 问题;

⑤ 答案;

⑥ 结束语:再次表示感谢,寻求被调查者联系方式。

(2) 问题的表述

活 动

下面两个问题是某调查问卷中设置的问题,请你评价这两个问题表述的正误,并说明原因。

> ① 你知道进入青春期,人身体上会出现哪些变化吗?
> _____
>
> ② 你觉得大气污染会影响身体健康吗?
> _____

问题的表述首先要把握所有达到研究目的和验证研究假设所需要的信息,确定问题的来源,对调查研究课题的相关变量和范围给出操作性定义,并对调查的主要问题从不同角度加以分析,以确定从哪几个方面对问题进行表述。

常见的问题类型有两种:一是事实问题:有或无,多或少;二是态度性(价值性)问题:价值倾向,对待人、事的方式等。

问卷的容量会影响答题者的心情和答题效果,因此,问卷中问题的数量也很重要。衡量问题数量的标准有:时间标准,一般在半小时内;长度标准,印刷长度不超过 3 页;数量标准,一般为 20~30 题。

在表述问题时需要注意以下原则:简捷明了(简单的陈述句);调查问题的含义单一、清晰;避免暗示效应;避免社会认可效应。问题表述的最后一项工作就是问题的排列,排列问题常用漏斗法,即:从简单到复杂;先事实,后态度;同类组合,逐步深化;先一般,后特殊。

(3) 答案的设计

 活　动

下列所示分别列举了三种教育调查问卷中的答案设计形式,请你判断它们各属于什么格式。

例 1. 关于中学生对基因工程了解情况的调查,下列各项(见表 8-1)是有关基因工程的专有名词,请在你认为合适的选项上做记号。

表 8-1　中学生对基因工程了解情况的调查

	知　道	听说过	从未听说过
基因序列			
载体			
限制酶			
基因重组			
鸟枪法			
人类基因组			

例2. 调查高中生物人教版课标教材(2004年版)使用情况(教师卷)——与旧教材相比，新教材有了不少的改进，但肯定存在不足，你能列举几点吗？

_____
_____

例3. 你觉得生物教材在实验数量上（　　）
A. 太多，负担太重　　　　　　B. 较多，勉强能应付
C. 适中　　　　　　　　　　　D. 不够，还应增加

常见的答案的类型有封闭式、开放式和半开放式。封闭式答案，指在给定问题的同时，提供与该问题相应的若干答案，并限定回答的方向和数量，由调查对象选择他认为最合适的答案。开放式答案，指只列出问题，不提供任何答案，调查对象可以自由回答问题，观点不受限制，以便深入了解被调查者的建设性意见、态度、需求等。半开放式答案，是在封闭式问题的基础上，进行适当的改进和说明，给调查对象一定的回答自由。例如，许多问卷的选择题中的"其他"这一选项，就是半开放半封闭式问题的一种形式。

对于设置的可供选择的答案的数量，态度性问题设置奇数个答案好，事实性问题设置偶数个答案好。表述答案时要注意，不应是长句子，一般是短语、词组，层次清晰，不包括转折词、连词。

常见的答案表述格式有：选择式、后续式、量表式和排序式。

案例分析

主题：广州地区高中生物新教材使用情况调查研究

调查意图：了解高中生物新教材在实际应用中存在什么问题？能否体现教材编写的原有意图？教材改革有哪些地方与现实相冲突？具体包括以下几个问题：

1. 学生能否被教材吸引而提高学习兴趣？
2. 教材在培养学生各种能力方面，作用有多大？
3. 教材体例的各种变化所起到的作用有多大？
4. 教师能否适应新教材的变化？
5. 教师在处理教材时遇到哪些困难？
6. 素质教育能否真正落到实处？若不能，原因在哪里？

调查方法：学生部分——问卷法
调查取样：抽样法，选取广州市区A、B、C类中学共10所。
问卷示例：

高中生物新教材使用情况调查问卷(学生卷)

各位同学：

你好！这是一份对现行高中生物课本使用情况调查的问卷，旨在通过收集数据信息，为生物教学、教材改革提供可靠资料。请你真实填写下列问题，本次调查采取不记名方式，大概花

费你 20 分钟的时间,你提供的信息不会对你产生任何影响,你的回答对我们的工作非常重要,迫切得到你的帮助。谢谢!

课题组署名(略)

1. 现在所学的科目中(语、史、英、政、物、数、化、生 8 科),你把生物科的重要性排在第_____位?你对生物科的兴趣(　　)
   a. 很有兴趣　　　b. 兴趣较强　　　c. 兴趣一般　　　d. 没什么兴趣

   (为以后统计出来的数据找出根源)

2. 你认为该书在与日常生活相关的生物学知识涉及方面(　　)
   a. 很广泛　　　b. 较广　　　c. 较少　　　d. 很少

   (检测学生是否满足于课本中涉及实际生活的知识)

3. 你认为该书在培养你的各种能力(包括操作能力、获得知识的能力、科学观察能力、探究能力、科学思维能力)方面的作用(　　)
   a. 很显著　　　b. 较显著　　　c. 不明显

4. 通过该书的学习,你是否会更乐于接近自然和爱护生物、保护环境(　　)
   a. 是的,我会　　　b. 跟以前没什么两样,该书对我触动不大　　　c. 说不清

   (能否达到能力、情感培养的理想效果)

5. 要学好该教材,你是否认为其他各科的知识很重要?(　　)
   a. 是,非常重要　　　b. 有一定联系,但不是很重要
   c. 不需要其他科知识我也能学好

6. 在学习该书知识的同时,你是否体验到该书的趣味性?(　　)
   a. 是的,该书趣味性较强　　　b. 该书趣味性一般
   c. 该书没什么趣味性

7. 你认为该书在内容知识方面(　　)
   a. 紧贴潮流　　　b. 能基本反映当今生物科技发展
   c. 不能反映当今生物科技发展

8. 你的老师讲课时是否会补充一些当今最新科技发展的新信息(　　)
   a. 会,且补充很多　　　b. 会,补充一部分
   c. 很少　　　d. 不会补充

......

21. 高中生物教材(必修 1)中有以下内容(见表 8-2)。请你在合适的选项中打上"√"。

表 8-2　高中生物教材(必修 1)的内容调查表

教材各章	最感兴趣	最不感兴趣	较易理解	较难理解
一、绪论				
二、生命的物质基础、生命的基本单位——细胞				
三、生物的新陈代谢				
四、生命的活动调节				
五、生物的生殖和发育				

......

26. 你希望在生物教材中增加哪方面的知识？
_____

(摘自：胡继飞，陈学梅.生物教育科研概论——研究的内容、方法与写作[M].杭州：浙江大学出版社，2004：123-127.)

[案例分析]

该案例是一份调查前的问卷样稿设计，问卷设计中包含了研究的主题、调查的目的、由主题分解的主要问题、调查的对象、取样的方法及问卷。内容包括了指导语和问卷正文，在正文部分对所列举的问题用小括号作了进一步的说明，阐述了每部分问题的设计目的，以方便检验每个问题的设计是否符合调查的目的，同时也为调查后的结果分析起到指导作用。问卷的编制使用了多种题型，题目数量适当，内容的安排遵循先易后难的原则。本问卷并非是一份标准范例，细究起来，问卷仍有许多值得商榷的方面，如问题未能涵盖调查目的，问题带有一定的重复性，问题的发问未能深入问题的本质，选项的合理性等方面都可以做进一步的修改。问卷在付印前要把括号内的说明删除。

8.4.3 访谈调查法

访谈调查是研究者与受访者面对面或通过电话，以口头交谈的方式直接获得资料的研究过程。访谈在某种意义上是一种口头问卷。访谈的过程实际上是访谈者与受访者双方面对面的互动交流过程，访谈资料是这种互动过程的产物。

1. 访谈调查的类型

根据访谈者对访谈过程的控制程度，可将访谈分为结构式访谈和无结构式访谈。

(1) 结构式访谈

结构式访谈又称标准化访谈，是一种对访谈过程高度控制的访谈。访谈中，访谈者按照事先设计的、有一定结构的问卷进行访谈，严格按照问卷上的问题发问，不能随意对问题作解释。结构式访谈获得的资料便于量化，可以进行统计分析；并且和问卷调查比较，能够控制调查过程，从而降低调查过程中的误差，使调查结果更加可靠。

(2) 无结构式访谈

无结构式访谈又称非标准化访谈，是一种半控制或无控制的访谈。此种访谈没有规定问卷、表格和提出问题的标准程序，只给访谈者一个题目。访谈者和受访者就这个题目进行自由交谈，受访者可以随意谈出自己的意见和感受，无需顾及访谈者的需要。无结构访谈具有较大弹性，能鼓励受访者最大限度地表达自己的观点。

2. 访谈的准备工作

(1) 确定访谈的时间和地点

访谈的时间和地点应该尽量以受访者的方便为主，以表示对受访者的尊重，也为了使受访者在自己选择的地点和时间里感到轻松、安全，可以比较自如地表现自己。

(2) 设计访谈提纲

访谈提纲应该是粗线条的,列出访谈者认为在访谈中应该了解的主要问题和应该覆盖的内容范围。访谈提纲尽可能简洁明了,最好只有一页纸,可以一眼就全部看到。访谈提纲中列出的问题应该尽量开放,使受访者有足够的余地选择谈话的方向和内容。访谈者在使用访谈提纲时一定要保持一种开放、灵活的态度。访谈的具体形式应该因人、因具体情境而异,不必拘泥于同一程式,也不必强行按照访谈提纲的语言和顺序提问,访谈提纲应随时根据访谈情况进行修改。

3. 启动访谈

启动访谈是访谈的开始,包括请求和提出第一批问题。目的是使受访者产生回答问题的动机,作好回答问题的准备。启动访谈的主要任务是与受访者建立融洽的关系,消除其疑虑,使其产生参与研究的动机。为了创造有利于访谈的气氛,除了对受访者表示礼貌外,正式谈话前可以先谈谈受访者具备或熟悉的方面,形成了有利于访谈的气氛后,就可以详细说明要调查的问题,提出第一批问题。第一批问题切忌提出一些大而复杂的问题。经验证明,第一批问题回答顺利,能使受访者信心增强,访谈双方互动协调,使访谈能够顺利进行下去。

4. 访谈控制

访谈控制是指访谈者通过适当的方法主导访谈的方向和主题。访谈过程是访谈双方互动的过程,但访谈者的提问和表情动作对访谈的进行有重要影响。因此,访谈控制主要是通过提问的方式和内容来主导访谈过程,使访谈顺畅进行;也通过表情(动作)控制即访谈者通过自己的表情和行为表达某种思想、感情,从而达到对访谈过程的控制。

5. 结束访谈

结束访谈是访谈的最后一个环节,要掌握两个原则:一是适可而止,访谈时间不宜过长,一般以 1~2 小时为宜;二是把握结束谈话的时机。最后要对受访者表示感谢,就后续的联系作好交代。

6. 访谈记录

结构式访谈记录比较简单,只要按照规定的记录方式,把受访者的答案记录在事先设计好的表格、问卷上;无结构式访谈记录较复杂,记录的内容除了受访者的回答和陈述外还应该包括对访谈环境的描述,访谈中观察到的现象和行为,受访者的表情和姿势、有意义的话语等,以及访谈者对受访者语言能力,参与调查的态度、情感的评价等,即记录的内容包括听到的、看到的和想到的。

案例分析

结构式访谈设计案例

主题:广州地区高中生物新教材使用情况调查研究

调查方法:教师部分——访谈法。

调查取样:抽样法,选取广州市区 A、B、C 类中学共 10 所的生物教师。

结构式访谈调查内容:

高中生物新教材使用情况调查问卷(教师卷)

1. 你担任生物教师已有(　　),担任高中生物教师累计(　　)。
   A. 1~5年　　　B. 5~10年　　　C. 10~15年　　　D. 15年以上
2. 你觉得新教材的内容在数量上(　　)
   A. 太多,学生难接受　　　　　　B. 较多
   C. 适中　　　　　　　　　　　D. 较少,还需增强
3. 你觉得新教材在与其他学科知识的联系方面(　　)
   A. 横向性强　　　B. 有一些联系　　　C. 不大注意此方面知识
4. 新教材在内容知识方面(　　)
   A. 紧贴潮流
   B. 能基本反映现代生物科技发展
   C. 不能反映现代生物科技发展
5. 教学中,你是否结合最新科技动态(如克隆)来向学生介绍(　　)
   A. 基本上都有　　　B. 有时会做到　　　C. 多数情况下时间不允许这样做
6. 你是否会增强与实际生活的联系,把科学性与趣味性统一起来(　　)
   A. 经常都会　　　B. 有时会　　　C. 在升学压力下很难做到
7. 新教材中很多知识要求探究式教学,对此你会(　　)
   A. 坚持使用探究式教学
   B. 在时间允许的情况下才进行
   C. 基本上没有足够的时间来进行,只好用注入式教学
   ……

(摘自:胡继飞,陈学梅.生物教育科研概论——研究的内容、方法与写作[M].杭州:浙江大学出版社,2004:130-132.)

[案例分析]

该案例是一份结构式访谈调查问卷,问卷设计得不够成熟,主要表现在:问题设计的目的性不够强,趋向于表面化,如果能从现象到本质进行连环式深入发问,则效果会更理想;某些题干中包括多重问题,且有些调查问题具有重复性;有些选项设计得层次模糊,被访者找不到想要的答案,等等。尽管如此,本设计仍不失为一份值得借鉴和可供使用的访谈问卷,问题的发问从简单易答的内容入手,把调查同一目的的不同问题安排在相连的环节中,以便进行较深入的研究。考虑到是访谈,因此没有出现表格式之类的问题设计,整份访谈问卷基本上能完成与主题有关内容的调查。

非结构式访谈案例

主　题:生物课程教材改革情况访谈
调查方法:无结构式访谈——专家访谈
访谈对象:赵占良
采访者:张海和

> 采访提纲：
> 问：我国近几年生物教材建设状况如何？
> 问：高中两省一市的新课程试验效果如何？
> 问：高中新教材主要体现了哪些教育理念？
> 问：在新教材的教学过程中应注意哪些问题？
> 问：今后生物课程改革将围绕哪些方面展开？

（摘自：胡继飞，陈学梅.生物教育科研概论——研究的内容、方法与写作[M].杭州：浙江大学出版社，2004：130-132.）

[案例分析]

这是一份摘自中国基础教育网的非结构式访谈。提问内容简练，针对课程改革的热点问题展开，围绕教材改革的"建设、试验效果、所体现的理念、使用应注意的问题等"进行了访谈。无结构式访谈是一种弹性很大、灵活性很高的调查形式，因此，在访谈前可根据调查的目的设计出不同话题，然后有序地在访谈中一一展开问答。

8.4.4 生物教育调查资料的整理与分析

问卷或访谈法搜集的资料，是用来说明一定观点的，如何从这些资料中找出规律，概括出观点，是资料整理和分析的任务。

1. 资料的整理

资料的整理是分析的基础，需对数据资料进行质量审核，包括两个方面：一是从研究计划上看所搜集的资料是否与计划一致，能否保证科学性的标准；二是对搜集资料逐个进行审查，看问卷或访谈是否合乎要求，对一些只做了几题的问卷或者完全按某种固定方式反应的问卷，或前后矛盾的问卷予以删除，对访谈中没有全部谈完的个案材料也应剔掉。

2. 资料的定性分析

定性分析是对研究结果的"质"的分析，是运用分析和综合、比较和分类、归纳和演绎等逻辑分析方法，对研究所获得的资料进行思维加工，从而揭示教育现象的发生发展规律的过程。

定性分析主要是建立在描述性资料分析基础上的逻辑分析或推断，特别注意运用归纳法，对研究对象的信息进行整合，从中探寻教育活动的规律。定性分析注重对过程的研究，注重动态与静态信息的结合，有利于对事物形成全面、完整的认识。

3. 资料的定量分析

定量分析指对事件、现象的结果所作的数学统计分析。统计分析通常可以分为描述统计和推断统计。描述统计主要是对资料进行整理、分类和简化，描述数据的全貌以标明研究对象的某些特点。描述统计的主要指标有平均数、百分位数、标准差、相关系数等。推断统计是指根据观测样本数据所提供的信息，对未知总体的情况做出具有一定概率保证的估计和推断，结论要以概率的形式呈现。包括假设检验和参数估计两大类方法。

案例分析

中学生物教师继续教育相关问题的调查研究

1. 研究方法

2004年三四月,通过发放"中学生物教师对继续教育应开设课程等意见的调查问卷",对浙江省8个地区(杭州、嘉兴、宁波、舟山、台州、衢州、温州、丽水)的部分高中生物教师进行抽样调查。共发出问卷500份,回收有效卷389份,有效率为94.4%,用Excel软件统计相关数据。

2. 调查结果与分析

2.1 生物教师的基本情况

本次调查有效问卷中涉及教师389名,地市级中学、县或县级中学、乡镇中学和私立中学教师分别占29.6%、64.8%、4.9%和0.8%;男女教师分别占51.9%和48.1%;毕业于师范和非师范院校的教师分别占87.7%和12.3%;具有硕士、本科、专科和中专学历者分别占2.1%、94.3%、3.3%和0.13%(见表8-3)。调查中发现,高中生物教师队伍已经趋于年轻化,20—29岁占50.6%,30—39岁占38.8%,这两个年龄段的教师在本次调查中所占的比例约为89.5%。被调查教师的职称结构具有代表性,其中高级教师、一级教师、二级教师和见习期教师分别占16.5%、32.4%、43.4%和7.7%。

表8-3 所调查的高中生物教师的基本情况

调查项目	分类情况	男教师(人数)	女教师(人数)
毕业院校	师范类	173	168
	非师范类	29	19
年龄分布	20—29	86	111
	30—39	83	68
	40—49	25	6
	>50	8	2
学历分布	中专学历	0	1
	大专学历	3	10
	本科学历	197	170
	硕士学历	2	6
职称分布	见习期	11	19
	中教二级	71	98
	中教一级	73	53
	中教高级	47	17
任职学校类别	地级市属中学	54	61
	县级市属中学	135	117
	乡镇中学	11	8
	私立中学	2	1

2.2 中学生物教师对继续教育课程的反馈意见

从教师选择应开设的课程看,排在前六位的依次是:生物学实验技术;生命科学进展;计算机信息技术及其运用;课堂教学技术;生物教学理论和实践;教育科学研究方法。84.5%的教师认为"生物实验技术"是最重要的课程,将它列为首选课程。因为生物学科是以实验为基础的学科。而中学生物教师实验操作能力的现状不容乐观,其原因:一是学校实验条件较为薄弱;二是为应试教育而过分注重灌输理论知识。因此,生物教师继续教育课程设置中须加强实验操作能力的培训。新课程改革后,教材中增加了许多新的知识点,密切联系生命科学新进展,多数教师认为生物学科前沿知识的学习有助于他们的教学工作。有73.8%的教师选择生命科学进展课程,表明他们希望了解生物学科前沿知识和科技动态(见表8-4)。

表8-4 不同职称中学生物教师对继续教育应开设课程的意见

课程类别	课程名称	选择	中教高级	中教一级	中教二级	见习期
教育心理学理论	现代教育理论专题	55.1%	68.8%	57.1%	48.5%	40.0%
	教育科学研究方法	58.5%	71.9%	57.1%	46.7%	53.8%
	教改信息与动态	57.7%	59.4%	53.2%	58.6%	53.3%
	生物学教学心理学	56.4%	51.6%	57.9%	55.0%	53.3%
学科教学	生物教学理论和实践	67.7%	73.4%	67.5%	63.9%	60.0%
	生物新课程标准解读	55.4%	56.3%	61.9%	50.3%	40.0%
	大纲和教材综合分析	58.%	46.9%	60.3%	59.8%	50.0%
学科专业知识	生命科学进展	73.8%	75.0%	72.2%	71.6%	70.0%
	生态环境与人类社会	58.0%	56.3%	57.9%	53.3%	73.3%
	生物学实验技术	84.5%	81.3%	81.0%	84.6%	83.3%
教学技能与手段	课堂教学技术	68.8%	62.5%	68.3%	68.6%	66.7%
	计算机信息技术	72.4%	65.6%	69.8%	75.1%	63.3%

……

(摘自:郝琦雷,徐建忠,计翔.中学生物教师继续教育相关问题的调查研究[J].杭州师范学院学报(自然科学版),2006(3):25-26.)

[案例分析]

该案例采用问卷调查、文献分析和访谈等方法,对中学生物教师继续教育所应开设的课程、教学形式等继续教育方面的问题进行研究,并提出相应建议。对调查研究的结果进行了数据统计和分析,主要采用的是简单的定量分析,从分析结果得出结论并提出了一定的建议。

8.5 生物教育科研成果的表述

本科毕业论文是每位本科毕业生必须完成的任务,师范生在做本科毕业论文课题时,除了选择学科专业研究外,还可选择进行教育科学研究,获得自己的教育科研成果。那么,如何表述教育科研成果呢?它与生物实验研究论文有什么相同和不同之处?

8.5.1 生物教育科研成果的表述原则

选题、实施科学研究的一系列工程完成之后,教育研究工作进入了总结阶段,即出成果阶段,也就是以研究报告的形式把研究成果表述出来,这是研究工作的最后一步,也是很重要的一步。

生物教育科研成果的表述应遵循以下原则:

1. 思想性原则

思想性是指研究报告要明确反映作者的观点。研究报告属于论说文范畴,任何一篇论说文都是围绕论证、说明某一观点或某一事实而展开,因此,要求观点鲜明,不能含糊。一篇好的研究报告不光观点鲜明,还必须注意观点正确,其正确的标准是要符合教育规律,能促进教育科学的发展,要能够用马克思主义唯物辩证法的立场、观点和方法去分析问题、解决问题。

2. 科学性原则

科学性是指研究报告要遵循科学的原理和科学的规律,要能够正确地反映客观的教育教学实际,要有足够的具体材料,充分的理论依据和准确的、通过统计处理的实验数据,对研究中涉及的他人的研究成果要实事求是地给予评价。撰写研究报告必须立论确凿,论述要符合教育的基本原理,能揭示教育的客观规律。

3. 创新性原则

创新性是指研究报告应反映新事实、新观点。创新性是教育科学研究的生命,一篇成功的研究报告必须反映研究者独特的见解,必须在前人研究的基础上提出新观点、新理论、新方法、新技术,或开辟教育科研的新道路,不能人云亦云。

教育科学虽然古老久远,但随着社会的发展,仍然有很多领域需要我们去探索、去研究、去开发。我们进行教育科学研究,本身就是一种创造,就是要探索出能适应并促进社会发展,能适应并促进人的发展的新教育思想、教学途径、教学方法。因此,反映这种研究成果的研究报告,必定会闪烁出创造性的火花。当然,在教育科学这一复杂多变的体系中,提出前人没有提出而又十分正确的观点、主张是不容易的。但并非我们就不能创新,只要有独到之处,就是创新。

4. 客观性原则

客观性是指研究报告要建立在客观事实基础上。任何教育科研报告都应从实际出发,尊重事实,坚持实事求是的原则;要排除一切主观因素的干扰,充分体现教育教学实践的真实性。例如:在撰写调查报告时,应将调查情况如实、全面地反映出来,不能只写符合自己观点的事实和数据,不符合自己观点的事实和数据就不列上去;不能在实验研究中,随意修改设计,对不利于假设的数据不进行收集等,这样的做法是不客观的,得出的结论也是不科学、不可信的。

5. 可读性原则

可读性是指研究报告要写得流畅,易读易懂。撰写教育科研报告的目的是要将教育研究的成果公之于世,要使科研成果在更大范围内产生作用,推动教育改革,推动教育科学的发展。因此书写时要尽可能用大家都能理解的语言表达,做到简单明了;文章应力求保持逻辑上的程序和意义上的连贯;文字要简洁、优美和生动。有些人错误地认为多引用那些由国外教育文献中翻译过来的晦涩的词句,能以此提高文章的理论性;殊不知,这样做使得文章难读、难懂,其价值也随之降低。还有的人以生造词语来标新立异,使人不知所云,如此种种做法是不可取的。

6. 规范性原则

研究报告的表述虽不是千篇一律的,但也有规可循。在撰写研究报告时,要按照一定的格式,不能忽视最基本的规范要求,要遵循具体要求进行撰写。写作前要有明确的计划和提纲,要根据研究的结构特点和逻辑顺序、研究课题的任务和内容,考虑表达的形式和表述的方式。

8.5.2 生物教育科研成果的表述形式

生物教育科研成果的表述形式主要包括调查报告、综述、专著和论文四种。

1. 调查报告

调查报告一般分为两大部分,即调查情况汇报和调查结果分析。调查情况汇报部分包含有调查的课题和目的、调查对象和范围、调查的手段和方法、调查步骤和时间安排、调查材料汇总、数据、图表等内容。主要向人们说明做了一些什么工作,怎样做的,向人们展示"有"什么。调查结果分析部分包含有对调查数据或图表的分析,调查结论、结果产生的原因分析,建议和对策等内容。主要是寻找规律,解决"是什么"、"为什么"的问题。

调查报告的撰写格式一般可分为四个部分:

(1) 导言:简短说明调查目的、任务、对象、范围、方法、时间、地点、调查的主要步骤等。

(2) 调查结果:把调查所得的大量材料加工成表格或简图,并对材料加以分析。

(3) 结论与建议:撰写调查报告的构思应在调查过程中展开,而不应留在调查结束后进行,同时应结合学习有关教育理论,把调查结果提高到理论高度。

(4) 附录:列出调查报告依据的文献目录和调查所用的工具。例如,《成都市区绿化树种的调查及对策》[1]就是一篇调查报告,报告中对成都市区各主要干道的绿化树种进行了广泛的调查,各种数据和资料以图表的方式整理加工、归类和特点总结,分析了现存的绿化行道树种的优劣,提出了针对成都市的具体情况而更为科学合理的园艺布局、造型和树种内容上的主体搭配等建议。

2. 综述

综述是对已有的文献资料、信息、经验、教育理论的观点、方法、思想、制度等方面进行局部或全局的系统收集梳理,深层次地分析、概括总结,找出规律性,提示内核。综述实际是对已有的成

---

[1] 徐作英,许鹏. 成都市区绿化树种的调查及对策[J]. 植物学杂志,1999(5):35-39.

果资料、信息的重新编译过程,在这个过程中,集大成者的研究者善于宏观把握,贵在深刻地反思和重新建构以及对其未来发展科学地预测。例如,《生物芯片》[①]就是一篇综述,它解释了什么是生物芯片,生物芯片的制造方法与工作原理,生物芯片的种类以及生物芯片的广泛应用范围,最后预测了生物芯片技术必将应用到更多领域的发展趋势。

3. 专著

专著是针对某一学科或某一专门课题进行详细、系统考察或研究后,加以全面系统论述的著作,具有全面、深刻、逻辑严密、细致完整,字数至少 10 万字以上等特点。如《生物教育展望》[②]一书对整个生物学教育的各个方面都作了详细的比较和说明,具有较高的科学性、理论性、针对性及实践的指导意义,是一部博大精深,体系完备的大部头著作,可供广大生物教育工作者参阅。

4. 论文

论文是对教育科学研究领域中的理论问题和实际问题进行探讨、研究、实践、实验,并加以表述科学研究成果的文章。下文将详细介绍生物教育科研论文的相关内容。

8.5.3 生物教育科学研究论文

生物教育科学研究论文,是指对生物教育教学领域的问题进行探讨、研究,以及表述其成果的文章。它具体包括以下几个方面:

1. 论述的对象

① 生物教育教学领域中的各种观念、思想、人物、事件、现象等。

② 虽然不属于教育领域,但是与生物教育相关的问题。

例如,青春期教育严格说来属于卫生医学领域中研究的问题,但由于青春期教育的主要对象是学生,许多生物教师也承担了教育责任,因此,不论研究者是否属于教育领域,其研究成果都可以属于教育科研论文。

2. 论述的内容

① 带探讨性质的,就生物教育教学领域中的某一问题提出自己的观点,也可以是对别人的观点进行商榷、讨论。

② 表述成果,在进行生物教育教学调查、实验等研究活动后,把研究所取得的成果表述出来,以供进一步研究。尽管这些成果仍有待于再验证,但一般都是带肯定性的结论。

3. 论文的范围

研究报告、综述、教研性论文是生物教育科研论文的主要形式,需要注意的是译文、资料汇编等不属于生物教育科研论文的范畴。

4. 论文的类型

(1) 研究报告

① 教育教学调查报告

运用教育教学调查法,对生物教育教学现象、生物教育教学事件、人物等进行调查研究后所撰写的报告。

---

① 蓝燕泽. 生物芯片[J]. 生物学教学,2001(12):41-42.
② 陆建身. 生物教育展望[M]. 上海:华东师范大学出版社,2001.

② 教育教学实验报告

运用教育教学实验法,对生物教育教学问题如生物教材、教法等进行科学的实验研究后所撰写的报告。

③ 教育测量报告

运用专门的测量量表,对生物教育教学问题如学生的思维水平、创造能力、学习心理等进行测量、分析、研究后所撰写的报告。

(2) 综述

对已有的成果资料、信息的重新编译过程。

(3) 教研性论文

研究者从自身教学工作的实际出发,通过观察和实践、收集实例、总结经验,从中找出新的规律,并将其上升到一定的理论高度。常见的教研性论文有:经验型教研论文、学法指导型教研论文、教材研究型教研论文、教改型教研论文。

5. 论文的结构

生物教育科研论文和其他学科论文一样,一般结构包含以下几个部分:论文标题、内容提要(摘要)、正文、结论、参考文献。

(1) 论文标题

标题是论文的窗口,也是论文的灵魂,它应是论文内容的高度概括和浓缩,论文通过它传神韵、显精神、见水平。好的论文题目能大体反映出作者研究的方面、成果、内容、意义,显示出全篇的格调、色彩等。因此,论文题目一般要求既能表达论文的基本精神,又要简洁、具体、准确、精练。

(2) 内容提要(摘要)

一般较短的论文不必写摘要,它只适合于较长的论文。写摘要是便于读者迅速了解论文全文的概貌,以确定其有无阅读和借鉴的价值,也便于检索。写摘要时注意两点:第一,文字要简练,一般以二百字左右为宜;第二,内容全面,重点突出,使读者对论文的主要结构、主要论点一目了然。

(3) 正文

正文是论文的主要部分,占论文的绝大部分篇幅,处于极其重要的地位。

写好这部分,关键在于论证,即证明作者所提出的论题。这里包括论题的提出,对解决问题的设想,论据的选用,理论上的逻辑推理及得出的结论等。要特别详尽地阐明作者提出的新的独创的东西,这是论文学术水平高低、有无学术价值的具体表现。要注意主次,抓住关键,并考虑好段与段之间的过渡衔接。如果论文较短,这部分可以一气呵成。如果文字较长,为了概括内容和阅读方便,可分章、节,或冠以大小标题,或使用不同序号加以显示。

(4) 结论

这部分是对正文中分析论证的问题加以综合,概括出基本点。结论是实验结果和理论分析的逻辑发展,是课题解决的答案,是全篇论文的归宿。论文的结论应措词严谨、科学述说、文字得体,不能得出明确结论的,要指明有待进一步探讨。

(5) 参考文献

参考文献列在论文的末尾,说明在研究这一课题和撰写论文的过程中,参考和引用了哪些文献资料。写上这一部分,反映了作者的科学态度和求实精神,表示对别人研究成果的尊重,便于读者了解该领域的研究情况,反映了作者对本课题的历史和现状的研究程度,给读者一些启发。参考文献必须是作者直接阅读和引用的,择其主要、公开发表的资料。文献要有准确完整的出处,以便查找。凡是参考文章可用作者、文章题目、杂志名称、日期、卷号、页数来说明;书籍则用作者、书名、出版地、出版单位、日期说明。

以上五个部分,不是所有的学术论文都需要,但至少要有三部分:标题、正文、结论。

案例分析

高中生物学教材抽象水平的研究

诸新梅　胡继飞　(广东省东源县康禾中学)

摘　要:《普通高中生物课程标准(实验)》及其实验教科书最明显的变化之一就是课程结构上采用了模块化设计。为了回答高中新教材在知识容量、抽象水平、模块间的难度变化等方面是否科学合理,教学中模块呈现的先后顺序应如何安排等问题,本文采用文献资料分析的方法,对教材中的生物学概念进行了分类整理和抽象水平的统计分析。

关键词:高中生物学教材;生物学概念;抽象水平;抽象水平梯度

由教育部制定和审定的《普通高中生物课程标准(实验)》(以下简称课程标准)及其实验教科书,已于2004年9月开始进入各实验区。生物学新课程在课程结构上采用了模块化设计,将生物学课程分为《分子与细胞》、《遗传与进化》和《稳态与环境》三个必修模块,及《生物技术实践》、《生物科学与社会》和《现代生物科技专题》三个选修模块。模块化设计会带来一些新的问题,比如教材在知识容量、抽象水平、模块间的难度变化等方面是否科学合理?教学中模块呈现的先后顺序应如何安排?这些都需要我们通过科学的统计分析来作出回答。

……

对高中生物学教材进行抽象水平研究,可以让师生们在实际教学中清楚地了解新版教材中各模块的难易程度,帮助教师准确地把握好教学进度,合理地安排和组织教学内容,提高教学的针对性;通过对教材抽象水平梯度的对比,有利于教务系统合理安排课程,优化课程安排的整体结构。本文以人教版高中生物学教材作为研究对象进行了教材抽象水平的研究。

1. 研究方法

1.1 研究对象

应用人教版高中生物学新、旧两套必修教材。旧版教材为2000年人教版《生物》第一、二两册;新版教材为2004年人教版《生物》,包括《分子与细胞》、《遗传与进化》、《稳态与环境》三个模块共三册。

1.2 研究方法

主要采用文献资料分析的方法,对教材中的生物学概念进行分类整理和抽象水平的统计分析,即对教材中的具体概念、一级抽象概念、二级抽象概念进行分类及抽象水平的比较研究。

1.3 研究过程

第一步:阅读教材,从中找出生物学概念的名词术语,并根据潘苏东等的界定,将这些概念按册(模块)分别划分为具体概念、一级抽象概念和二级抽象概念三类。第二步:将上述概念分类制成一览表,在一线生物教师中通过问卷调查来征求对分类的意见,最后根据调查结果来确定每一个概念的分类等级。第三步:用抽象水平(LOA)进行统计和分析。

2. 结果与分析

2.1 新旧教材概念分类统计分析

旧版和新版教材概念分类统计结果,见表8-5和表8-6。

表8-5 旧版必修教材各册的概念分类统计

教材分册	具体概念数	一级抽象概念数	二级抽象概念数	总 数
第一册	101	33	20	154
第二册	68	42	13	123
合 计	169	75	33	277
比率(%)	61.01	27.08	11.91	100

表8-6 新版必修教材各模块的概念分类统计

教材模块	具体概念数	一级抽象概念数	二级抽象概念数	概念总数
模块1	98	24	9	131
模块2	58	35	18	111
模块3	74	39	9	122
合计	230	98	36	364
比率(%)	63.19	26.92	9.89	100

总体显示,新版教材的概念总数比旧版教材要多87个,其中具体概念数增加了61个,一级抽象概念增加了23个,二级抽象概念增加了3个,但是它的抽象概念的比例要比旧教材低2.18%。

2.2 新旧教材抽象水平统计分析

运用抽象水平(LOA)的数学表达对新、旧版生物学必修教材各册中的概念进行分析,结果见表……

综合上述的结果与分析发现:① 新版教材的抽象水平略微低于旧版教材;② 旧版教材第一册与第二册抽象水平梯度比较小;③ 新版教材模块1与模块2、模块3之间的抽象水平梯度偏大,尤其是模块1与模块2之间;④ 模块3的抽象水平低于模块2。

3. 讨论与建议

3.1 关于新、旧版教材概念数量的统计问题

新版教材的概念总数比旧版教材增加了87个。新增加的概念有以下几种类型:① 新教材中新增加的,如细胞学说、萨顿学说、拉马克的进化学说、环境容纳量、群落的物种组成、群落的丰富度、群落的演替等;② 在旧教材中只是简单提过而在新教材中作为明确的概念提出的,如能量流动、生态环境的保护等;③ 免疫系统、免疫调节、特异性免疫、免疫系统的防卫功能、

免疫活性物质、免疫学的应用、基因工程及其应用、种群的基因库、种群的迁入率和迁出率、极性运输、体液、内环境的稳态等概念在旧版教材中是放在选修部分,而新教材把它们放在了必修部分。

……

参考文献

[1] 潘苏东.从分科走向综合[M].北京:中国轻工业出版社,2004:64-71,126-127.

[2] 刘恩山,汪忠.普通高中生物课程标准(实验)解读[M].南京:江苏教育出版社,2003:265.

[3] 白学军.中小学认知能力发展水平测验的研究[J].心理学探新,2000(3):25-29.

(摘自:诸新梅,胡继飞.高中生物学教材抽象水平的研究[J].生物学教学,2007(4):9-11.)

[案例分析]

案例中的正文部分只是节选了原文的一小部分,但案例完整地展示了生物教育科研论文的结构,包括标题、摘要、关键词、正文、结论和参考文献。有的论文摘要、关键词会省略,但是正规书刊都要求教育科研文章具备完整的结构。

8.5.4 生物教育科学研究报告的撰写和发表

 活 动

1. 查阅教育科学研究报告相关的文献资料,学习这些研究报告的基本结构及其发表的期刊。查阅过程中做好信息记录。

2. 搜集生物教育相关的期刊,以表格的形式展示这些期刊的基本信息。假设你撰写了一篇生物教育类的研究报告,你会如何选择期刊进行发表?

1. 生物教育科学研究报告的撰写

生物教育科学研究报告的撰写步骤大致如下:

(1) 初创研究报告

此阶段的关键是把握论文的三要素:论点、论据和论证。

① 论点的把握

第一,总标题(中心论点)的制作。好的标题能使人"一见倾心",好的标题应是简洁、精练、概括、新颖、巧妙、有力度。一般有"六忌":忌大,标题要适合文章的内容,论题太大,将难以调控、应切入点小、直接,小题大做,反而会使得内容丰富、扎实;忌俗,标题不能陈旧、平淡无力,要有时代感,有新颖性;忌长,标题字数长短在 10 个字左右为宜,标题太长,不便辨认和理解,不能很好地被感知;忌绝,探讨学术问题不能太绝对化,要允许讨论、商讨,对学术上尚不成熟、尚无定论的东西不妨用上"初探"、"刍议"、"试论"、"例谈",等等,有助于继续研究;忌隐,论文不同于文学作品,不可故弄玄虚来吸引读者,论文标题要求直接反映文章论点,开门见山,一目了然;忌混,标题应准确,观点应明确,不令人费解,不含糊其辞。

第二,小标题(分论点)的设计。论题一旦确定后,就要谋篇布局,考虑文章的基本结构和思路。当文章篇幅较大时,一般可用小标题构建文章的框架,再进行具体论述。这样不仅能使作者抓住中心、展开思路,而且写出的文章层次清楚、结构严谨,便于读者领会。

常用的小标题制作方法有三种:递进式,即各个分论点紧扣中心论点,逐层递进,向纵深发展的结构形式;对比式,即采用两种事物或现象相对比的写作方法;并列式,即各层意思间是一种并列关系的结构形式。

② 论据的引用

第一,论据的分类。论据是多种多样的,通常可分为事实论据和理论论据两种。

事实论据:引用事实作为依据,也叫例证,是一种常用的论据。既可引用他人的研究成果,也可用自己的实验成果,但都必须确保所引用的事实论据具有典型性、代表性、真实性。如果事实论据引用恰当,就能使论文的论证颇具说服力。

理论论据:这是引用一些已经经过实践证实的理论作为依据。如权威性经典言论,有生命力的公理、名言、成语,可靠的统计数字等。

第二,引用的方法。引用论据一般要注意以下几点:恰当,即不能风马牛不相及;充分,引用的论据要有足够的说服力;权威,引用的论据能使人信服,而非平庸之言;新颖,引用新颖、富有时代感的论据,这样的文章才会带给读者"一股清风扑面"的感觉,才会让人乐于接受。另外,为了尊重作者原著权,须注明引用论据的出处[作者、书名(篇名)、出版社(刊名)及出版时间(卷期页数)等]。

③ 论证的方法

论证就是在论点和论据之间架起桥梁,使论点和论据紧密结合而成为一个整体。论证要有逻辑性、无懈可击。论证的方法通常有以下两种:归纳论证,它是由对典型的个别事物的分析与研究推出一般结论的方法;演绎论证,是以一般的事物为前提去论证个别事物,从而推导出新的结论的方法。

(2) 修改研究报告

研究报告初稿写成后,还只是一个半成品,最后还要加工、润色。修改是保证论文质量的重要环节,决不能忽视。对文章内容的科学性、结构的逻辑性、文字技巧等,都需要作必要的修改,进行反复锤炼,精雕细刻之后,"产品"方能"出厂"。

一般来讲,对初稿的修改通常可以从以下几个方面着手:

第一,修改论题。关于这一点,可依据上述"六忌",对文稿的总标题、小标题进行全面审视,看看基本观点是否正确,发掘是否深刻,等等。

第二,修改材料。此阶段主要是对文稿中的已有材料进行恰当的"添、删、换"。总的要求是:① 材料使用数量得当,多了累赘,少了缺乏说服力;② 材料运用要详略得当,要把握住何时详述,何时简述;③ 材料来源要准确、真实,既不允许虚假,也不能有错误。

第三,修改结构。修改结构主要考虑两个方面:一是要综观全局,对文稿开头、中间、结尾是否完整、和谐、统一而进行恰当修改;二是要切入文中,审查各部分位置,安排是否恰当,过渡是否自然。

第四,修改语句。研究报告的语言要尽可能精练、流畅、优美、准确。

2. 生物教育科学研究报告的发表

研究报告写出来后,应着手联系发表。为了提高命中率,必须重视以下几个问题:

(1) 内容与形式统一

论文的质量除文章本身的内容外,还应按照各个刊物的要求书写规范。

(2) 选准投稿对象

投稿前要先了解欲投刊物选稿的范围和特点,开设了哪些栏目,各栏目发表了什么样的文章,以衡量自己的文章是否符合拟投刊物的所列栏目,之后要认准刊物的读者对象和刊物档次,考虑拟投刊物的读者是否为期望达到的读者群。

(3) 把握投稿时机

投稿时机的把握要注意以下几点:一是注意教学进度(如有关教材的稿件一般应比正常教学进度提前 4 个月寄给有关刊物编辑部);二是新辟栏目投递稿件的作者少,因而向有此栏目的有关刊物投稿,命中率就高;三是给缺稿件的栏目撰稿;四是给新办刊物投稿,这方面稿件被采用的可能性就大。

(4) 不要一稿多投

一稿多投,既不尊重读者,更不尊重编辑。有的刊物明确规定,一旦发现此类现象,永不录用或停止几年录用该作者的稿件。更多刊物则是明确规定了稿件处理期限(如三个月内接不到录用通知,作者可自行处理自己的稿件等)。

(5) 不要一信多稿

有的作者在一个信封内装入两篇或几篇稿件,有的内容、体裁都不一致,给处理稿件的编辑增加了不必要的麻烦,同时,还容易在转交中遗失部分稿件。因此,作者最好一信一稿,分别寄发。

 资料阅读

国内教育科学研究刊物简介

1.《教育研究》(月刊) 1979 年创刊,由国家教育部中央教育科学研究所主办的全国性、综合性教育理论刊物,也是全国教育理论刊物创办时间最长,在国内外影响较大的一份学术刊物,由教育研究杂志社编辑出版。该刊物内容丰富,学术性强,信息量大,融思想性、知识性和实用性于一体。设有教育基本理论、思想政治教育、高等教育、教育心理学、中小学教育、农村教育、教育管理、教学论、各种教学方法、教改、教育科研与教育科研方法论、调查报告等栏目。编辑部地址:北京市北三环中路 46 号中央教育科学研究所内,邮政编码:100088,联系电话:(010)62011873。

2.《教育研究与实验》(季刊) 1984 年创刊,由华中师范大学主办。该刊致力于教育理论与实践的研究,探讨新问题,传播新知识,鼓励学术争鸣,扶植理论新秀;注重教育实验基本原理、现状及历史经验的研究,报道中小学教育实验最新动态。"教育纵横谈"与"教育实验研究"

是本刊的两个重点专栏。编辑部地址：武汉市华中师范大学内《教育研究与实验》编辑部,邮政编码：430070。

3.《教育科学》(季刊)　1985年创刊,由辽宁师范大学主办。该刊是一份面向全国公开发行的教育理论刊物,着重发表关于社会主义初级阶段教育改革的论文,卓有成效的教育,教学改革的实验报告,有材料、有理论分析的教育调查报告,探讨当前社会和学校所关心的重大教育问题的文章,以及介绍国外最新教育研究成果的论文。编辑部地址：大连辽宁师范大学教育科学杂志社,邮政编码：116022。

4.《课程·教材·教法》(月刊)　中华人民共和国教育部主管,人民教育出版社课程教材研究所主办,全国教育类核心期刊。它是我国第一家反映基础教育、师范教育和职业教育课程、教材、教法领域的最新研究成果、改革动向和教育实践经验,介绍国内外这些领域的改革动向和先进经验的国家级期刊。被誉为"教师的挚友、教改的参谋、教研的助手",深受广大教育工作者和研究人员的欢迎。辟有：课程与教材研究、教育与教学理论、教材与教学、学术动态、研究与借鉴、师范教育课程与教学等栏目。编辑部地址：北京沙滩后街55号,邮政编码：100009,联系电话：(010)64050355。

5.《生物学通报》(月刊)　由中国动物学会、中国植物学会、北京师范大学主办。本刊是面向全国的生物学学科的权威刊物,自办刊以来,一贯注重其学术性、指导性、科学性和实用性,为生物学教学和生命科学研究作出了不可磨灭的贡献。辟有：院士文章、综述与进展、基础知识、教学参考资料、课堂教学设计、新教材试教、教学专题研究、师范教育、实验与技术、问题解答、生物资源持续利用、读者、作者、编者备课卡片等栏目。编辑部地址：北京师范大学生命科学学院转《生物学通报》编委会,邮政编码：100875,联系电话：(010)62207645。

6.《生物学教学》(月刊)　该刊由中华人民共和国教育部主管,华东师范大学主办。本刊是中学生物教学的核心刊物,多年来,注重知识性、科学性、学术性和实用性的办刊宗旨。主要栏目有：生物科学综述、国家课程标准与实验教材、现代教育论坛、国外教育动态、教师教育、教育教学研究、课程教学设计与实践、信息技术、考试与命题、实验教学、科技活动、教学参考、生物学科技信息、科学技术与社会及读者之窗等。编辑部地址：上海市中山北路3663号,邮政编码：200062,联系电话：(021)6223225。

7.《中学生物学》(双月刊)　由南京师范大学主办。本刊是中学教师的好参谋、好帮手,是广大学生的良师益友。内容充实、大容量、可读性强,是本刊的办刊宗旨,为提高生物教育质量作出了不可磨灭的贡献。辟有：生物学基础知识、生物学教学研究、生物学教学参考资料、生物学地方教材研究、生物学科技活动、生物学习题与练习、生物教育硕士论坛等专栏。编辑部地址：南京市宁海路122号,邮政编码：210097,联系电话：(025)3729111转3219。

8.《中学生物教学》(双月刊)　由中华人民共和国教育部主管,陕西师范大学主办。该刊以大面积提高中学生物教学质量为己任,以其信息量大、内容充实、可读性强、图文并茂为特色,在全国同类期刊中独领风骚,备受读者青睐,被誉为"生物教师的参谋助手,中学生的良师益友,中学生物教学的知识宝库"。本刊常设栏目有：生物学研究进展、专题讲座、奥赛之窗、教改动态、教学研究、教学视野、教材讨论、高教研究、教学点滴、实践教学、会考命题研究、试题评析、学法指导、教师进修园地、教学资料、生物学与社会、生物致富、生物天地、卫生保健、中学生之窗、教研员之窗、生物学史等。编辑部地址：陕西师范大学杂志社,邮政编码：710062,联系电话(029)5308009。

实战演练

1. 试着根据所学的内容拟定一项切实可行的调查研究计划,制作调查问卷,发放调查问卷,并对调查的结果进行整理和分析,尽量将所做的研究以论文的形式发表。
2. 尝试着根据你日常教育教学工作的经验体会,撰写一篇经验型教研论文。
3. 自己确定方向,收集最新生物教育科学研究的相关资料,写一篇综述。

学习链接

1. 中国生物教学网:http://www.shengwu.com.cn/
2. 中国教育和科研计算机网:http://www.edu.cn/zhong_guo_jiao_yu_126/
3. 中央教育科学研究所:http://www.cnier.ac.cn/snxx/

参 考 文 献

[1] 孟宪凯. 微格教学基本教程[M]. 北京：北京师范大学出版社,1992.
[2] 孟宪凯. 微格教学与小学教学技能训练[M]. 北京：北京师范大学出版社,1998.
[3] 孟宪凯. 教学技能有效训练——微格教学[M]. 北京：北京出版社,2007.
[4] 汪忠. 生物学课堂教学技能训练[M]. 上海：华东师范大学出版社,2008.
[5] 汪忠. 新编生物学教学论[M]. 上海：华东师范大学出版社,2006.
[6] 俞如旺. 生物微格教学[M]. 厦门：厦门大学出版社,2007.
[7] 刘恩山. 中学生物学教学论[M]. 北京：高等教育出版社,2003.
[8] 刘恩山. 生物学教育研究方法与案例[M]. 北京：高等教育出版社,2004.
[9] 裴娣娜. 教育研究方法导论[M]. 合肥：安徽教育出版社,1995.
[10] 陈传峰. 微格教学[M]. 广州：中山大学出版社,1998.
[11] 郭友. 教师教学技能[M]. 北京：北京师范大学出版社,1993.
[12] 崔鸿,杨华,王重力. 生物课程教育学[M]. 武汉：华中师范大学出版社,2006.
[13] 张迎春,李金钢. 现代生物学教师教学技能概论[M]. 西安：陕西师范大学出版社,2006.
[14] 容静娴,钱舍. 微格教学与微格教研[M]. 上海：华东师范大学出版社,2000.
[15] 王世斌,从洪召. 高中新课程化学、生物教学案例与评析[M]. 北京：新华出版社,2005.
[16] 郭友. 新课程下的教师教学技能与培训[M]. 北京：首都师范大学出版社,2004.
[17] [苏]苏霍姆林斯基. 给教师的建议（下册）[M]. 杜殿坤,编译. 北京：教育科学出版社,2000.
[18] 胡礼和. 现代教育技术学[M]. 武汉：科技出版社,2000.
[19] 生物课程标准研制组. 走进课堂——初中生物新课程案例与评析[M]. 北京：高等教育出版社,2003.
[20] 王凤桐,李继英. 微格教学入门[M]. 香港：香港教育出版社,2003.
[21] 孙立仁. 微格教学理论与实践研究[M]. 北京：科学出版社,1997.
[22] 孙立仁. 中学物理微格教学教程[M]. 北京：科学出版社,1999.
[23] 张敏强. 教育测量学[M]. 北京：人民教育出版社,1998.
[24] 胡中锋,李方. 教育测量与评价[M]. 广州：广东高等教育出版社,1999.
[25] [美]阿兰兹. 学会教学[M]. 丛立新,等译. 上海：华东师范大学出版社,2007.
[26] 廖平胜. 考试学原理[M]. 武汉：华中师范大学出版社,2003.
[27] 董奇. 教学中的测验与评价[M]. 北京：中国轻工业出版社,2003.
[28] 杨小微,龙立荣. 小学教育科研方法[M]. 武汉：湖北人民出版社,1996.
[29] 谢春风,时俊卿. 新课程下的教育研究方法与策略[M]. 北京：首都师范大学出版社,2004.
[30] 郑慧琦,胡兴宏. 教师成为研究者[M]. 上海：上海教育出版社,2005.
[31] 徐建敏,管锡基. 教师科研有问必答[M]. 北京：教育科学出版社,2005.

[32] 胡继飞,陈学梅. 生物教育科研概论——研究的内容、方法与写作[M]. 杭州：浙江大学出版社,2004.

[33] 徐作英. 生物学校本课程论与教学论[M]. 成都：电子科技大学出版社,2004.

[34] 杨小微. 教育研究的原理与方法[M]. 上海：华东师范大学出版社,2002.

[35] 汤泽生. 女童教育研究[M]. 成都：四川大学出版社,1998.

[36] 广东省教育厅教研室. 高中新课程生物优秀教学设计与案例[M]. 广州：广东高等教育出版社,2005.

[37] 杨国仝. 课堂教学技能训练指导[M]. 北京：中国林业出版社,2001.

[38] 赵伶俐. 课堂教学设计与操作技术[M]. 重庆：西南师范大学出版社,2004.

[39] 王逢贤. 学与教的原理[M]. 北京：高等教育出版社,2000.

[40] 傅道春. 教学行为的原理与技术[M]. 北京：教育科学出版社,2001.

[41] 罗树华,李洪珍. 教师能力概论[M]. 济南：山东教育出版社,2001.

[42] 戚业国. 课堂管理与沟通[M]. 北京：北京师范大学出版社,2005.

[43] [英]贝弗里奇. 科学研究的艺术[M]. 陈捷,译. 北京：科学出版社,1979.

[44] 关文信,王立彬,范青岩. 新课程理念与初中生物课堂教学实施[M]. 北京：首都师范大学出版社,2003.

[45] 中华人民共和国教育部. 普通高中生物课程标准[M]. 北京：人民教育出版社,2003.

[46] 崔鸿,郑晓惠. 新理念生物教学论[M]. 北京：北京大学出版社,2009.

[47] 陈继贞,张祥沛,曹道平. 生物学实验教学研究[M]. 北京：科学出版社,2004.

[48] 宋建陵,刘少明. 中学生物学创新实验[M]. 南宁：广西教育出版社,2005.

[49] 钟启泉. 现代教学论发展[M]. 北京：教育科学出版社,1998.

[50] 吴永军. 新课程学习方式[M]. 南京：南京师范大学出版社,2005.

[51] 联合国教科文组织国际教育发展委员会. 学会生存——教育世界的今天和明天[M]. 比较教育研究所,译. 北京：教育科学出版社,1996.

[52] 王汉澜. 教育评价学[M]. 郑州：河南大学出版社,1995.

[53] [美]布鲁克斯. 建构主义课堂教学案例[M]. 范玮,译. 北京：中国轻工业出版社,2005.

[54] 汪甜,崔鸿,刘胜祥. 在实验探究中培养学生的科学素养[J]. 中小学教师培训,2006(10).

[55] 陈亚君,郑晓惠. 浅析生物学教师的说课思路和技巧[J]. 生物学教学,2007(10).

[56] 王后雄,徐启发. 新课程下高考生物考试评价标准与试卷结构技术指标构想[J]. 中学考试,2008(1).

[57] 吴志华. 义务教育生物实验教材(人教版)与课程目标适切性研究[J]. 课程·教材·教法,2003(4).

[58] 马博. 新课程下生物教学方式方法的实践与探索[J]. 中学生物学,2006(8).

[59] 王荐. 生物学教学中的情感性教学策略[J]. 中学生物学,2008(11).

[60] 杨文霞. 高中生物学教学中坐标曲线图的运用[J]. 生物学教学,2008(10).

[61] 徐作英. 我国基础教育生物学课程的演化发展研究[J]. 中学生物教学,2004(7).

[62] 聂成娟. "减数分裂"探究式教学分析与设计[J]. 生物学教学,2008(8).

[63] 蓝燕泽. 生物芯片[J]. 生物学教学,2001(12).

[64] 诸新梅,胡继飞.高中生物学教材抽象水平的研究[J].生物学教学,2007(4).

[65] 刘怡,张文华,吴冬梅.生物学教育研究方法中的网络调查技术[J].生物学教学,2007(1).

[66] 贺启春.教育科学研究方法及发展趋势[J].贵州教育学院学报(自然科学版),2006(4).

[67] 杨尊伟.美国教师教育:从"能力本位"到"标准本位"[J].比较教育研究,2004(1).

[68] 周维刚.论还原方法与还原论[J].系统辩证学学报,2005(4).

[69] 杨华.微格教学中师范生教学技能的培养[J].广西师范大学学报,1995(1).

[70] 宁尚雨.《生物的遗传》教学实录与评析[J].中学生物学,2003(3).

[71] 王保元."裸子植物"一课的网络探究教学[J].生物学教学,2005(5).

[72] 干常春.促进生物学概念教学的课堂教学技能研究[D].上海:华东师范大学硕士论文,2001.

[73] 仲友.物理师范毕业生课堂教学技能的研究[D].苏州:苏州大学硕士论文,2006.

[74] 宋学红.新课程下对高中思想政治课堂教学技能的再认识[D].长春:东北师范大学硕士论文,2005.

[75] 国家教委师范司.高等师范学校学生的教师职业技能训练基本要求(试行稿)[Z].1992年9月印发.

北京大学出版社
教育出版中心 精品图书

大学之道丛书

哈佛：谁说了算	[美] 理查德·布瑞德利 著	48元
麻省理工学院如何追求卓越	[美] 查尔斯·维斯特 著	35元
大学与市场的悖论	[美] 罗杰·盖格 著	48元
现代大学及其图新	[美] 谢尔顿·罗斯布莱特 著	60元
美国文理学院的兴衰——凯尼恩学院纪实	[美] P.F.克鲁格 著	42元
教育的终结：大学何以放弃了对人生意义的追求	[美] 安东尼·T.克龙曼 著	35元
大学的逻辑（第三版）	张维迎 著	38元
我的科大十年（续集）	孔宪铎 著	35元
高等教育理念	[英] 罗纳德·巴尼特 著	45元
美国现代大学的崛起	[美] 劳伦斯·维赛 著	66元
美国大学时代的学术自由	[美] 沃特·梅兹格 著	39元
美国高等教育通史	[美] 亚瑟·科恩 著	59元
哈佛通识教育红皮书	哈佛委员会撰	38元
高等教育何以为"高"——牛津导师制教学反思	[英] 大卫·帕尔菲曼 著	39元
印度理工学院的精英们	[印度] 桑迪潘·德布 著	39元
知识社会中的大学	[英] 杰勒德·德兰迪 著	32元
高等教育的未来：浮言、现实与市场风险	[美] 弗兰克·纽曼 等 著	39元
后现代大学来临？	[英] 安东尼·史密斯 等 主编	32元
美国大学之魂	[美] 乔治·M.马斯登 著	58元
大学理念重审：与纽曼对话	[美] 雅罗斯拉夫·帕利坎 著	35元
学术部落及其领地——知识探索与学科文化	[英] 托尼·比彻 保罗·特罗勒尔 著	33元
德国古典大学观及其对中国大学的影响	陈洪捷 著	22元
大学校长遴选：理念与实务	黄俊杰 主编	28元
转变中的大学：传统、议题与前景	郭为藩 著	23元
学术资本主义：政治、政策和创业型大学	[美] 希拉·斯劳特 拉里·莱斯利 著	36元
什么是世界一流大学	丁学良 著	23元
21世纪的大学	[美] 詹姆斯·杜德斯达 著	38元
公司文化中的大学	[美] 埃里克·古尔德 著	23元
美国公立大学的未来	[美] 詹姆斯·杜德斯达 弗瑞斯·沃马克 著	30元
高等教育公司：营利性大学的崛起	[美] 理查德·鲁克 著	24元
东西象牙塔	孔宪铎 著	32元

21世纪引进版精品教材·学术道德与学术规范系列

书名	作者	价格
如何为学术刊物撰稿：写作技能与规范（英文影印版）	[英] 罗薇娜·莫 编著	26元
如何撰写和发表科技论文（英文影印版）	[美] 罗伯特·戴 等著	28元
如何撰写与发表社会科学论文：国际刊物指南	蔡今忠 著	25元
如何查找文献	[英] 萨莉拉·姆齐 著	25元
给研究生的学术建议	[英] 戈登·鲁格 等著	26元
学术道德学生读本	[英] 保罗·奥利弗 著	17元
科技论文写作快速入门	[瑞典] 比约·古斯塔维 著	19元
社会科学研究的基本规则	[英] 朱迪斯·贝尔 著	18元
做好社会研究的10个关键	[英] 马丁·丹斯考姆 著	20元
阅读、写作和推理：学生指导手册	[英] 加文·费尔贝恩 著	25元
如何写好科研项目申请书	[美] 安德鲁·弗里德兰德 等著	25元

21世纪引进版精品教材·研究方法系列

书名	作者	价格
教育研究方法：实用指南	[美] 乔伊斯·高尔 等著	78元
高等教育研究：进展与方法	[英] 马尔科姆·泰特 著	25元
社会研究：问题方法与过程（第三版）	[英] 迪姆·梅 著	32元
比较教育中的话语形成	[德] 于尔根·施瑞尔 著	58元
比较教育研究：路经与方法	贝磊·鲍勃·梅森	50元

大学教师通识教育读本（教学之道丛书）

书名	作者	价格
如何成为卓越的大学教师	肯·贝恩 著	24元
给大学新教员的建议	罗伯特·博伊斯 著	28元
理解教与学：高校教学策略	[英] 迈克尔·普洛瑟 等著	26元
规则与潜规则：学术界的生存智慧	[美] 约翰·达利 等主编	28元
给研究生导师的建议（第2版）	[英] 萨拉·德拉蒙特 等著	30元
教师的道与德	爱德华·希尔斯 著	30元

21世纪教师教育系列教材·物理教育系列

书名	作者	价格
中学物理微格教学教程	张军朋 著	28元

21世纪教育科学系列教材·学科学习心理学系列

书名	作者	价格
数学学习心理学	孔凡哲 曾峥 编著	29元
语文学习心理学	李广 主编	29元
化学学习心理学	王后雄 主编	29元

21世纪教育科学系列教材

书名	作者	价格
现代教育技术——信息技术走进新课堂	冯玲玉 主编	39元
教育学学程——模块化理念的教师行动与体验	闫祯 主编	45元
教师教育技术——从理论到实践	王以宁 主编	36元
教师教育概论	李进 主编	75元
基础教育哲学	陈建华 著	35元
当代教育行政原理	龚怡祖 编著	37元
教育心理学	李晓东 主编	34元
教育计量学	岳昌君 著	26元
教育经济学	刘志民 著	39元
现代教学论基础	徐继存 赵昌木 主编	35元
现代教育评价教程	吴钢 著	32元
心理与教育测量	顾海根 主编	28元
高等教育的社会经济学	金子元久 著	32元
信息技术在学科教学中的应用	陈勇 等编著	33元

教师资格认定及师范类毕业生上岗考试辅导教材

书名	作者	价格
教育学	余文森 王晞 主编	26元
教育心理学概论	连榕 罗丽芳 主编	35元

21世纪教师教育系列教材·学科教学论系列

书名	作者	价格
新理念化学教学论	王后雄 主编	38元
新理念科学教学论（第二版）	崔鸿 张海珠 主编	36元
新理念生物教学论	崔鸿 郑晓慧 主编	36元
新理念地理教学论	李家清 主编	37元
新理念历史教学论	杜芳 主编	29元
新理念思想政治（品德）教学论	胡田庚 主编	32元
新理念信息技术教学论	吴军其 主编	30元

王后雄教师教育系列教材

书名	作者	价格
教育考试的理论与方法	王后雄 主编	35元
化学教育测量与评价	王后雄 主编	45元

西方心理学名著译丛

书名	作者	价格
拓扑心理学原理	[德] 库尔德·勒温	32元
系统心理学：绪论	[美] 爱德华·铁钦纳	30元
社会心理学导论	[美] 威廉·麦独孤	36元
思维与语言	[俄] 列夫·维果茨基	30元
人类的学习	[美] 爱德华·桑代克	30元
基础与应用心理学	[德] 雨果·闵斯特伯格	36元
格式塔心理学原理	[美] 库尔特·考夫卡	75元
动物和人的目的性行为	[美] 爱德华·托尔曼	44元
西方心理学史大纲	唐钺	42元

心理学视野中的文学丛书

书名	作者	价格
围城内外——西方经典爱情小说的进化心理学透视	熊哲宏	32元
我爱故我在——西方文学大师的爱情与爱情心理学	熊哲宏	32元

21世纪教学活动设计案例精选丛书（禹明 主编）

初中语文教学活动设计案例精选	23元
初中数学教学活动设计案例精选	24元
初中科学教学活动设计案例精选	22元
初中历史与社会教学活动设计案例精选	26元
初中英语教学活动设计案例精选	19元
初中思想品德教学活动设计案例精选	20元
中小学音乐教学活动设计案例精选	22元
中小学体育（体育与健康）教学活动设计案例精选	20元
中小学美术教学活动设计案例精选	29元
中小学综合实践活动教学活动设计案例精选	22元
小学语文教学活动设计案例精选	25元
小学数学教学活动设计案例精选	33元
小学科学教学活动设计案例精选	23元
小学英语教学活动设计案例精选	18元
小学品德与生活（社会）教学活动设计案例精选	24元
幼儿教育教学活动设计案例精选	36元

21世纪教育技术学精品教材（张景中 主编）

书名	作者	价格
教育技术学导论	李芒 金林 编著	26元
远程教育原理与技术	王继新 张屹 编著	41元
教学系统设计理论与实践	杨九民 梁林梅 编著	29元
信息技术教学论	雷体南 叶良明 主编	29元
网络教育资源设计与开发	刘清堂 主编	30元
学与教的理论与方式	刘雍潜	32元
信息技术与课程整合	赵呈领 杨琳 刘清堂	32元
教育技术研究方法	张屹 黄磊	38元
教育技术项目实践	潘克明	32元

21世纪教育技术学精品教材·教育装备系列

书名	作者	价格
教育装备学导论	胡又农	32元
教育装备运筹规划	李慧	26元
教育装备评价简明教程	胡又农	26元

21世纪信息传播实验系列教材（徐福荫 黄慕雄 主编）

多媒体软件设计与开发	32元
电视照明·电视音乐音响	26元
播音主持	26元
广告策划与创意	26元
传播学研究方法与实践	26元
摄影	25元
数字动画基础与制作	24元
报刊新闻电子编辑	24元
广播电视摄录编	25元

北大开放教育文丛

书名	作者	价格
教育：让人成为人——西方大思想家谈人文和科学教育	杨自伍 编译	30元
教育究竟是什么？100位思想家论教育	[英] 乔伊·帕尔默 主编	45元
人文主义教育经典文选	C.W.凯林道夫	40元
雄辩家与哲学家：博雅教育观念史	布鲁斯·金博尔	45元

教育之思丛书

书名	作者	价格
基础教育的战略思考	王炎斌 著	22元
教育凝眸	郭志明 著	16元
教育的痛和痒	赵宪宇 著	20元
教育思想的革命	张先华 著	15元
教育印痕	王淮龙等 主编	22元
教育印迹	王淮龙等 主编	18元

职业规划丛书

书名	作者	价格
全球高端行业求职指南	方伟 主编	28元
全球高端行业求职案例	方伟 主编	28元
大学生职业生涯规划咨询案例教程	方伟 主编	28元

教育部全国中小学图书馆推荐用书·新人文读本（第3版）

小学低年级春天卷	20元
小学低年级夏天卷	20元
小学低年级秋天卷	20元
小学低年级冬天卷	20元
小学中年级春天卷	20元
小学中年级夏天卷	20元
小学中年级秋天卷	20元
小学中年级冬天卷	20元
小学高年级春天卷	20元
小学高年级夏天卷	20元
小学高年级秋天卷	20元
小学高年级冬天卷	20元
初中A·繁星卷	20元
初中B·春水卷	20元
初中C·新月卷	20元
初中D·飞鸟卷	20元
初中E·流萤卷	20元
初中F·鸿鹄卷	20元

"知识树"书系

小学数学知识树（一、二年级）	18元
小学数学知识树（三、四年级）	18元
小学数学知识树（五、六年级）	20元

曹文轩美文朗读·珍藏版

红菱船（附光盘）	25元
哭泣的火焰（附光盘）	25元
黑暗中的游戏（附光盘）	25元
黑咒语（附光盘）	25元
大草垛（附光盘）	25元
古堡·影子（附光盘）	25元
花指头（附光盘）	25元
光着脊梁骑大马（附光盘）	25元

中华人文精神读本

青少年版·第2版·春	25元
青少年版·第2版·夏	25元
青少年版·第2版·秋	25元
青少年版·第2版·冬	25元

家庭教育丛书

叛逆的孩子这样管	20元
帮助孩子度过青春期	19元
谁教出来的"问题孩子"	29元
别埋没孩子的天才特质	20元
成长不烦恼·好性格 好人缘	25元
成长不烦恼·顶嘴孩子的来信	25元
成为优秀父母的十大法则	20元

中国孩子最喜爱的情感读本

为他人开一朵花（第2版）	20元
为自己喝彩（第2版）	20元
你不必完美（第2版）	20元
感谢生命（第2版）	20元
快乐在于选择（第2版）	20元
有梦就有远方（第2版）	20元
有一种财富叫诚信（第2版）	20元
假如没有战争（第2版）	20元

新科学读本珍藏版

聆听大自然的呼吸·第2版	25元
生命的颜色·第2版	25元
绝妙的错误·第2版	25元
智慧的种子·第2版	25元
地球还会转多久·第2版	25元
世上没有傻问题·第2版	25元
科学家不能做什么·第2版	25元
科学是美丽的·第2版	25元

科学素养文库·科学之美丛书

书名	作者	价格
物理学之美	杨建邺	36元

大美阅读·自然与人文系列

书名	作者	价格
穿越雅鲁藏布江大峡谷	高登义	48元
中国最美的地质公园	吴胜明	49元

特别推荐

书名	作者	价格
教师教育技术一级培训教材	邢磊 主编	26元
中国教育与人力资源发展报告	闵维方 主编	38元
中小学管理文件选编	教育部基础教育一司 编	48元
教研活动概论	雷树福 主编	45元
大学情感教育读本	田玲 主编	28元
大学科学教育改革与发展	王义道 著	32元
公务文件写作规范与文例分析	杨霞 主编	40元
北大清华名师演讲录	两校名师讲堂编委会	36元
追梦北大——北大新生畅谈学习与成长	刘明利 主编	32元
牵梦北大——北大新生畅谈中学学习与成长	刘明利 主编	35元
保送北大——北大保送生畅谈中学学习与成长	刘明利 主编	32元
筑梦北大——北大新生畅谈学习与成长	秦春华	32元
助飞梦想——北大新生家长的教育故事	秦春华	30元